日本天皇年号与中国古典文献关系之研究

附：日本天皇家庭成员关系简介

李寅生　著

凤凰出版社

图书在版编目（CIP）数据

日本天皇年号与中国古典文献关系之研究：附：日本天皇家庭成员关系简介 / 李寅生著. -- 南京：凤凰出版社, 2018.3
ISBN 978-7-5506-2753-6

Ⅰ. ①日… Ⅱ. ①李… Ⅲ. ①天皇－年号－研究－日本②古文献学－研究－中国 Ⅳ. ①D731.321②G256.1

中国版本图书馆CIP数据核字(2018)第052045号

书　　名	日本天皇年号与中国古典文献关系之研究 ——附:日本天皇家庭成员关系简介
著　　者	李寅生
责任编辑	陈晓清
装帧设计	徐　慧
出版发行	凤凰出版社(原江苏古籍出版社) 发行部电话025-83223462
出版社地址	南京市中央路165号,邮编:210009
出版社网址	http://www.fhcbs.com
照　　排	南京凯建图文制作有限公司
印　　刷	江苏凤凰通达印刷有限公司 南京市六合区冶山镇,邮编:211523
开　　本	880×1230毫米　1/32
印　　张	12.125
字　　数	293千字
版　　次	2018年3月第1版　2018年3月第1次印刷
标准书号	ISBN 978-7-5506-2753-6
定　　价	68.00元

(本书凡印装错误可向承印厂调换,电话:025-57572508)

目 录

序 言

日本是目前世界上唯一使用年号的国家。年号是用来纪年的,古代多为帝王使用,这也是帝王特权的象征。在世界历史上,只有亚洲的中国、日本、朝鲜、越南四个国家的帝王使用年号纪年,其他国家不使用这种方式纪年。如今,中国、朝鲜、越南早已不再使用年号,只有日本仍然继续使用帝王年号。

中国是最早使用帝王年号纪年的国家。公元前122年,即汉武帝即位的第十九年,武帝到雍(今陕西省凤翔县)祭祀五帝。祭祀仪式结束打猎时,武帝捕获了一匹怪兽,此怪兽毛色纯白,头上只有一只角。大臣们都不知道这头怪兽的情况,猜想应该是麒麟。麒麟出现早已被视为祥瑞之兆,有大臣为了讨好武帝,作了一篇《白麟之歌》来记述这件事,后来武帝君臣认定这一年为“元狩”元年,年号便由武帝的获麟而创始了。从元狩元年倒推上去,大臣们把过去武帝执政的十八年(前140—前122)划分为三个阶段,定第一个六年的年号为“建元”(前140—前135),定第二个六年的年号为“元光”(前134—前129),定第三个六年的年号为“元朔”(前128—前123)。从此,以帝王年号纪年的方式在中国延续了两千多年。又过了六年(前116),汾阳县地方官报告当地掘得一尊大鼎,武帝又认作祥瑞之兆,于是将大鼎迎至甘泉宫,并改元“元鼎”。再过了六年(前110),武帝到泰山封禅,遂又改元为“元封”。再过了六年,他改正朔、变易服色,不久又改元“太初”,并制定新的历法,以年号命之为《太初历》。汉武帝开创使用年号之后,中国历代皇帝即位后必选定年号,从汉武帝首次使用年号,一直到清末皇帝溥仪退位之前,中国帝王以年号纪年的历史就一直没有间断过。

使用年号时,遇到一些所谓的祥瑞,统治者也喜欢改元以求天人相应。如汉宣帝的"黄龙"、"神爵(爵,即雀)",吴大帝孙权的"嘉禾"、"赤乌"等。中国的年号制度使历史年代有了标识,以纪年、记事的方式记录历史和国家的大事,不会再出现史实不清的情况。在武帝之前,纪年通常写如"某王某某年",如周代的一些器物上经常刻有"唯王××年",往往不清楚是哪一个"王"的"××年";后人看到这些记载,既不知这个王是哪一个王,也不知这年为哪一年。中国社科院和中国科学院联合开展"夏商周断代工程"研究之后,曾经遇到过类似情况。有了年号纪年,一看就可知帝王年代和时间。

纪年制也传到了中国的近邻,日本、朝鲜、越南这些国家以及中国边疆的一些少数民族建立的政权也都使用年号。尤其是日本帝王的年号,直到今天仍在使用着。

明治维新之后,日本开始向西方学习,纪年虽然开始采用公历,但是正式纪年还是使用天皇的年号。例如2016年是平成二十八年。日本政府机关的重要政令、法令、通告等文件比较多地采用天皇年号纪年。一些老人和固守传统习俗的人在写信、签名落款标注时间时,也喜欢使用天皇年号纪年;日本的报纸杂志以及出版物多采用公历纪年。在日本社会日常生活中,往往公元和年号两者混用。

日本采用年号源于中国,是从唐朝输入的制度。日本把革新的这一年定为大化元年。在学习唐朝的政治制度之后的645年(唐太宗贞观十九年),日本发生了宫廷政变,以中大兄皇子为首的革新派在政变成功之后拥立孝德天皇(第三十六代天皇)登上天皇之位,仿照中国纪年制定年号,始称"大化"。因此,"大化"成为日本历史上第一个年号。在此以前,虽然在一些出土金石文献上,也曾有某些僧人及其他人制定的年号,但这一类年号只能称为“私年号”或称“逸年号”,“大化”年号才是日本天皇正式开始使用的年号。

日本开始使用天皇年号时,还未形成一种固定的政治制度,例如孝德天皇之后的第三十七代齐明天皇、第三十八代天智天皇、第三十九代弘文等天皇就没有年号。自从文武天皇五年(701)改称大宝元年之后,历代天皇才相继制定自己的年号,并且一直沿袭至今。从第一个年号“大化”直到现在仍在使用的年号“平成”,包括日本南北朝时代的两个天皇系统在内,共使用了247个年号。

日本天皇的年号在开始使用之际,多模仿中国帝王的年号。汉唐之际,中国皇帝屡行改元,经常更改年号,日本天皇也是如此。这显然是受到中国儒家自汉代以来的“天命观”和祥瑞观的影响,因此在位的天皇屡有改元之事,直到日本明治维新以后,天皇的年号才实行“一世一元”。

日本天皇年号,大都来自中国典籍,其中尤以《尚书》《周易》《诗经》为多。如最早使用的“大化”年号,即是来自《尚书·大诰》中“肆予大化诱我友邦君”和《汉书·董仲舒传》中“民已大化之后,天下常亡一人之狱矣”。在这两部典籍中,“大化”意即“伟大、恢弘的教化”,都是指君主的教化职能。《尚书·大诰》中的一句是说“我以伟大的教化去诱导邻国的君主”。《汉书·董仲舒传》中的一句是说“万民受到伟大的教化之后,天下已无狱讼”。这两句所讲的分别是君主对外和对内的教化职能,体现的是儒家对君主主要职能的认识。传统的中国儒家思想家认为,一个国家的君主既是最高的统治者,又是伟大的教化者,作为君主为政要先教后使,先教后杀,先德后刑,要为天下百姓做出表率。因此日本孝德天皇使用“大化”的年号,既表现了当时刚刚掌权的革新领导层对上述儒家思想的认同,同时又表现了他们企望以先进的中华文明来“教化”日本民族的理想。“明治”年号出自《易经·说卦传》中“圣人南面而听天下,向明而治”;“大正”年号出自

《易经》中“大亨以正,天之道也”;“昭和”年号出自《尚书·尧典》“百姓昭明,协和万邦”。

与中国历史相同的是,日本天皇选定的年号,不单是规定纪年符号。选择什么样的年号,还寄寓着天皇的政治理想,或者说年号的内容表现了其欲树立何种天皇的政治形象。所以选定天皇年号并不是一件随便的事,而是与日本政坛密切相关的政治实践活动。

中国古代帝王喜欢依据祥瑞之兆来确定年号,如三国时吴国大帝孙权黄龙二年(231),因“由拳野稻自生”[①]、“会稽南始平县言嘉禾生”,于是次年即改元“嘉禾”。同样,日本类似的情况也很多,如大化六年(650),当时因宍户国(今山口县一带)向天皇进献了一只白色的野鸡而改称“白雉元年”。后又在元正天皇之时(717—724),因美浓国(今岐阜县南部)发现了所谓的“灵泉”而改称“养老元年”。

日本天皇甚至直接把中国皇帝的年号当作自己的年号,如东汉光武帝的年号为“建武”(25—55),日本后醍醐天皇也把自己的年号定为“建武”(1334—1338)。唐太宗的年号是贞观(627—649),日本清和天皇也把自己的年号定为贞观(859—876)。唐德宗的年号是贞元(785—805),日本圆融天皇也把自己的年号定为贞元(976—977)。明孝宗年号为“弘治”(1488—1505),日本后奈良天皇年号也为“弘治”(1555—1557)。

在中国和日本,帝王都有在位时更改年号的习惯,称为“改元”,这是因为年号也称元号的缘故。原来一般是在皇帝(天皇)即位时才更改年号,但是后来改元的原因逐渐多了起来,大致有以下几个:

(一)遇到吉祥事件,以示庆祝;

(二)遇到地震、瘟疫等天灾,以求躲灾避难;

---

① 由拳:古县名,在今浙江省嘉兴市。

（三）受到中国古代阴阳五行之说的影响。

因《易经》中有“辛酉为革命，甲子为革令”之说，因此在遇到甲子、辛酉岁次的时候就改元，以冀求政治的革新。明清时期，基本上一代皇帝只有一个年号了；而日本直到明治维新后，才在《改元诏书》中规定：一代天皇只使用一个年号。现在平成天皇的年号“平成”已经沿用了将近27个年头，而平成天皇的父亲昭和天皇的年号“昭和”，实际使用了64年，这也是日本125代天皇中使用时间最长的一个年号。

唐代的皇帝以及以前各朝的皇帝，都拥有一些专用词汇，目的是让皇帝（天子）与一般的百姓和王公贵族有所区别，以保持皇帝的尊严和至高无上的地位，所以中国有着丰富的专门为皇帝选备的专用词。日本天皇和皇室吸收了这些词语，从日本人所编的《大汉和辞典》中，可以看出像“太子”、“皇位”、“御所”、“东宫”、“称制”、“诏书”、“敕语”、“陛下”、“殿下”、“亲王”等中国皇帝的专用词，已全部被日本模仿了过去。

在日本的《古事记》《日本书纪》等书中，作者在撰写大和王朝历史时，不仅参阅过中国的前四史和《晋书》《宋书》《北史》《隋书》、新、旧《唐书》等正史，而且还涉猎了大量的文献典籍，从中挑选出许多皇帝专用词语据为己用。这样做的目的，很可能是企图利用中国皇帝的专用词，来显示大和王朝的国君具有不同于一般百姓和诸王、豪族、贵族的至高尊严。正如日本学者山中顺雅所说：

> 如果没有这些中国皇帝专用词以及作为表记符号的汉字的话，也许日本列岛上就不会出现天皇制度。[①]

---

① 山中顺雅：《法律家眼中的日本古代一千五百年史》，中国社会科学出版社1994年版，第118页。

中国古代周边小国的君主,一般多是中国皇帝的臣下,他们须受到中国皇帝的册封之后才能成为本国君主,才有权统治本国民众。因此,中国皇帝的专用词语,是有别于周边小国的国王及其国内王侯的等级分明的至尊用词。在周边国家中,只有日本的天皇民族极力对此加以模仿并将此据为己有。日本天皇制是中国皇帝制度的翻版,镌刻着中国皇帝制度的深刻烙印。这又正如山中顺雅所说:

> 如果没有中国的皇帝制度的话,可以说就不会有日本的天皇制。日本的天皇制的根在中国。[①]

尤其值得注意的是,以“日本”国号代替倭国,也是从大化改新以后开始的。《新唐书·日本传》对此的记载是:

> 恶倭名,更号日本。使者自言,国近日所出,以为名。[②]

日本作为古代国家正式形成后,经武则天同意将“倭”改为“日本”,日本才作为一个国家的名称正式出现在世界历史上。

---

① 山中顺雅:《法律家眼中的日本古代一千五百年史》,中国社会科学出版社1994年版,第118页。

② [宋]欧阳修、宋祁:《新唐书》卷二百二十《日本传》,中华书局1975年版。

第一章　日本天皇与皇室的来历

日本天皇制的历史比较悠久,与中国古代封建王朝不同的是,天皇是"万世一系",日本历史上并没有"改朝换代"的情况发生。天皇是日本皇帝的称号,是神道教的最高领袖,并且还是当今世界上唯一使用皇帝(Emperor)称号的无权君主。以天皇为首的日本皇室则是世界上现存历史最为悠久的皇室,天皇制是世界历史上最长的君主制度,天皇更是日本国家的象征。

在日本神道教的理论中,天皇是所谓天照大神的后裔,故他具有神性,不同于一般的日本人。由于天皇和他的家族没有姓氏,只有名字,因而历史学家称其为天皇氏,而现在的日本宪法也未赋予天皇公民权。第二次世界大战由于日本战败,裕仁天皇被迫发表《人间宣言》,宣布具有"神性"的天皇从此不再具有所谓的神性,与普通的日本人一样。但由于历史的原因,大多数日本人、特别是老年人仍认为天皇代表着自己的"神与国家"。

第一节　关于日本天皇的名称来源

观照漫长的日本历史,天皇名称始于何时,至今还没有一个确定的说法。关于天皇年号开始使用的时期,有人认为是在推古朝,但近年来从出土的金石文献和木简分析,一般认为是在天智朝至天武朝时期。两种说法虽然都不确定,但在称"天皇”之前称“大王”却是一致的。对此做出最早记载的文字是673—688年前后由天武天皇制定的《飞鸟净御原令》。从第一代神武天皇起，一直到第三十三代推古天皇，他们的名字在日本《古事记》中出现过。但自神武天皇至第十四代仲哀天皇的十四位天皇却无法得到确认，应看作是《古事记》和《日本书纪》为了美化日本历史、完成从神代到人代的过渡而虚构出来的人物，而在仲哀天皇与应神天皇之间加进了一位长达70年历史的神功皇后，也不能说是实际存在的人物。推测其原因，一是缺乏相应的史料记载；二是在日本古代生产力低下，人们的生活水平较低，一般人的寿命并不是很长，神功皇后的历史令人怀疑。因此，历史上有着比较真实存在依据的是第十五代应神天皇，可能是号称“万世一系”的日本天皇的真正祖先。

在日本古代史书的记载中，最早使用“天皇”这一称号的是在推古朝摄政的圣德太子。由他写的、由遣隋使小野妹子呈献给隋炀帝的国书中有“东天皇敬白西皇帝”之语，引起了隋炀帝的不满，认为“蛮夷书有无礼”。但日本史书中记载的所谓“国书”在中国史书中却没有记载，所以这份国书的真伪存在问题。因为在此之前中国史书都以“王”或“大王”来作为日本统治者的称呼。据《宋书·蛮夷传》中记载的“倭五王时代”中的“倭赞、珍、济、兴、武五王”，即是指从仁德天皇起至雄略天皇为止，除履中天皇之外的五位日本统治者。

从历史上来看，日本天武天皇的先祖可以追溯到中国的东晋末年，不过那时候的日本国王自称“大王”，后来受到中国皇帝册封后称为“倭国王”。

唐高宗曾使用天皇称号，他与天后武则天并称为“二圣”，这可能影响到日本天皇称号的使用。日本皇帝使用“天皇”称号大概是在明治时期(1868—1911)，而正式的记载是1936年前后。中国称日本皇帝为天皇大约是在清末的同治时期(1862—1874)。在上千年的日本历史上，出现天皇的称号以后，还有天皇和皇帝两个称号并用的情况，两个称号并用的天皇一共有4位。到了明治元年(1868)之后，日本帝国在致外国首脑信函、国际条约批准书、宣战诏书中使用的还是皇帝称号。1936年之后，“天皇”一词就完全被向和平世界宣战的日本军国主义者加以利用了。而现在，天皇是作为日本的国家象征而存在的，也就是名义上的国家元首称谓。虽然在日本宪法中没有明确规定天皇为国家元首，裕仁以后的天皇也已宣布完全放弃其被赋予的“神性”特征，但多数日本人仍认为天皇代表着日本所谓的“国家”。在外事活动中，天皇担任着接见外国元首、接受外国驻日大使递交国书、代表日本国家形象的角色。现任天皇为已经即位28年的明仁天皇。

第二节　日本天皇历史的演变历程

据日本相关史书记载，公元646年前后圣德太子曾借道教辛酉之说，编排了日本历史的“皇纪”。皇纪，又称“神武天皇即位纪元”，亦称“日本皇纪”，是日本的一种纪年之体。它模仿汉武帝纪年之事，从日本第一代天皇神武天皇即位元年开始算起，逆推上去，比现行的公历还早660年。也就是说公元2000年等于皇纪2660年，以此类推。这个皇纪虚构的成分较多，不足以为据，二战后便很少有人使用。因为推古九年正好是辛酉年，即圣德太子在斑鸠宫推行改革的年份。辛酉年按天干地支每60年出现一次，亦称一轮。按传统的道教之说，每一轮的辛酉年是发生变革之年，而第21轮的辛酉年则是发生彻底的大变革之年。于是，圣德太子以推古九年(601)为起点，再往上逆推第21轮的辛酉年为日本建国之年，规定该年的阴历一月一日为神武天皇登极之日(阳历为2月21日)。若按照这种推算法，公元1990年是皇纪2649年。为了神话日本历史，人为地把皇统向前推算了大约一千年。在这一千年的空白中，安插了10位虚构的天皇，把日本早期的历史变得错漏百出、荒诞不经起来。圣德太子按照这种逻辑编修了日本史，后人便加以延用至今。明治五年农历十一月十五日（公元1872年12月15日），日本政府依照太政官[1]布告第342号令，宣布明治六年（公元1873年）一月一日皇纪与西历同时在日本实行。

日本大和（倭）时代，君主的正式称呼原本是“大王”。故中国南朝的正史《宋书》中，称五位遣使朝贡的倭国君主为倭王，史称“倭五王”（赞、珍、济、兴、武）。到了隋炀帝时，圣德太子派小野妹子出使中国，国书中的“东天皇敬白西皇帝”之句，是日本首次在外交场合使用“天皇”一词。不过，《隋书》对此的记录为“日出处天子致日落处天子”。实际上，《隋书》记录的国书为小野妹子带去的那份。《日本书纪》中记下的国书则为第二份，是寒暄之辞的大意重复。从小野妹子虽弄丢了中国皇帝回复的国书、却没有受罚的相关记载来看，有学者认为依当时外交情况，双方大使皆有对国书与记录进行窜改以达到两国之间的妥协。否则日本用“天皇”一词，中国不可能接受其国书。反之，如果中国对日本采用对下属国的表达方式，日本天皇也不会接受隋朝的国书。按《日本书纪》的相关记载，来日大使裴世清重拟的国书写作“皇帝问倭皇”，是即大使改窜国书以符合两国的底限。《圣德太子传历》称：“天子赐诸侯王书式也。然皇帝之字，天下一耳。而用倭皇字，彼有其礼。”这段记载可作为一个佐证。其后的《日本书纪》依《大宝令》规定，将“大王”、“大君”、“皇尊”等一律更正为“天皇”。而在中国的道教中，“天皇”一词则是表示北极星之意。

---

① 太政官是日本执掌国家司法、行政、立法大权的最高国家机构。太政官的最高长官是太政大臣，但通常由在太政大臣之下的左大臣和右大臣担任长官。太政官的唐风称呼为“尚书省”或“都省”。

第三节　中国史书对日本天皇的记载

由于与日本的关系极为密切，除了《史记》等少数史书没有记载日本外，绝大部分史书都记载有日本。从《汉书·地理志·燕》条，到旧、新《唐书·日本传》，表明中国对日本的了解越来越多，对其越来越重视。女皇武则天执政以后，日本因知“倭”有贬义，于是要求改国号，中国人按照日本人的自称，以“日本”一词逐渐取代“倭”、“倭人”、“倭国”而作为对日本国的官方称呼。在此之后，中国以日本国王来称呼和册封日本的执政者。直到宋朝，因宋太宗对日本国颇有示好之意，加之双方来往增多，以至北宋欧阳修编撰《新唐书》、元脱脱编撰《宋史》时，已正式将“天皇”一词写入了正史。明、清之时又再次使用日本国王来称呼和册封日本执政者。到了近现代，在对日文稿中才使用“天皇”一词。

第四节　天皇的历史

如果按照日本最古老的神话书籍《古事记》所载，日本天皇乃是日本神话中的创世之神——天照大神的后裔，这种说法成为了日本天皇君权神授的主要依据。但是这种说法极为荒诞，没有什么依据可言。在旧时的日本史书中一直宣称天皇是万世一系的，即所有天皇都来自同一家族，而日本历史上也从来没有出现过改朝换代之事。史书中的这些记载，目的是维护日本国家的统一，强调民族的高度认同。但事实上，日本的中古时期小国林立，最多达一百多个国家。最后由位于本州岛中部（奈良）的大和国凭借武力实现了日本的统一，大和也就成了日本的别称。大和朝廷成立前出现过多次王位的争夺，其中或许也改易过多个朝代。然而当时日本那些靠口头背诵神话的史官，并没有留下可以证明历史的文字史料，所以无法查证相关的史实。

仅有中国西晋的史学家陈寿编著《三国志》中的《东夷传·倭人》条可作参考。日本并无早期的史料可以佐证这方面的史实,其早期历史在中国史书中有些零星的记录。由于这些记录多是转录而来,属于二手资料,并不可靠,且文中可以看出中日语言误译的一些问题。在《日本国史略》一书中虽有"自天照皇太神创业垂统,而神武天皇初都中国、一统天下,历正天皇正统一系,亘万世而不革。天下即一人之天下"之辞,但"万世一系"四字则是到了19世纪末明治维新前后,才形成并写入《大日本帝国宪法》之中的,有些内容并不可靠。

在日本历史上,国家的实际权力并不一直都掌握在天皇手中,天皇作为日本名义上的最高统治者的时间并不长。自镰仓幕府(1192—1333)建立以来,日本历史上共经历了镰仓、室町、德川三个幕府时期,天皇权力被架空了682年之久。一直到1867年12月9日倒幕派发动"王政复古"政变,宣布废除几百年的幕府制度,德川幕府的最后一位"征夷大将军"德川庆喜才被迫宣布"奉还大政",日本朝廷、明治天皇睦仁才重新掌握国家政权。从明治时期以后,日本天皇的权力达到了顶峰。从1868年10月23日(旧历9月8日)宣布改元明治开始之后,日本走上了一条由天皇操纵并主导政权的、向着封建军国主义国家进发的邪恶道路。裕仁天皇(昭和)在位时期发动了侵略中国和亚太其他国家的罪恶战争,给中国和亚洲人民带来了深重的灾难。1945年第二次世界大战日本战败投降后,在美国占领军的主持下建立议会民主制。但美国占领者为了顺应所谓的日本民意,控制日本政权,才允许天皇作为象征性的国家元首保留下来。1946年,在美国的主导下,美军迫使昭和天皇裕仁发表了《人间宣言》,承认天皇是人不是神,与平民一样平等,只是受国民拥戴的日本国家的象征。现代日本天皇的主要职责是任命首相(内阁总理大臣),批准法律、政令及条约,召集国会开会议事,批准国务大臣的任免,出席礼仪性的外事活动和国家典礼等事务。天皇的工作极为繁重,其形象代表着日本这个国家。

第五节　天皇的姓氏

日本天皇姓什么?这是一个就连一般日本人也很难说清楚的问题。按照日本官方对此的解释:日本天皇没有姓氏,没有户籍。日本皇室采用宫号(尊称)+名字的方式,如日本皇太子的女儿被称为“敬宫爱子内亲王”。敬宫是宫号,爱子是名字,内亲王(公主)是爵位。他的父亲叫“浩宫德仁”,浩宫是宫号,德仁是名字。现任天皇名字是“继宫明仁”,继宫是宫号,明仁是名字。日本女子出嫁后改为夫家姓氏,只有嫁给皇室的人才能保留娘家的姓氏。尽管皇族没有姓氏,但历史上与皇室有血缘关系的家族还是有姓氏的。如:橘氏。在日本历史上最有影响力的文学作品《源氏物语》中,就有天皇把他的私生子降为平民,赐姓源氏的故事。像“源氏”、“平氏”、“橘氏”,这三大姓氏就是历史上皇室后代降为臣籍所赐的姓氏,它们和藤原氏现并称日本的四大姓氏。

据《史记·历书》记载:“王者易姓受命,必慎始初,改正朔,易服色,推本天元,顺承厥意。”

第六节　天皇的权力

日本天皇的历史极为悠久,他既是日本国家的象征,也是日本国民整体的象征,其地位以主权所在的全体日本国民的意志为依据。

日本的相关法律规定:日本天皇的皇位是世袭的,天皇去世之后,根据国会议决的《皇室典范》的规定,皇位一般由皇太子继承。继承皇位的顺序如下:

(一)皇长子;

（二）皇长孙；

（三）皇长子的其他子孙；

（四）皇次子及其子孙；

（五）其他的皇子孙；

（六）皇兄弟及其子孙；

（七）皇伯叔及其子孙；

（八）如无以上适当人选，皇位则传于最亲近的皇族，但在一切场合以长辈为先，在同辈内以长者为先。

此外，皇位继承的原因只能是天皇驾崩，天皇生前不许退位。日本《皇室法》规定：天皇只能由男性皇室成员继承，女性不能继承天皇。在平成天皇之孙悠仁亲王（皇次子筱宫亲王之子）出生之前，日本皇室已经40年没有男性降生，皇室面临着无皇位继承人的危机。为了延续皇室血脉，日本掀起了修改法律允许女性皇室成员继承皇位的运动。但自从悠仁亲王出生后，这股运动便渐渐平息了下来。现在日本皇位继承顺序为：仁德皇太子、秋筱宫亲王、悠仁亲王。

日本法律对天皇的职责做了规定，主要内容如下：

日本天皇的权限、天皇国事行为的委任：

（一）天皇只能行使本宪法所规定的有关国事行为，并无关于国政的权能；

（二）天皇可根据日本的法律规定，对其国事行为进行委任。

日本天皇摄政：

根据《皇室典范》的规定设置摄政时，摄政以天皇的名义行使有关国事的行为，在此场合准用前条第一项之规定。

日本天皇的任命权：

（一）天皇根据日本国会的提名，任命日本内阁总理大臣；

（二）天皇根据日本内阁的提名，任命担任日本最高法院院长的法官。

日本的国事行为主要包括：

天皇有关日本国事的一切行为,必须有日本内阁的建议和承认,由内阁负其责任。天皇根据内阁的建议,为国民行使下列有关日本国事的行为:

(一)公布日本宪法修正案、法律、政令及条约。

(二)召集日本国会会议。

(三)解散日本众议院。

(四)公告举行日本国会议员的选举。

(五)认证日本国务大臣和法律规定其他日本官吏的任免、全权证书以及日本驻外大使、公使的国书。

(六)认证日本大赦、特赦、减刑、免除执行刑罚以及恢复权利。

(七)授予日本的荣誉称号。

(八)认证批准书以及法律规定的其他外交文书。

(九)接受外国驻日本大使及公使递交的国书。

(十)举行日本的重大仪式。

皇室财产授赠:

授予皇室财产,皇室承受或赐予财产,均须根据国会的决议,天皇不能擅自决定。

第七节　天皇为日本国家的象征

现代日本以天皇为国家象征,但天皇并没有什么实际权力,保留天皇的皇位,主要是为了保留日本传统文化的一部分。在日本的政治生活中,天皇基本上都是被政府架空的,他只可以说是臣民的精神领袖而已。在古代,实际掌握实权的是和天皇家有姻亲关系的几大家族,如源氏、平氏、藤原氏、北条氏等。源氏、平氏、藤原氏都是天皇的直系亲属,都是天皇御赐的姓氏。

日本天皇必须制定下属提供的宪法,自己不能给出意见,不能左右下属。天皇由国家保护生命,享受着高级待遇和尊严。但超出宪法的想法,却不能跟任何人表露,并且没有投票权。

第八节　日本天皇制与其他君主立宪制国家的制度区别

一、日本的天皇制具有权力分散性

君主专制政体一般都是从封建制度向资本主义制度过渡时期才产生的,它不能自身完成国家统一和中央集权,必须要借助于其他势力。但日本的天皇制却是自身完成了国家统一,并且在今天资本主义高度发展之时依然存在着,这不能不说是一个奇迹。

二、日本的天皇制具有非常强的适应性

与其他君主立宪制国家有所不同的是,日本的天皇制对资本主义制度表现出了异常的适应性,在战后几十年的时间里,无论内阁政府怎样更迭,但天皇制却始终未变,成为了日本国家稳定的象征。

三、日本的天皇制具有被国人的盲目崇拜性

在当今的君主立宪制国家中,国王一般大都并无实权,只是担负着一些礼仪性的工作,君主制中的君主是作为一个人参与政治的。日本与其他君主立宪制国家有所区别的是,天皇制中的天皇在很长一段时间内被普通的日本人当作神来统治日本,甚至出现了对天皇的人为造神运动。二战时期,昭和天皇就是被当作神来号召、发布侵略战争诏书的,只是由于美国占领军的庇护,他的战争罪才没有被追究。

第九节　日本天皇的皇室

日本天皇的皇室包括天皇和皇族成员。皇族主要包括皇后、太皇太后、皇太后、亲王、亲王妃、内亲王、王、王妃、女王等。日本皇室并无姓氏,由天皇赐予皇室人员“宫”的称号。日本《明治宪法》规定,皇室成员与一般臣民不同,他们出生后不用登记户口,也不受国家相关法律的制约,只受到皇室律令的约束。二战结束后的新宪法规定,除继承天皇之位即摄政资格外,皇室没有任何政治方面的特权,新宪法还进一步规定皇室成员无选举权和被选举权。天皇皇位由皇族血统的男子继承,其即位顺序依次是:天皇长子、长孙以及长子的子孙、天皇次子及其子孙、天皇兄弟及其子孙、天皇伯父、叔父及其子孙等。天皇一旦驾崩,皇嗣(应该继承皇位顺序的第一人)立即继位,以保证国家政权的稳定过渡。同时,新宪法又明确规定:天皇及其皇族不许收、要养子,以保证天皇家族血统的纯洁性。

第十节 日本天皇的世系

按照日本学者的分法,日本天皇的世系可以分为四系。

第一系天皇

日本不像中国历史上有改朝换代的情况出现,按照日本历史的记载,从古代开始,日本就没有改换朝代的现象,始终为天皇家族的皇室一系(号称“万世一系”)。但如果从日本和中国的相关古书来推究,古代天皇的事迹有来自传说、神话的情况。比较可信的是,从第十代崇神天皇开始,考古学才能确认其真实的存在,从应神天皇开始,日本历史的可信度才有所增加。

日本第一系天皇是从第一代神武天皇开始,至第三十三代推古天皇止,共33代,历1228年。

第二系天皇

在第二系天皇时期，日本历史发生了重大转折。在孝德天皇统治日本的大化年间，以中大兄皇子（亦即后来的天智天皇）、中臣镰足等为首的改革势力发动了日本历史上从奴隶制社会向封建制社会过渡的大化改新。又经过天武、持统、文武三代天皇持续努力，终于将大化革新未尽的改革事业加以完成。在此之后，日本进入封建社会，天皇制也进入了在日本历史上为期不长的一段鼎盛时期，贯穿了整个奈良时代，一直持续到平安时代中期。而奈良时代（710—794）也可以说是女帝称雄的时代，先后有三位女皇即位，在位统治近30年。在八世纪末期的延历十三年（794），桓武天皇将都城由平城京（即奈良）迁往平安京（即京都），由于建都于此，因此平安时代开始了。从平安时代中期开始，天皇的大权外落到外戚藤原氏手中，号称“万世一系”的天皇家族从此走上了衰败之路。从藤原氏擅权时起，在经历平氏政权、镰仓幕府、室町幕府、丰臣政权、江户幕府之后，天皇无实际权力这一衰落的状况一直持续了上千年左右的时间。一直到十九世纪江户幕府灭亡后，国家政权才被奉还于天皇手中。

日本第二系天皇从第三十四代天皇舒明天皇开始，至第六十六代一条天皇止，共33代，382年。

第三系天皇

在第三系天皇时期，由于权臣势力强大，天皇的统治力变得薄弱起来，无法将权力真正掌握在自己手里。除了藤原氏、平氏跟丰臣氏三个时期是关白摄政外，其余时期国家的权力都是掌握在幕府的将军手里。然而，在皇权旁落后的这些天皇中，也有那么一些既不甘心做外戚和幕府操纵的傀儡，并且还有一定实力的天皇，他们为将大权夺回而竭尽个人的努力。在这些天皇中，后醍醐天皇便是其中最有代表性的人物。他即位后，立即重用勤王派的大臣，与镰仓幕府展开斗争。镰仓幕府灭亡后，后醍醐天皇将政权握在自己手中，史称“建武中兴”。由于后醍醐天皇政策失当，引起了军事冲突，日本历史进入了长达50多年的南北朝时代。在南北朝时，北朝的持明院统居住在京都，但象征天皇神权的“三神器”——八咫镜、坂琼曲玉和草剃剑却在南朝大觉寺统手里，双方一时相持不下。后在将军足利义满的劝说调停下，南朝的后龟山天皇将“三神器”交予北朝的后小松天皇，日本形成了国家形式上的统一。从后小松天皇时代起，日本历代的天皇均为持明院统的嫡系后代，与之相反的是大觉寺统的皇族们再也无缘染指皇位，被排斥出了天皇权力中心。

日本第三系天皇从第六十七代三条天皇至一百代后小松天皇，共34代，401年。

第四系天皇

在日本历史上，从藤原氏掌握国家政权以来，天皇的皇权便受到削弱，旁落到摄政关白或是幕府的将军手中，于是天皇的政治地位开始一路跌落至谷底。后水尾天皇元和元年(1615)，德川幕府颁布《禁中并公家诸法度》十七条，内容详细，限制了天皇和公卿贵族的权力和行动。其中明确规定天皇“以学问为第一”，不必询问国事，天皇及皇室的权力完全被幕府剥夺。孝明天皇嘉永六年(1853)，由于美国佩里舰队以武力相威胁，锁国两百年的日本国门被坚船利炮打开，日本历史的年轮转到了被称为“幕末”的时期。1868年1月，德川幕府末代将军德川庆喜交出国家大权，睦仁继承天皇之位，改年号为“明治”，同时颁布“王政复古”诏书。从明治之后，天皇重新回到了政治舞台的中心。同年11月，明治天皇将都城由京都迁往江户，并改名为东京，同时开始了一系列资产阶级改革，是为“明治维新”。明治维新取得了巨大成功，在此之后日本国力迅速发展，成为帝国主义列强之一。在取得日俄战争胜利后,日本的野心急速膨胀,不顾自己的实际情况,最终走上了军国主义道路。1926年大正天皇病逝后,皇太子裕仁即位,改年号为“昭和”。在昭和初期,日本军国主义的侵略扩张冒险加剧。昭和六年(1931),日本关东军发动了蓄谋已久的九一八事变,侵占我国东北,屠杀我国人民,犯下了累累罪行。昭和十二年(1937)七月七日,日军制造“卢沟桥事变”,发动了全面侵华战争。同年十二月十三日,日军占领国民政府首都南京,制造了惨绝人寰的“南京大屠杀”。昭和十六年(1941),日军偷袭珍珠港,对美国正式宣战,太平洋战争全面爆发。这一系列战争,不仅给中国及东南亚人民带来深重灾难,也给日本人民带来巨大苦难,数百万日本人葬身异国他乡。对于日本发动的侵略战争,裕仁天皇有着不可推卸的责任。由于受到中国军民和世界反法西斯同盟国坚决抗击,日本在昭和二十年(1945)八月十五日宣布无条件投降。随后美军指挥官麦克阿瑟率领军队占领了日本,为了削弱天皇的影响力,遂改日本专制的天皇制为君主立宪制。同时为了安抚日本人民,天皇作为日本国家的象征被保留下来。昭和六十四年(1989)一月七日,裕仁天皇去世。同日,皇太子明仁继位,改年号为“平成”,1989年又成为平成元年。

日本第四系天皇从第一百零一代称光天皇至一百二十五代明仁天皇,共25代,616年(至2017年)。

日本历代去世的天皇,均采用土葬的方式安葬,去世天皇的陵墓至今大都保存完好。为了节约土地资源,日本宫内厅在2012年4月26日发布公告,日本政府根据天皇明仁和皇后美智子提出身后改土葬为火葬的建议,将考虑在他们百年之后火葬。天皇夫妇希望以日本大众普遍接受的火葬方式,而不采用传统的土葬方式。另外,天皇夫妇希望他们的葬礼不必铺张,尽量不影响普通百姓的生活。如果是这样,明仁天皇将是日本历史上第一位采用火葬安葬的天皇。

日本有这样的神话传说，天神有三个孩子，其中最小的就是女神天照大神。天照大神有所谓的天孙，而日本第一代天皇神武天皇就是天孙的孙子。其实这种说法与中国古代一些帝王美化其祖先一样，不过是将天皇家族神化而已。日本天皇家族有可能是古朝鲜皇室成员渡海而来，而朝鲜人源自中国，所以日本天皇家族极有可能源自中国，或有中国人的血统。因为历史上日本有不允许发掘皇室陵墓的传统，所以日本天皇及其家族究竟源于何处，还是一个未解之谜。

下面将就日本天皇年号与中国古典文献之关系及相关史实做分析研究。

第二章 第一系天皇

第一代天皇:神武天皇

日本历史上没有改换朝代的情况发生,始终为皇室家族一系,亦称“万世一系”。但日本古代天皇的事迹多有语焉不详之处,有的来自传说、神话,直到崇神天皇,考古学才能确认其是实际存在的天皇,从应神天皇开始,才有史可据。

如按日本最古老的史书《古事记》和《日本书纪》(简称“记纪”)的相关记载,日本第一代天皇为神武(じんむ)天皇,是皇室的祖先,传为天照大神的后裔。在位时间为前660年2月11日—前582年3月11日,前后达79年,其寿命达127岁。最早在《古事记》中则名为“神倭伊波礼毗古命”(日语:神倭伊波礼毗古命/かむやまといわれひこのみこと)。较晚成书的《日本书纪》中的汉字译为“神日本磐余彦尊”(日语:神日本磐余彦尊/かむやまといわれひこのみこと),传说他建立最早的大和王权,为日本开国之祖与天皇之滥觞。其即位之年为辛酉年,根据谶纬说中的“辛酉革命”之意而确定。

又据《古事记》与《日本书纪》记载,天照大神之孙琼琼杵尊下凡到了九州日向的高千穗山峰,与木花开耶姬生了三个儿子:火降芹命、火明命和彦火火出见尊。其中彦火火出见尊娶海神之女丰玉姬,生下了孙子鸬鹚草葺不合命;鸬鹚草葺不合命又与玉依姬命生下了曾孙五濑命、稻冰命、御毛沼命、若御毛沼命四位皇子，其中若御毛沼命即后来的“神日本磐余彦”。经过多场征战，他终于平定了大和地区，建立了以奈良为中心的“大和国”，疆域覆盖半个日本列岛。公元前660年，神日本磐余彦在今奈良市的橿原宫即位，公元前585年驾崩，在位76年，谥号“神武”。

圣德太子统治时期，为了神话天皇，曾借中国史书中的“辛酉革命”之说，编排了所谓的“皇纪”。按照“皇纪”的推算，推古九年正好是辛酉年，亦即圣德太子在斑鸠宫推行改革的年份。辛酉年每60年才出现一次，60年为一轮。而按道教之说，每一轮的辛酉年是发生变革的年份，而第21轮的辛酉年则是发生彻底的大变革之年。根据这个推算，圣德太子以推古九年(601)为起点，再往上推第21轮的辛酉年就是日本的建国之年。规定该年的阴历一月一日为神武天皇登基之日(阳历为2月21日)。按照这种推算法，2016年是皇纪2675年。

根据日本《古事记》和《日本书纪》等相关史料记载，神武天皇在15岁时被立为太子，并娶吾平津媛为妻。45岁时他与诸皇子商讨所谓的东征之事，该年(甲寅年)十月神武天皇横渡濑户内海，企图征服东土。其东征和即位的诰命，似模仿中国史书的形式。经过半年的行军，途中经筑紫、吉备等地，终于在河内国登岸。这期间，大和国的土豪长随彦因害怕皇子入侵，遂于孔舍卫阪率兵迎战入侵之敌。在激战中，五濑命于前次战役中箭受伤而死。之后在海上遇到风暴，稻冰命和御毛沼命以身殉海，以求神灵保佑平安，在仅剩磐余彦尊一人的情况下，他仍然继续前进。最后虽然在熊野的荒阪津登陆，但却因误杀附近居民而遭到神的惩罚，全军中毒而不能前进，幸赖武瓮雷神赐布都御魂剑，全军才又能行进。之后又在前往中洲的山中迷了路，部队陷入恐慌之中。在关键时刻，又幸赖八咫乌的指引，最终抵达目的地。

在再度进军大和路中，磐余彦尊依靠椎根津彦等重臣帮助，先后收服大伴氏之祖日臣命等人为自己的臣子，并击破吉野首部之祖井光、八十枭帅等反对势力。又终于在撤兵半年后，再度与长随彦遭遇。双方交战之初，磐余彦尊虽然连续作战但却无法打败对方，可激战到一半时，天色突然大变，磐余彦尊弓上停着一只金乌。由于金乌闪闪发光，刺得对方睁不开眼睛，长随彦的军队看不清敌人，无法迎战，于是磐余彦尊的军队取得大胜。经过六年的征战，磐余彦尊终于平定了各方势力，大和朝廷建立起来了。

辛酉年正月，磐余彦尊在橿原宫即位。因原配吾平津媛留在了日尚，他又娶三轮大物主神之女媛蹈鞴五十铃媛命纳为妻，并对他的追随者一一论功行赏。在即位的第三十一年，磐余彦尊巡幸天下；在位第四十二年时，为了巩固政权，遂决定立皇太子。磐余彦尊在位七十五年后驾崩，此年秋葬于亩傍山东北陵，而按《古事记》所说，是葬在亩傍山詹北白祷尾，即位于今奈良县橿原市大久保町。陵墓南面为圆丘状，陵前立有黑木的鸟居。

余说：

关于神武天皇之事，由于时间相隔久远，加之其中又有大量的神话色彩，目前很难断定世上是否真的存在过神武天皇这号人物。因此，如何解读"记纪"两书关于这位开国天皇的描述，便成为解答这号人物的关键所在。在中国史书中有"辛酉革命"的谶纬之说，神武天皇即位的"辛酉年"，很可能是后人根据他即位时间逆推出来的，可信度并不是很高。"神日本磐余彦尊"为日本和式的谥号，"神武"则是中国汉式的谥号，和谥为故有的谥号，汉谥则为后世追赠。在《古事记》成书之时，尚未出现汉式谥号。据相关的日本史书记载：神武帝以下古代天皇的谥号，为大友皇子曾孙、汉学家淡海三船所确定。淡海三船是汉学家，但不是史学家，他的论据不知从何而来。此外，"若御毛沼命"这名字又带有五谷神的含义，而橿原乃至大和一带自古便是重要的粮仓，且此处关于磐余彦尊的传说也非常多，史实误谬也较多。这些传说很有可能混合在一起，由此便构成了神武这位传奇性的开国天皇的故事。

另外，上世纪50年代香港学者卫挺生经过多年研究，在其所著的《神武天皇开国考》中指出，神武天皇即是被秦始皇派遣寻找长生不老药的方士徐福，当时他和数千个童男女随从去为秦始皇寻找长生不老之药，在到达日本之后因未能找到这种药而一去不返，再也没有回到秦朝，徐福便成为后来的神武天皇，日本现有的徐福墓就是附会这一说法建立的。但这种说法缺乏可靠的依据，在时间上和考古学上都站不住脚，所以并不为研究者认同。

由于日本古代的天皇世系表是虚构的，神武天皇究竟是什么年代的人物，有多少岁都不能确定。日本的《古事记》《日本书纪》，都是后世才有的史书。与各国的历史一样，无法推算的就只能靠编造神话故事来解决了。神武天皇从高天原降世、东征大和国、统一日本都是神话。也许日本历史上并没有神武天皇这个人，或者没有这个名字，他是多个人的事迹汇集在一人身上编造出来的人物。实际上日本也不是由大和氏族统一的，而是由邪马台国自南向北统一的，邪马台国征服了大和，这是日本古代史中的记载。现在的日本史学家认为所谓大和是日本始祖实际上是错误的观点。

徐福的故事在中日两国流传都很广，但是徐福只是东渡，没有史料说明他征服了日本民族，登上了天皇宝座。徐福带领的是一群童男童女，童男童女能征服日本土著？现在日本人的祖先很多是东汉皇帝和东汉人的后裔，这就是所谓日本归化人。

元明女帝时代，她敕谕一位文笔非常优秀的太朝臣安万侣，来帮忙稗田阿礼共同续写那本未完成的日本历史著作，这就是在公元712年完成的《古事记》。天武天皇设立了一所日本国家历史编纂馆，任命一大批国史编纂官员，命其仿效中国司马迁的《史记》、班固的《汉书》编写方式，编撰一部完备的国家记录。经过整整四十年，终于在720年完成了这部巨作，这就是至今还在流传的用汉文书写的《日本书纪》。该书共三十卷，一、二两卷是日本神话，从第三卷起为日本正史的开始——《神武纪》。《神武纪》即是神武天皇的本纪，它不像是虚构的史实。而日本官方编撰的《古事记》《日本书纪》《神皇正统记》等正史，则对徐福家世没有记载。

明治维新之后，由于日本皇权大兴，对祖先神武天皇事迹的考证也逐渐热络起来，并且成为显学。明治时期著名的东洋史专家那柯通世(1851—1908)提出以前660年为开国之年的说法，之后便衍生出了纪元节这种假想的开国日。1889年，日本政府根据那柯通世提出的神武天皇建国之地——奈良县橿原市重建橿原神宫。按照那柯通世的说法，神武天皇是公元前660年登基的，此时约相当中国的春秋时期齐桓公葵丘之会一匡天下的时候，而徐福是公元前200年的人，两人的年代差了400年。由此推测，神武天皇不一定就是徐福。

神武天皇的故事讹传的成分较多，其时没有年号。

第二代天皇：绥靖天皇

根据日本史书《古事记》和《日本书纪》的记载，自神武天皇之后，虽有八代帝王相继继承大统，但并无真实事迹可考。只有诞生、即位，以及建宫、立后等记载，没有治绩记录，故在日本历史上被称作阙史八代(也作“欠史八代”)。根据日本学者水野佑的研究成果，日本历史上这八代帝王根本是不存在的，就连名字也是虚构的。日本史书把神武天皇的存在提前了四百年，由此便产生了很长的时间空隙，需要至少八代以上的君主才能把这四百年的历史补充完整，有名而无事迹的阙史时代就这样产生了。由于把神武天皇提前了四个世纪，相关的附会也缺乏依据，故日本古代史的真伪难以确定，而真实可考的日本历史，则是从仁德天皇开始的。

日本学者在考古发掘和研究中，结合出土文物与“欠史八代”的相关问题，提出了一些新的学术观点。有的学者又提出神武即是崇神天皇的说法，原因是他与后来的八代天皇不过是日本皇室为拉长存在历史而虚构出来的。在证明这九代天皇存在之前，这种说法不失为一种近似合理的观点。当然，如果不考究故事有多少可信度的话，也可以将东征的故事看成是大和政权由九州向东推至大和的一个过程。

按照《日本书纪》和《古事记》的记载，绥靖（すいぜい）天皇是日本传说中的二代天皇，也是欠史八代中的第一位天皇。其生卒年为公元前632—公元前549年，享寿84岁；在位时间为前581年11月8日—前549年5月10日，共33年。在《日本书纪》中，绥靖天皇被称作“神渟名川耳尊”，其和风谥号也是如此。在《古事记》的记载中，他则名为“神沼河耳”。根据相关史料的记载，神渟名川耳为神武天皇与大和国之妻媛蹈鞴五十铃媛命所生的次子。在此之前，神武天皇与其在日向国之妻吾平津媛已生有一子（《古事记》则说生有两子），取名为“手研耳命”（《古事记》作当艺志美美命），并随其父东征而来。神武天皇死后，手研耳命娶其后母，也就是神渟名川耳的母亲媛蹈鞴五十铃媛命为妻，想通过这种婚姻取得天皇之位。

手研耳命为了确保获得皇位，打算杀掉其他两位皇子以铲除对手。皇后蹈鞴五十铃媛命为保护两位皇子，作歌以提醒他们躲过危险之境。为了保全自己的性命，神渟名川耳与其同母兄神八井耳命计划先下手为强。他们暗中找人准备好弓箭，然后利用手研耳命独自躺在地窖的大床上时，对其进行暗杀；当神渟名川耳推开地窖大门后，神八井耳命拉弓瞄准。但关键时刻因手颤抖未能放出箭。危急之时，神渟名川耳撞开其兄，夺过弓箭，连发两箭，分别击中手研耳命的胸前和胸后，使其当场毙命。神八井耳命因其不敢射箭而感到惭愧，于是便将皇位让给其弟，自己专门主持祭神之事。关于神渟名川耳继承皇位之后的事，日本史书并无记录，只知其在位第二年春立母亲之妹、亦即其姨母五十铃依媛命（一说是矶城县主之女川派媛）为皇后，并生有一子，即后来的安宁天皇。在位第四年时，其兄八井耳命去世。在位第二十五年时立皇太子，在位第三十三年时驾崩。

绥靖天皇的皇居名为葛城高丘宫。其陵墓名为桃花鸟田丘上陵，位于今奈良县橿原市四条町，亩傍山的东北面，亦俗称"冢根山"。

与神武天皇的故事一样，绥靖天皇讹传的成分较多，其时没有年号。

第三代天皇：安宁天皇

据日本史书《古事记》和《日本书纪》的记载，安宁（あんねい）天皇为传说中的日本第三位天皇，也是欠史八代中的第二位天皇。其生卒年月为：公元前577年—公元前510年1月17日，享寿67岁；按《日本书纪》一说是57岁；《古事记》记载其为49岁。在位时间为：前548年（一说为前549年）7月3日—前511年12月6日，在位时间达38年。

在《日本书纪》中，安宁天皇被称作"矶城津彦玉手看尊"，其和风谥号也是如此。在《古事记》中，他则名为"师木津日子玉手见命"。其母亲为五十铃依媛；其皇后为渟名底仲媛命，一名渟名袭媛，安宁天皇即位的第一年三月，被立为皇后。懿德天皇即位，被尊为皇太后。有长子息石耳命、次子懿德天皇。另一说安宁天皇有三子，名矶城津彦命。但《古事记》则说生有两子。

安宁天皇即位的第二年，迁都于片盐浮孔宫。《古事记》中也称“片盐浮孔皇宫”。并承袭绥靖天皇先例，于在位第十一年立大日本彦耜友尊为太子。陵墓名为：亩傍山西南御阴井上陵。陵墓为东西长的椭圆形状，位于今奈良县橿原市吉田町。

安宁天皇的汉风谥号“安宁”，据说是为八世纪后期的淡海三船所撰。但因安宁天皇属于欠史八代中的第二位天皇，其他事迹、生平几无法考证。其时没有年号。

第四代天皇：懿德天皇

据日本史书《古事记》和《日本书纪》的记载，懿德（いとく）天皇为日本第四代天皇，为欠史八代中的第三位天皇。其生卒年月为：公元前554年（绥靖天皇二十九年）—公元前477年（懿德天皇三十四年）9月8日，享寿77岁；按《古事记》记载其为45岁。在位时间为：公元前510年2月4日—公元前476年9月18日，在位时间达34年。懿德天皇在《古事记》里名为“大倭日子锄友”，在《日本书纪》中则被称作“大日本彦耜友尊”，其和风谥号也是如此。按照《日本书纪》记载，大日本彦耜友尊是安宁天皇的次子，其母为安宁天皇的皇后渟名底仲媛命。在安宁天皇在位的第十一年正月，时年16岁的大日本彦耜友尊被立为太子。安宁天皇在位三十八年后驾崩，太子于来年2月即位，是为懿德天皇。在位第二年正月，懿德天皇迁都于轻曲峡宫，隔月即立先皇长子息石耳命之女天丰津媛命为皇后。他与皇后共生有两子，在位第二十二年立次子观松彦香殖稻尊为太子。去世之年的8月，葬于亩傍山南纤沙溪上陵。陵墓为小丘状，位于奈良县橿原市西池尻町。元治元年（1864），陵墓进行了重新修葺。

懿德天皇其他事迹、生平几无法考证。其时没有年号。

第五代天皇:孝昭天皇

据《古事记》和《日本书纪》记载,孝昭(こうしょう)天皇为日本第五代天皇,为欠史八代中第四位天皇。其生卒年月为:公元前506年(懿德天皇十五年)—公元前393年(孝昭天皇八十三年)8月5日,享寿113岁。在位时间为:公元前475年1月9日—公元前393年8月5日,在位时间达83年。在《古事记》中,其名为"御真津日子诃惠志泥";《日本书纪》中,其被称作"观松彦香殖稻尊",其和风谥号也是如此。按《日本书纪》记载,观松彦香殖稻尊为懿德天皇次子,母亲是懿德天皇的皇后天丰津媛命,即安宁天皇长子息石耳命的女儿。在懿德天皇在位的第22年(前489)2月,18岁的观松彦香殖稻尊被立为太子。懿德天皇在位34年去世,次年正月孝昭天皇即位。同年7月,他迁都掖上池心宫。在位第二十九年正月,立尾张连远祖瀛津世袭之妹世袭足媛为皇后,并与皇后生有两子。长子为天足彦国押人命;次子为日本足彦国押人。在位第六十八年,孝昭天皇立次子日本足彦国押人为太子。驾崩之年的10月,葬于掖上博多山上陵。陵墓为东南走向的圆丘状,位于奈良县御所市大字三室字博多山。

孝昭天皇其他事迹、生平几无法考证。其时没有年号。

第六代天皇:孝安天皇

据《古事记》和《日本书纪》记载,孝安(こうあん)天皇为日本第六代天皇,为欠史八代中第五位天皇。其生卒年月为:公元前428年(孝昭天皇四十八年)—公元前291年(孝安天皇一零二年)1月9日,享年137岁(《日本书纪》记载为123岁)。在位时间为:公元前392年1月7日—公元前291年1月9日,在位时间达102年，是日本历代天皇中寿命最长的一位。在《古事记》中，其名为“大倭带日子国押人命”；《日本书纪》中，其被称作“日本足彦国押人尊”，其和风谥号也是如此。按《日本书纪》的记载，日本足彦国押人尊是孝昭天皇次子，母亲是孝昭天皇的皇后世袭足媛。孝昭天皇六十八年正月，他在20岁时被立为太子。孝昭天皇于在位第83年8月驾崩，次年正月太子即位，是为日本足彦国押人天皇，亦即孝安天皇。第二年十月，迁都至葛城之室的秋津岛宫。在位第26年立侄女、即孝昭天皇长子天足彦国押人命之女押媛为后，两人生有一子，即日后的孝灵天皇。孝安天皇去世后，安葬在玉手丘上陵。陵墓为圆丘状，位于奈良县御所市大字玉手。

孝安天皇的其他事迹、生平几无法考证。其时没有年号。

第七代天皇：孝灵天皇

据《古事记》和《日本书纪》记载，孝灵（こうれい）天皇为日本第七代天皇，为欠史八代中第六位天皇。其生卒年月为：公元前341年（孝安天皇五十一年）—公元前215年（孝灵天皇七十六年）2月8日，享年128岁（《日本书纪》记载为128岁、《古事记》记载为106岁）。在位时间为：公元前290年1月12日—公元前215年2月8日，在位时间达76年。在《古事记》中，其被称作“大倭根子日子赋斗迩”；在《日本书纪》中被称作“大日本根子彦太琼尊”，其和风谥号也是如此。按《日本书纪》的记载，大日本根子彦太琼尊是孝安天皇的独生子，其母是孝昭天皇孙女、孝安天皇皇后押媛。其父帝孝安天皇在位的第76年1月5日，26岁的大日本根子彦太琼尊被立为太子。孝安天皇在公元前291年1月9日驾崩后，他在同年12月4日迁都于黑田庐户宫。并在次年1月12日，即位为天皇，是为大日本根子彦太琼天皇，即孝灵天皇。在位第二年立矶城县主大目之女细媛命为皇后，与其生有一子，即后来的孝元天皇。

此外，孝灵天皇还有数位妃子。相关记载如下：妃春日千乳早山香媛，生女千千速比壳命（《古事记》记载此事，《日本书纪》无此记载）。妃倭国香媛，生女倭迹迹日百袭姬命；生子日子刺肩别命（《古事记》记载此事，《日本书纪》无此记载），为高志之利波臣、丰国之国前臣、五百原君、角鹿海直之祖；生子彦五十狭芹彦命，为吉备上道臣之祖；生女倭迹迹稚屋姬命。妃组某弟，生子彦狭岛命，为针间牛鹿臣之祖；生子稚武彦命，为吉备臣之祖，也是吉备下道臣、笠臣之祖。孝灵天皇驾崩后，安葬于片丘马坂陵。陵墓为方形，位于奈良县北葛城郡王寺町本町。

按《日本书纪》孝元天皇六年九月条记载，孝灵天皇是在驾崩六年后安葬的，后陵墓因无人管护而失去记载，也找不到准确位置，直到江户幕府的元禄年间通过搜寻才发现了该陵，幕府末年对此进行了修缮。

孝灵天皇其他事迹、生平几无法考证。其时未有年号。

按照日本神话与《神皇正统记》记载，徐福此时来到了日本。

第八代天皇：孝元天皇

据《古事记》和《日本书纪》记载，孝元（こうげん）天皇为日本第八代天皇，为欠史八代中第七位天皇。其生卒年月为：公元前274年（孝灵天皇二十六年）—公元前158（孝元天皇五十七年）9月2日，享年116岁（《古事记》记载为57岁）。在位时间为：公元前214年1月14日—公元前158年9月2日，在位时间达57年。

在《古事记》中，孝元天皇被称为“大倭根子日子国玖琉命”；在《日本书纪》中被称为“大日本根子彦国牵尊”，和风谥号也是如此。按《日本书纪》记载，大日本根子彦国牵尊是孝灵天皇的嫡子,其母是矶城县主大目之女、孝灵天皇的皇后细媛命。孝灵天皇三十六年正月,19岁的大日本根子彦国牵尊被立为太子,孝灵天皇在位76年驾崩,次年1月14日太子即位,是为孝元天皇,四年后迁都至轻境原宫。在位第六年九月,葬孝灵天皇于片丘马阪陵。在位第七年立穗积臣元祖郁色雄命之妹郁色谜命为皇后,生有两男一女,其中嫡长男大彦命即神功皇后摄政时代名臣武内弥宿的祖父。而按《古事记》的记载,大彦命还是阿倍臣、膳臣、阿闭臣、狭狭城山君、筑紫国造、越国造、伊贺臣七族之祖。孝元天皇二十二年正月依传统立次子稚日本根子彦大日日尊为太子。其女名为倭迹迹姬命,但《古事记》却无此记载。此外,天皇还纳伊香色谜命与河内青玉系之女埴安媛两妃,并生有两子。孝元天皇驾崩后,安葬于剑池岛上陵,也被称为中山冢,陵墓位于石川池的东南面,在今奈良县橿原市石川町。这个陵墓与孝灵天皇的陵墓一样,后因无人管护而失去记载,也找不到准确位置,直到江户幕府的元禄年间通过搜寻才发现了该陵,幕府末年对其进行了修缮。

孝元天皇其他事迹、生平几无法考证。其时没有年号。

第九代天皇:开化天皇

据《古事记》和《日本书纪》记载,开化(かいか)天皇为日本第九代天皇,为欠史八代中第八位天皇。其生卒年月为:公元前213年(孝元天皇二年)—公元前98年(开化天皇六十年),享年111岁(《古事记》记载为63岁)。在位时间为:公元前157年(一说是前158)11月12日—公元前98年4月9日,在位时间达60年。

按《古事记》记载,开化天皇被称为“若倭根子日子大毗毗”;在《日本书纪》中被称为“稚日本根子彦大日日尊”,和风谥号也是如此。按照《日本书纪》的记载,稚日本根子彦大日日尊是孝元天皇的次子,其母是孝元天皇皇后郁色谜命。在《古事记》《日本书纪》中,并没有开化天皇相关事迹的记载。按《日本书纪》所说,孝元天皇在其在位的二十二年一月十四日,立时年21岁的若倭根子日子大毗毗为太子。孝元天皇在其在位的五十七年九月二日驾崩,两个月后的十一月十二日,太子即天皇之位,是为稚日本根子彦大日日天皇(即开化天皇)。次年的开化元年十月十三日,天皇迁都春日率川宫(《古事记》记作"春日之伊邪河宫")。在位第五年二月,葬先皇于剑池岛上陵。其地在现在的奈良县奈良市本子守町附近,在该地的率川神社内有宫殿的遗迹。来年正月立其父孝灵天皇之妃伊香色谜命为皇后,生有一子御间城入彦五十琼殖尊,开化天皇二十八年四月立为太子,即后来的崇神天皇。除此之外,天皇还纳丹波竹野媛与姥津媛为妃,并生有两子,即彦汤产隅命和彦坐王。在《帝王编年纪》和《本朝皇胤绍运录》等中世纪编撰的史书中,并无上述后妃的名字,仅举了吉备津彦命之女包媛(或作"色媛")。在位第六十年四月,开化天皇驾崩。同年十月葬于春日率川阪本陵,又称为坂上陵。陵墓前方后圆,长约105米,宽58米,后圆部分的直径为50米,属念佛寺山古坟,位于奈良市油阪町。陵墓后来残破,仅剩台基,幕府末年曾进行修葺,于庆应元年(1865)三月竣工。

开化天皇其他事迹、生平几无法考证。其时没有年号。

第十代天皇:崇神天皇

据《古事记》和《日本书纪》记载,崇神(すじん)天皇为日本第十代天皇。其生卒年月为:公元前148年(开化天皇九年)—公元前29年(崇神天皇六十八年)12月5日,享年120岁(《古事记》记载为168岁)。在位时间为:公元前97年1月13日—公元前29年12月5日,在位时间达68年。

按《古事记》记载，崇神天皇被称为“御真木入日子印惠命”；在《日本书纪》中被称作“御间城入彦五十琼殖尊”。他是开化天皇的次子，其母为开化天皇皇后伊香色谜命。开化天皇在位第二十九年时，时年19岁的御间城入彦五十琼殖尊被立为太子。开化天皇在位第六十年四月驾崩，太子遂于次年正月即天皇之位，是为御间城入彦五十琼殖天皇（即崇神天皇）。即位后天皇迁都于矶城瑞篱宫。二月，辛亥朔丙寅，天皇立御间城姬命为皇后。生子活目入彦五十狭茅（即后来的垂仁天皇）、彦五十狭茅命、倭彦命、五十日鹤彦命。生女国方姬命、千千冲倭姬命。纳长妃远津年鱼眼眼妙媛，生子丰城入彦命，为上毛野君、下毛野君等之祖；生女丰锹入姬命。纳次妃尾张大海媛，生子大入杵命，为能登国造之祖；生子八阪入彦命、生女渟名城入媛命、十市琼入媛命。

在崇神天皇即位五年后，日本国内瘟疫流行，百姓流离失所，有人起而反叛。崇神天皇以为是自己德治不够，日夜反省，请罪于神明。第七年二月初春，天皇下诏：“昔我皇祖大启鸿基，其后圣业逾高，王风转盛，不意今当朕世，数有灾害，恐朝无善政，取咎于神祇耶？盍命神龟以极致灾之所由也！”于是天皇幸驾神浅茅原，以会晤天下之八十万神明，并占卜问神，神明凭依着倭迹迹日百袭姬命（孝灵天皇之女、崇神天皇曾姑母）的身体，对他的问题做了回答。当夜，崇神天皇梦见有一位贵人，自称是大物主神，他告诉天皇一些有关祭祀的事情，认为祭祀顺利就会天下太平，海外之国亦会自动归顺。

同年八月癸卯朔己酉，窝迹迹神浅茅原木妙姬、大水口宿祢、伊势麻绩君三人共同上奏崇神天皇。他们的说法与神明的观点一致，认为以大田田根子来祭祀大物主神，同时以市矶长尾市来祭祀倭大国魂神，则天下自当太平。

《古事记》记载崇神天皇是“所知处国”的天皇，《日本书纪》称他是“御肇国天皇”。从《古事记》和《日本书纪》的这些相关记载来看，崇神天皇是首位在考古学上可考证的天皇，也有人认为他才是大和王权的真正创建者。在位第六十八年十二月五日，崇神天皇驾崩。葬于山边道勾冈上陵。陵墓前方后圆，主轴线长约237米，属行灯山古坟，位于奈良县天理市柳本町字向山。崇神天皇的陵墓是古代山陵中最为规正的皇陵，具有很高的文物价值。

崇神天皇在位时，虽有一些事迹，但未有年号。

第十一代天皇：垂仁天皇

据《古事记》和《日本书纪》记载，垂仁（すいにん）天皇为日本第十一代天皇。其生卒年月为：公元前69年（崇神天皇二十九年）1月1日—70年（垂仁天皇九十九年）7月14日，享年140岁。在位时间为：公元前29年1月2日—70年7月14日，在位时间达99年。

在《日本书纪》中，垂仁天皇被称为“活目入彦五十狭茅尊”；在《古事记》中又被称为“伊久米伊理毗古伊佐知命”；在《常陆风土记》中还被称为“伊久米天皇”等。其母为御间城姬命。在崇神天皇三十八年四月，他被立为太子。垂仁天皇先立狭穗姬命为皇后，但因其兄狭穗彦发动叛乱，皇后因追随其兄而被烧死。天皇从丹波迎接日叶酢媛命为皇后，把公主托付于天照大神的祭祀，并创立在日本影响颇大的伊势神宫。皇后临终之际，接受野见宿驿祢的建议，把自己换作泥偶人埋葬了。但这只是一种荒诞的传说而已，不足为信。此外，相扑节会的起源、天日长枪和田道间看守的传说也源于这一时期。垂仁天皇与狭穗姬命生子誉津别命；与日叶酢媛命生子五十琼敷入彦命、大足彦忍代别尊（即后来的景行天皇）、稚城琼入彦命，生女大中姬命、倭姬命；纳妃渟叶田琼入媛，生子铎石别命、生女胆香足姬命；纳妃真砥野媛，无子女；纳妃薊琼入媛，生子息速别命，生女稚浅津姬命；纳妃迦具夜比卖，生子袁那弁王；纳妃绮户边媛，生子磐衔别命，生女两道入姬命；纳妃苅幡户边，生子祖别命、五十日足彦命、胆武别命。此外，皇子圆目王生母不明。

垂仁天皇即位后，居住在缠向珠城宫，《古事记》记载为师木玉垣宫，传说其地在奈良县樱井市穴师附近。此外，作为其传承之地有京都府久世郡久御山町市田，其地有其宫城遗迹。其地为祭祀垂仁天皇和和气清麻吕的珠城神社，位于今久世郡久御山町大字市田小字珠城2-1。在其即位第九十九年七月之后，驾崩于缠向宫，时年140岁。垂仁天皇驾崩后，葬于菅原伏见东陵，陵墓前方后圆，属于宝来山古坟，周围挖有壕沟，位于奈良市尼辻町。陵墓曾经出土过一些文物，为日本宫内厅所藏。按《日本书纪》记载，该陵墓与安康天皇的陵墓同名，后分离而建。垂仁天皇去世后，朝廷废除了殉葬之礼。

虽然《古事记》和《日本书纪》中记载了垂仁天皇的一些事迹，但其真实性尚有不少疑问。因此有关垂仁天皇的史实受到一些质疑，但近年来关于其存在的实例在增多。

垂仁天皇在位时没有年号。

第十二代天皇：景行天皇

据《古事记》和《日本书纪》记载，景行（けいこう）天皇为日本第十二代天皇。其生卒年月为：公元前13年（垂仁天皇十六年）1月1日—130年（景行天皇六十年）11月7日，享年143岁（《古事记》记载为137岁）。在位时间为：71年7月11日—130年11月7日，在位时间达60年。

在《日本书纪》中，景行天皇被称为“大足彦忍代别天皇”，在《古事记》中又被称为“大带日子淤斯吕和气天皇”，在《常陆风土记》中还被称为“大足日子天皇”，在《播磨风土记》中也被称为大带日子天皇、大带日古天皇、大带比古天皇。和风谥号

“大足彦忍代别天皇”。

景行天皇在垂仁天皇三十七年被立为太子，其母为日叶酢媛命。其父驾崩后即位，迁都瀍向日代宫（约在今奈良县樱井市穴师）。

景行天皇五十八年时，行幸近江国，在志贺高穴穗宫（今滋贺县大津市穴太）滞留三年驾崩。

在即位的第二年三月三日，立播磨稻日大郎姬为皇后，生子栉角别王、大碓皇子（身毛津君等之祖）、小碓尊（即日本武尊，仲哀天皇之父）。景行天皇四年时，行幸美浓国，在泳宫（今岐阜县可儿市）纳八坂入媛命为妃，后立为皇后。生子稚足彦尊（即后来的成务天皇）、五百城入彦皇子、忍之别皇子、稚倭根子皇子、大酢别皇子，生女渟熨斗皇女、五百城入姬皇女、麛依姬皇女、高城入姬皇女、弟姬皇女等。此外，还纳水歯郎媛、五十河媛、阿倍高田媛、日向髪長大田根、袭武媛、日向御刀媛、五十琴姬命等数十位女子为妃。其余妃、子之事略过，其事可见《日本国史略》和《先代旧事本纪》。另据《古事记》记载，景行天皇即位时已经84岁，但他老当益壮，一生后妃众多。有子80人，长大成人者21人、未成年去世者59人。

虽然《古事记》和《日本书纪》中记载了景行天皇的事迹，但其真实性仍有疑问。最早的相关记载是，其皇后为他生了两个儿子，名为大碓尊、小碓尊。在景行天皇98岁的时候，大碓尊为了一个女人和他发生尖锐的矛盾，父子之间结下不解之怨。景行天皇于是便把众多儿子赶到各自的封地。他83岁即位，时间长达60年，去世时已经143岁，创下了日本125代天皇的长寿之冠。景行天皇驾崩后，葬于山边道上陵，陵墓前方后圆，属于涩谷向山古坟，位于奈良县天理市涩谷町。由于年代久远，该陵曾一度记载混乱，直到庆应元年（1865）方得以最后确定，陵墓周围还有数个陪葬陵。该陵墓曾出土各种陶器土片，孝明天皇元治元年（1864）出土的石枕现藏于关西大学，为日本重要出土文物。

景行天皇在位时没有年号。

景行天皇十二年，居住在九州的熊袭部落反叛天皇，并且拒绝朝贡。天皇派他的儿子小碓尊前去讨伐，希望藉此树立他的威信。小碓尊自幼便有远大的理想和志向，成人后力能扛鼎，性格凶悍，又工于心计，他刺杀了反叛的头领，被称为“日本武尊”。后景行天皇又派他去征讨东部的虾夷叛乱，取得了成功。武尊又转战各地，讨平各地叛乱之后回京复命，但因在征伐时过于劳累，又因在途中感染毒气，不幸英年早逝，去世时年仅30岁。日本人民为了纪念他，爱知县名古屋至今仍有他的衣冠冢。武尊死后，大和国又继续用武力兼并了远近的许多小国，大约在4世纪末5世纪初基本统一了日本。

此外，关于日本武尊的各种传说也发生在这一时期，其中不乏附会成分。

日本武尊之名，在《古事记》中作倭建命，在《风土记》中作倭武天皇，本名小碓尊，另有日本武、大和武等称号。

据《日本书纪》记载，景行天皇与皇后稻日大郎姬生有一对双胞胎，兄名大碓皇子(《古事记》作大碓命)，弟名小碓尊(《古事记》作小碓命)。小碓尊身材魁梧，力能扛鼎。据《古事记》记载，他用极为残忍的方式杀害了其兄大碓皇子，他的暴行就连景行天皇也感到惊恐，于是便令他远离皇宫，前往西方讨伐熊袭的川上枭帅。

又据《古事记》记载，日本武尊返京前经过出云国，以比剑的方式，用诡计砍死了对手出云健。杀了出云健后，日本武尊一边唱着歌一边悲叹他的愚蠢，回京后他将一切禀报了天皇。

小碓尊受命讨伐川上枭帅后，男扮女装，当川上枭帅喝酒快醉倒时，趁机刺杀了他。从此，小碓尊被称作日本武尊(《古事记》作倭建命)。日本武尊杀死川上枭帅后，命弟彦公斩杀余党，即返回京城。途中，山神、河神与穴户神等神祇与他同行拜见天皇。

景行天皇四十年时，东国有虾夷骚动，天皇便令日本武尊前去讨伐,并命吉备武彦与大伴武日连两人与之随行。当年十月,日本武尊动身往东,并先前往伊势神宫参拜。期间,倭姬命将天丛云剑交给他。之后,日本武尊行经尾张国,借住宫箦媛(《古事记》作美夜受姬)家,两人日久生情,决定返国时结婚。日本武尊由海路进入虾夷境内,虾夷的领袖岛津神、国津神从海岸上眺望日本武尊的船只,被他的气势所震慑,于是全部投降,日本武尊则宽恕了他们。

在日本,武尊为神话人物,关于他的传说有许多。他虽然力大无穷,并且善用智谋,但其父王慑于他的威力,总是尽力压制他,让他东征西讨,为大和王权开疆扩土,在常年奔波、征战中耗尽了年轻的生命。虽然武尊是一个虚构的人物,但是他的英雄传说,以及其悲剧的一生打动了无数日本人的心灵,至今仍是文学艺术反复表现的题材。

武尊虽英年早逝,没有继承皇位,但其子嗣却为今日天皇之直系祖先。

第十三代天皇:成务天皇

据《古事记》和《日本书纪》记载,成务(せいむ)天皇为日本第十三代天皇。其生卒年月为:84年(景行天皇十三年)—190年(成务天皇五十九年)6月11日,享年107岁。在位时间为:131年1月5日—190年6月11日,在位时间达59年。

成务天皇名稚足彦尊,和风谥号也是如此。他是景行天皇在98岁时生的儿子,其母是八坂入媛命。景行天皇的皇子日本武尊去世后,他于景行天皇五十一年被立为太子,景行天皇驾崩后于次年正月即位。迁都志贺高穴穗宫,在今滋贺县大津市穴太。

关于成务天皇的后妃、子女,《日本书纪》并无记载,但《古事记》记载他娶穗积臣等人之祖、建忍山垂根之女弟财郎女为妃，生子和诃奴气王。此外还有妃吉备郎姬。成务天皇在位时，在朝廷上设立大臣，在地方上设置国、郡、县、邑等行政区划。成务天皇虽然在位59年，死时已经107岁，但却因一直无子，不得已在他即位第48年立异母兄日本武尊的次子足仲彦尊为太子。即位后是为仲哀天皇。虽然《古事记》和《日本书纪》记载了他的事迹，但其真实性仍有疑问。

成务天皇驾崩后，葬于狭城盾列池后陵，陵墓前方后圆，属于佐纪石冢山古坟，位于奈良市山陵町。该陵墓在江户时代被称为“石冢山”。陵号按《日本书纪》记载，与神功皇后陵属同一个“狭城盾列陵”；《续日本后纪》称之为“楯列南山陵”，《扶桑略记》称之为“池后山陵”，《东大寺要录》称之为“狭城盾陈池后陵”。康平六年(1063)三月该陵曾被兴福寺僧人静范等人盗掘，按《扶桑略记》《百练抄》之说，这年十月静范等16人被流放，十二月被盗掘的陵墓得到了修葺，被盗的文物也被追回。此后，陵墓又曾数次被盗。文久三年(1863)填埋了陵前的壕沟，设置了祭拜场所，并在陵墓外侧筑起了防护堤。

成务天皇在位时没有年号。

第十四代天皇：仲哀天皇

据《古事记》和《日本书纪》记载，仲哀(ちゅうあい)天皇为日本第十四代天皇。其生卒年月为：148年(成务天皇二十六年)—200年(仲哀天皇九年)2月6日，享年52岁。在位时间为：192年11月12日—200年2月6日，在位时间9年。在《古事记》中，仲哀天皇的名字被称为“带中日子命”；在《日本书纪》中被称为“足仲彦尊”，和风谥号也是如此。仲哀天皇是景行天皇之孙，日本武尊次子，其母为垂仁天皇之女两道入姬命。因其叔父成务天皇没有子嗣，故在成务天皇四十八年三月一日他31岁时被立为太子。做了13年太子后，在成务天皇去世一年后仲哀天皇才即位。仲哀天皇在位第八年时，因九州南部的熊袭在建宫时未进贡，决心起兵讨伐。但神却借皇后之口，建议攻打海外的“处女之睩”，即新罗国。仲哀天皇自高处眺望新罗，因望不到该国之地，始终未依神意出兵，因而激怒神而于来年逝世。仲哀天皇去世后，神功皇后征服了新罗。返回九州后，皇后于筑紫产下一子，即日后的应神天皇。

仲哀天皇在成务天皇四十八年(180)时被立为太子，即位第二年立气长足姬尊(神功皇后)为皇后，生子誉田别命(即后来的应神天皇)。此外，还有妃大中姬命，生麑阪皇子、熊忍皇子；有妃弟媛，生誉屋别皇子(按《古事记》所载为神功皇后所生)。

仲哀天皇去世之后，由于发生动乱，他的遗体并没有及时下葬，而是临时安置在穴户丰浦宫。神功皇后摄政的第二年十一月，仲哀天皇被安葬在河内国的长野陵。陵墓名字为惠我长野西陵，位于大阪府藤井寺市藤井寺四丁目。陵墓前方后圆，周围有壕沟，幕府末年修葺后成为现在的样子，在庆应元年最后竣工。

据说仲哀天皇容姿端正，身长一丈，但关于他的真实性及其各种史实、功绩却一直受到有些日本学者的怀疑。也有仲哀天皇被架空的说法。

在仲哀天皇时，有一位在日本历史和皇室中具有重要影响的人物，这便是仲哀天皇的皇后神功皇后(170？—269？)、第十五代天皇——应神天皇的生母。神功皇后是日本古坟时代的皇族，日本原名不可考，中文名气长足姬，《古事记》记别名为息长带姬命，和式谥号“气长足姬尊”。据《日本书纪》记载，神功皇后之父为开化天皇的玄孙息长宿祢王，母亲则是葛城的高额媛。仲哀天皇即位第二年，神功皇后被立为皇后。传说她在仲哀天皇去世后曾长期摄理朝政，执掌国家大权，为日本历史上第一位女性君主。她三度出征朝鲜半岛，为日本扩展疆土，开日本海外拓土之先例,但事多不确,在明治时代之前,史学家大多把她作为第十五代天皇或准天皇。太安万侣(《古事记》的作者)将她与邪马台国的卑弥呼女王之事相联系,虽有一些根据,但也有穿凿附会之嫌。

在《日本书纪》中,曾提到皇后曾遣使赴中国入贡,其摄政第39年遣使赴中国进贡,来年受倭国奉诏书、印绶。摄政第47年,百济遣使入贡,并与新罗使者一同入朝。传统上日本史学界认为神功皇后是历史上实际存在过的人物,甚至认为皇后就是邪马台国女王卑弥呼。1945年8月,战败之后,日本兴起疑古风潮,神功皇后这位传奇人物也逐渐受到质疑,其是否确有其人在史学界存在很大争议,有人主张她是从皇极天皇和持统天皇等女天皇生平中塑造出来的一位虚构人物。至于《日本书纪》中关于神功皇后摄政期间曾数次派使赴中国入贡的描述,现今被认为是《日本书纪》的写作者为了避免天皇之位长时间空置的情况,为了凑合大和朝廷和"卑弥呼"之关系而编造出来的内容。现今日本学术界对她的存在多持否定态度。总之,神功皇后是一位介于神话传说和真实历史之间、且虚构成分较大的人物。

仲哀天皇在位时没有年号。

第十五代天皇:应神天皇

据《古事记》和《日本书纪》记载,应神(おうじん)天皇为日本第十五代天皇。一说即传说中的八幡大神(八幡大菩萨)。其生卒年月为:200年(仲哀天皇九年)12月14日—310年(应神天皇四十一年)2月15日,享年110岁。在位时间为:270年1月1日—310年2月15日,在位时间达41年。

在《古事记》中,应神天皇名为品陀和气命;在《日本书纪》中被称作誉田别尊,和风谥号也是如此。在日本的神道教中,应神天皇被尊为战神八幡神,因为神佛合一,又通称为八幡大菩萨。此为日本天皇的祖神、源氏的氏神，军人与倭寇的守护神。根据日本相关的史书记载，应神天皇为仲哀天皇第四子，也是神功皇后唯一的孩子。由于是在皇后亲征新罗时所怀之子，故又称作“胎中天皇”。应神天皇在3岁时便由神功皇后立为太子，在皇后长达69年的摄政时间里，太子与皇后共同治理国家。皇后百岁过世后，誉田别尊于次年登天皇之位。应神天皇在位时期，他开挖池沟，兴修水利，大力发展农业，为天皇政权的强大时期。在应神天皇之前，日本没有文字，采用刻木结绳的方法记事。应神天皇十六年(285)，应神天皇邀请百济学者阿直岐与王仁到日本。王仁携带《论语》10卷、《千字文》1卷来到日本，汉字开始传入日本。随后日本开始使用汉字了，正式文书用汉字，且用汉字为日语注音，这些举措为日本带来真正的文明。应神时代，大陆人(中国人)、朝鲜人开始了移居日本的热潮，时为中国东汉末年的战乱时期。大陆人给日本带来先进的文化和生产技术，如纺织、制陶、制盐等技术，日本也派人去中国学习缝衣服的技术，并且有所谓的“吴织”到日本帮助百姓缝制衣服，这些都促进了日本生产力的发展。从应神天皇开始，日本出现了象征王权的巨大坟墓，史称古坟时代。

《续日本纪》说应神天皇有尾巴，有些荒诞不可信。与过去的天皇相比，应神天皇的后妃与子女众多，据《日本书纪》记载，天皇共有7位后妃，生有十男十女。而在《古事记》中则记载天皇共有9位后妃，生有十一男十五女。应神天皇死后，因为皇子众多而出现继位危机，以至三年皇位空缺，无人治理国家。

应神天皇的皇后名为仲姬命。也有人认为应神天皇就是中国《宋书》中记载的倭五王中的倭王赞，但在时间上有些差异，不足信。结合考古发掘与文献资料研究，自应神起，天皇在位时间和事迹的可信度大增。应神天皇驾崩后，葬于惠我藻伏岗陵，陵墓前方后圆，又称誉田御庙山古，是古代日本最大的古坟，周围还有一些小的圆坟，曾经出土过一些水鸟、鱼形的陶器。该陵在今大阪府羽曳野市誉田六丁目,南侧有祭祀应神天皇的誉田八幡神宫。

应神天皇在位时没有年号。

第十六代天皇:仁德天皇

据《古事记》和《日本书纪》记载,仁德(にんとく)天皇为日本第十六代天皇。其生卒年月为:257年(神功皇后五十七年)—399年(仁德天皇八十七年)1月16日,享年142岁。在位时间为:313年1月3日—399年1月16日,在位时间达87年。

在这两部典籍中,仁德天皇名为大雀、大鷦鷯。其父为应神天皇,母为仲姬命,是五百城入彦皇子之孙。

据说仁德天皇出生时,大臣武内宿祢告之曰:“臣妻产时,鷦鷯入于产屋,是亦异焉。”因此仁德天皇被称为“大鷦鷯皇子”,他幼而聪明睿智,貌容美丽,及壮,性格宽厚慈惠。

应神天皇去世后,仁德天皇助其异母弟、皇太子菟道稚郎子推翻异母兄大山守皇子之位。三年后皇太子自杀,仁德天皇遂即其位,并迁都难波高津宫。即位第二年春三月,立磐之媛命为皇后,生子大兄去来穗别天皇(即后来的履中天皇)、住吉仲皇子(墨江之中津王)、瑞齿别天皇(反正天皇)、雄朝津间稚子宿祢(即后来的允躬天皇);纳妃日向发长媛,生子大草香皇子、幡梭皇女。磐之媛命去世后,又立八田皇女为皇后(应神天皇皇女)。又纳妃日向发长媛,生子大草香皇子、生女草香幡梭姬皇;又纳妃宇迟之若郎女(应神天皇皇女)、黑日卖(吉备海部直女)。

仁德天皇在位时间较长,他重视农业,疏通难波的堀江,筑茨田堤,开和珥池,垦殖土地。外交上积极与中国南朝刘宋通交,力图在朝鲜半岛扩大优势。有学者认为,仁德天皇就是《宋书·倭国传》所记载的倭王赞(或弥),但尚无充分的证据加以证明。

仁德天皇在位87年后驾崩,葬于百舌鸟耳原中陵,陵墓前方后圆，属于大仙陵古坟，位于大阪府堺市堺区大仙町。仁德天皇在位时，日本的经济、文化获长足发展，国家强大，可以集中大量钱财建筑自己的陵墓。陵墓长480米、宽305米、高30余米，面积很大。墓中的随葬品有各种各样的铜器、玉器、金刀和各种名贵首饰。此外，还有用黏土烧成的战马、舞女、帆船等。总之，活着的时候享用的东西死去也要尽可能带上，仁德天皇的陵墓是世界上最大的王陵。

仁德天皇在位时没有年号。

第十七代天皇：履中天皇

据《古事记》和《日本书纪》记载，履中（りちゅう）天皇为日本第十七代天皇。其生卒年月为：336年（仁德天皇二十四年）—405年（履中天皇六年）3月15日，享年69岁。在位时间为：400年2月1日—405年3月15日，在位时间6年。

履中天皇原名去来穗别，也作大兄去来穗别，《古事记》记载为大江之伊邪本和气命。《播磨风土记》记载为大兄伊射报本和气命。其父为仁德天皇，母为磐之媛命。也是反正天皇、允恭天皇的同母兄。按《日本书纪》记载，履中天皇在仁德天皇三十一年时被立为太子，仁德天皇死后，同母弟住吉仲皇子曾兵围其皇宫。履中天皇获悉消息后逃至河内，居石上神宫，后于大和磐余即位，并迁都磐余稚樱宫。在位第六年期间，履中天皇模仿中国设置了书记官，记录国史。"记言事达四方志"。并在斋藏旁建内藏（指宫内的仓库），开始设藏职，但其当时所著史书现已亡佚。据说履中天皇即位第二年，立瑞齿别尊（反正天皇）为太子。履中天皇即位前与羽田矢代宿祢之女（一说是葛城苇田宿祢之女）黑媛有婚约，生子磐坂市边押磐皇子，为仁贤天皇、显宗天皇之父，又生御马皇子、青海皇女。即位后，立应神天皇之女草香幡梭皇女为后，生中矶皇女。此外，还有妃太姬郎姬、高鹤郎姬。

履中天皇在中国的《宋书》中或被认为是“倭五王”中的倭王赞(也有人认为是应神天皇或仁德天皇),但缺乏实证,尚不能确定。

履中天皇驾崩后,葬于百舌鸟耳原南陵。陵墓前方后圆,属于石津丘古坟,位于大阪市堺市西区石津丘镇,全长365米。该陵于元治元年(1864)进行修补,庆应元年(1865)竣工。

履中天皇在位时没有年号。

第十八代天皇:反正天皇

据《古事记》和《日本书纪》记载,反正(はんぜい)天皇为日本第十八代天皇。其生卒年月为:351年(仁德天皇三十九年)—410年(反正天皇六年)1月23日,享年60岁。在位时间为:406年1月2日—410年1月23日,在位时间5年。

反正天皇名多迟比瑞齿别,《古事记》记为水齿别命。他是仁德天皇的第三子,其母为磐之媛命。反正天皇是履中天皇的同母兄,允恭天皇的同母弟。因他在淡路所生,且牙齿整齐、漂亮,故得此美名。反正天皇娶皇夫人津野媛,生香火姬皇女、园皇女;纳妃弟媛,生财皇女、高部皇子。

履中天皇去世后,反正天皇平定了住吉仲皇子之乱后即位。其都城是丹比柴篱宫,今大阪府松原市上田七丁目的柴篱神社为该都城的遗址所在。中国的史书《宋书》与《梁书》中记载的倭五王中的倭王珍(弥),可能指的就是他。也有人认为是仁德天皇或履中天皇,但反正天皇为倭王珍的可能性很高。

反正天皇驾崩后,葬于百舌鸟耳原北陵。陵墓前方后圆,属于田出井山古坟,位于大阪府堺市堺区北三国之丘町二丁目,全长148米。按《日本书纪》所载,反正天皇的陵墓又称“耳原陵”,允恭天皇五年十一月甲申安葬反正天皇于此。

反正天皇在位时未有年号。

第十九代天皇:允恭天皇

据《古事记》和《日本书纪》记载,允恭(いんぎょう)天皇为日本第十九代天皇。其生卒年月为:376年(仁德天皇六十四年)? —453年(允恭天皇四十二年)1月14日,享年77岁。在位时间为:412年12月—453年1月24日,在位时间达42年。

允恭天皇是仁德天皇第四位皇子,名雄朝津间稚子宿祢,其母为磐之媛命。他也是履中天皇和反正天皇的同母弟。其皇后为忍坂大中姬,生子木梨轻皇子、穴穗皇子(后为安康天皇)、境黑彦皇子、八钓白彦皇子、大泊濑幼武皇子(后为雄略天皇);生女名形大娘皇女、轻大娘皇女、但马橘大娘皇女、酒见皇女。另有一妃,名弟姬,子女情况不详。

允恭天皇是在仓促之下即位的。反正五年(410年)一月,在没有确立皇太子的情况下,反正天皇突然驾崩。朝中群臣商讨之后,欲推举雄朝津间稚子宿祢尊即天皇之位,但他本人以健康原因辞谢,因而皇位一直维持了两年的空位。直到允恭元年(412)十二月,在忍坂大中姬的强烈请求下他才即位。即位后迁都远飞鸟宫(今奈良县高市郡明日香村飞鸟)。允恭三年八月,自新罗请来医者为天皇治病。允恭四年(415)九月,天皇纠正了诸氏族氏姓之乱。允恭五年七月,因玉田宿祢暴露出反叛之意而将其诛杀。允恭二十四年(435),因前年所立皇太子木梨轻皇子与同母妹轻大娘皇女通奸被发现,皇太子被废,轻大娘皇女被流放伊予。

允恭四十二年(453)一月,天皇驾崩,新罗王派遣使者致祭。按《古事记》所记,天皇驾崩年为77岁,而按《日本书纪》(北野本)所记,则一说为81岁。

在中国的《宋书》中,允恭天皇被认为是倭五王中的倭王济，已经得到了确认。按《宋书》所记，倭王济在刘宋太祖元嘉二十四年(443)，曾向刘宋纳贡。倭王济去世后，世子兴仍然继续纳贡，由此可以确认倭王济是在5世纪前期在位的天皇。

允恭天皇驾崩后，葬于惠我长野北陵。陵墓前方后圆，属于国府市野山古坟，位于大阪府藤井寺市国府二丁目，该陵全长228米，前面宽度为158米，后圆部直径为136米，高约22米。

允恭天皇在位时没有年号。

第二十代天皇：安康天皇

据《日本书纪》记载，安康(あんこう)天皇为日本第二十代天皇。其生卒年月为：401年(履中天皇二年)？—456年(安康天皇三年)8月9日，享年56岁。在位时间为：453年12月14日—456年8月9日，在位时间3年。

安康天皇名穴穗，为允恭天皇的第二皇子，是雄略天皇的同母兄，其母为忍坂大中姬命。允恭天皇去世后，因木梨轻皇太子有通奸的污点，大臣们反对他即位，于是才轮到穴穗即位。为了继位，他起兵讨伐自己的长兄木梨轻皇太子，最后逼迫其自杀(《古事记》记载为流放)。木梨轻皇太子自杀后，穴穗皇子才在这一年的十二月登基。他即位后迁都于石上穴穗宫，即今奈良县天理市田町，一说是奈良县田部地区。即位之后，他又听信根使主的谗言，立即杀掉威胁自己皇位的叔叔大草香皇子(仁德天皇之子)，并将他的妻子中蒂姬(履中天皇之女)抢来做自己的皇后，但无子嗣。时大草香皇子之子眉轮王年仅7岁，三年后当安康天皇枕在中蒂姬腿上睡觉时，为了为父报仇，眉轮王将其刺杀。眉轮王之所以有这样的胆量，是因为其背后是与天皇家族一样都是自古就很强大的豪族即“葛城丹”。事件发生后，安康天皇之弟大泊濑皇子立即杀了眉轮王与葛城丹及其同伙的皇族，同时以狩猎为名诱杀了与此事无关的市边押磐皇子。由于此事影响太大,实力相当于葛城一族的御马皇子与三轮君友善便联合将他杀掉了。当时皇族中的男子大部分被杀掉,在这种情况下大泊濑幼武继承了皇位,这就是雄略天皇(可能就是倭王武)。

有些历史学家认为,安康天皇是中国《宋书》和《梁书》中记载的倭王兴。按《宋书》和《梁书》记载,他是雄略天皇的哥哥。但按《日本书纪》记载,他是雄略天皇的父亲。按《古事记》《旧事纪》记载,其享年56岁;按《帝王编年记》之说,他享年只有54岁。

安康天皇驾崩后,葬于菅原伏见西陵。为方丘状陵墓,位于奈良市宝来町四丁目、垂仁天皇陵墓的西北。该陵墓形状不整,四周有小土沟环绕,已失去了原样。文久三年(1863)经考证确认了该陵墓的遗址所在。

安康天皇在位时没有年号。

第二十一代天皇:雄略天皇

据《日本书纪》记载,雄略(ゆうりゃく)天皇为日本第二十一代天皇。其生卒年月为:418年(允恭天皇七年)12月?—479年(雄略天皇二十三年)8月7日,享年61岁。在位时间为:456年11月13日—479年8月7日,在位时间达23年。

雄略天皇名大泊濑幼武,另有大长谷若建命、大长谷王(《古事记》记载)、大恶天皇、有德天皇之名,为其父允恭天皇第五子,母为忍坂大中姬命,是木梨轻皇太子、安德天皇同母弟。其皇后为仁德天皇之女草香幡梭姬。纳妃葛城韩媛,生子白发皇子(清宁天皇)、生女栲幡姬;纳妃吉备稚媛,生子磐城皇子、星川稚宫皇子;纳妃春日和珥童女君,生女春日大娘皇女,后为仁贤天皇皇后、武烈天皇之母。

据《日本书纪》所述,雄略天皇在争夺皇位时对手甚多,他是在消灭了众多近亲皇族和实力人物葛城氏之后登上天皇之位的,在位23年。后世对他评价不一,有日本历史上的暴君之说。但另一方面,该书也称雄略天皇在政治上有所建树,是一位有德之君。虽然"温和"与"粗暴"意思有些对立,但都能令人称赞。在雄略天皇统治下,大和大王一族脱离了长期松散的氏族部落联盟状态,开始成长为由独立军事力量支撑的专制王权。此时大和已统一日本,国力日渐强大,它一直把朝鲜半岛视为自己的"宝国",并且觊觎日久。大和统治者希望从中国南朝宋以及后来的齐、梁那里得到统治朝鲜半岛的授权,从而以中国的权威为后盾,达到控制半岛各国的目的。从这个意义上来说,雄略天皇应作为"日本古代划时代的时期"。

一些中日学者认为,雄略天皇就是中国正史《宋书·倭国传》所记载的倭王武。在《宋书》中,有5世纪日本5位天皇(倭五王)向南朝的刘宋遣使的记载。泰豫元年(472),雄略天皇遣使刘宋,要求支持其在朝鲜半岛的行动。他自称"使持节都督倭、百济、新罗、任那、加罗、秦韩、慕韩七国诸军事、安东大将军、倭国王"。遣使所上的表文被《宋书》引用,是中国正史中第一次提到的日本人用汉语写的文章。在文章中,倭王提到当时的日本重视与位于朝鲜半岛西部的百济的友好关系,他曾向百济派遣援兵,以期获得更大的利益。雄略天皇在信中明确要求刘宋王朝支持他称霸朝鲜半岛的对外政策,但宋顺帝只承认雄略天皇"使持节都督倭、新罗、任那、加罗、秦朝、慕朝六国诸军事、安东大将军、倭王"的称号,而他要求的都督百济一项则未被承认。刘宋顺帝的承认,在一定程度上增加了倭王武在国内的威望。雄略天皇在国内强化专制统治,收取豪族私财,统治地位更加稳固。

最近几十年来,日本史学界曾对雄略天皇做过详细的研究,认为他是一位"古代划时代的天皇"的看法已逐渐成为定论。其理由是:(一)《万叶集》有以他的和歌的开篇;(二)《日本灵异记》也记载了他的故事;(三)从雄略天皇时代开始使用新的历法(元嘉历)等等。除了这些文字记载之外,昭和五十三年(1978)在出土于日本琦玉县行田市稻荷山古墓的铁剑上发现了115字的错金镶嵌铭文,可以读出的有"辛亥年"(471)、"幼武大王"等文字。在此之前,日本考古界从位于熊本县玉名郡和水町的江田船山古墓发掘出的铁刀上的错银镶嵌文字中,也可以解读出"幼武大王"的文字。这些出土文物表明,在5世纪后半叶,从熊本县到琦玉县都已被雄略天皇统一了。

雄略天皇驾崩后,葬于丹比高鹫原陵,陵墓为圆丘形状,属于岛泉丸山古坟与平冢古坟的混合型,位于今大阪府羽曳野市岛泉八丁目。该陵墓直径约77米,周围有壕沟环绕。

雄略天皇在位时没有年号。

附:中国《宋书·夷蛮传》记载的关于倭五王中"倭王武"(雄略天皇)之事:

兴死,弟武立,自称使持节、都督倭百济新罗任那加罗秦韩慕韩七国诸军事、安东大将军、倭国王。

顺帝升明二年,遣使上表曰:"封国偏远,作藩于外,自昔祖祢,躬擐甲胄,跋涉山川,不遑宁处。东征毛人五十五国,西服众夷六十六国,渡平海北九十五国,王道融泰,廓土遐畿,累叶朝宗,不愆于岁。臣虽下愚,忝胤先绪,驱率所统,归崇天极,道径百济,装治船舫。而句骊无道,图欲见吞,掠抄边隶,虔刘不已,每致稽滞,以失良风。虽曰进路,或通或不。臣亡考济实忿寇仇,壅塞天路,控弦百万,义声感激,方欲大举,奄丧父兄,使垂成之功,不获一篑。居在谅暗,不动兵甲,是以偃息未捷。至今欲练甲治兵,申父兄之志,义士虎贲,文武效功,白刃交前,亦所不顾。若以帝德覆载,摧此强敌,克靖方难,无替前功。窃自假开府仪同三司，其余咸各假授，以劝忠节。”诏除武使持节、都督倭新罗任那加罗秦韩慕韩六国诸军事、安东大将军、倭王。

第二十二代天皇:清宁天皇

据《古事记》《日本书纪》记载，清宁（せいねい）天皇为日本第二十二代天皇。其生卒年月为:444年（允恭天皇三十三年）？—484年(清宁天皇五年)1月16日，享年41岁;《神皇正统记》记载为39岁。在位时间为:480年1月15日—484年1月16日，在位时间为5年。

清宁天皇在《古事记》中被称为白发大倭根子命，在《日本书纪》中被称为白发武广国押稚日本根子命，和风谥号也是如此。他是雄略天皇第三子，其母为葛城韩媛。清宁天皇没有后妃，也无子女。

据说清宁天皇有异相，他一生下来就满头白发，故有“白发皇子”之称。其父雄略天皇感觉到他有异兆，故在雄略天皇二十二年立他为太子。雄略天皇驾崩后，其妻妾和诸子之间发生了宫廷争斗，在这场权位之争中，白发皇子和他出身葛城氏的生母韩媛一方最终战胜了星川皇子和他出身吉备氏的生母稚媛，登上了天皇的宝座。之后，迁都磐余瓮栗宫，奈良县橿原市东池尻町的御厨子神社便是其故地所在。葛城氏是日本畿内的豪族，而吉备氏则是畿外的豪族，和朝鲜半岛的新罗国联系密切。清宁天皇没有子嗣，他所立的太子亿计（即后来的仁贤天皇）在他驾崩后不愿意登基，而是坚持要把皇位让给胞弟弘计（即后来的显宗天皇），于是二人上演了一出如同中国商末伯夷、叔齐版的谦让王位故事。他们的姐姐从大局着眼，自告奋勇代理弟弟去临朝听政。但她只当政几个月就去世了，而且也没有后代，所以日本史上关于她的事迹几乎没有什么记载。这位默默无闻的女天皇死后，日本国内群龙无首，当初让位的两兄弟才悟出担任天皇也是为国家尽一种责任，于是先后登基即位，是为显宗天皇和仁贤天皇。

清宁天皇驾崩后，葬于河内坂门原陵，陵墓前方后圆，全长112米，属于西浦白发山古坟，昭和四十四年(1969)进行过修整，增加了一些葺石，该陵墓位于大阪府羽曳野市西浦六丁目。

清宁天皇在位时没有年号。

第二十三代天皇：显宗天皇

据《日本书纪》记载，显宗(けんぞう)天皇为日本第二十三代天皇。其生卒年月为：450年(允恭天皇三十九年)—487年(显宗天皇八年)4月25日，享年38岁。在位时间为：485年1月15日—487年4月25日，《日本书记》说他在位时间为3年；《古事记》认为他在位8年。

显宗天皇之父为市边押磐皇子，母为荑媛。仁贤天皇为其同母弟。安康天皇三年(456)十月一日，安康天皇之弟大泊濑皇子担心他的堂兄弟市边押磐皇子和他争夺皇位，因此在和市边押磐皇子一起狩猎时将其杀害，自己作为第二十一代天皇雄略天皇即位(457年)。雄略天皇逝世后，他的儿子白发大倭根子命作为第二十二代天皇即位(480年)，是为清宁天皇。但是清宁天皇没有结婚也没有生子，他周围的人都担心皇统是否能够延续下去。而显宗天皇在其父市边押磐皇子被雄略天皇所杀后，与其兄亿计王一起逃亡并隐居，后住在播磨国明石和三木志染的石室中。有一天，一个叫小盾的人来到播磨国[①]出任

① 日本古代令制国之一。令制国，又称律令国，是旧时日本在律令制下所设置的地方行政区划，自奈良时代开始实行，直到明治初期废藩置县为止。国相当于中国古代的州，是次于道的行政单位，有时也被称为“日本六十余州”。播磨国大约相当于现在的兵库县南部。

长官。清宁天皇二年(481)十一月,当地豪强为其接风。宴会上,两个豪强的使唤人出现在宴席上。他们边舞边唱,唱词中表示他们就是被雄略天皇杀害的市边押磐皇子的两个儿子亿计王(后来的仁贤天皇)和弘计王(后来的显宗天皇)。清宁天皇派敕使前往播磨国的明石迎接两兄弟,翌年将二人迎入宫中,让亿计王做东宫王,立弘计王为太子。这年五月,清宁天皇驾崩,弘计王登基,是为显宗天皇。显宗天皇即位以后,他们找到了埋葬父亲的地方,为他修墓。然后他们想向杀害父亲的凶手雄略天皇报仇,以慰父亲在天之灵,但是雄略天皇那时已经死了,于是显宗天皇派亿计王去破坏雄略天皇的坟墓。亿计王到了雄略天皇的陵前,只在陵墓的旁边稍微挖了一点土就回来了。显宗天皇觉得亿计王回来得太快,觉得可疑,就问他:你去毁陵毁得怎么样了?亿计王说:只把陵墓旁边的土稍微翻了一下。听他这么说,显宗天皇很不高兴,他说:如果要想为父亲报仇,就应该把他的陵墓全部毁掉,你就翻了一点土是怎么回事?亿计王回答说:为了给父亲报仇雪恨,向大泊濑(雄略)天皇之灵复仇,也是合情合理的。但是大泊濑(雄略)天皇虽然是和我们有杀父之仇的不共戴天的人,但也是和我们有血缘关系的叔叔,还曾是统治天下的天皇。如果现在只重为父报仇之志,完全毁坏了曾是治理天下之君的陵墓,后世的人们一定会讥笑我们。但是父亲之仇必报不可,因此只在陵墓的旁边翻了一点土,以示其辱,以告后人。显宗天皇感慨地说:你所做的合情合理,就按照你说的做吧。

显宗天皇的做法,揭示了日本人在生死观,尤其是对待死者的文化,显示出与中国不同的特色(以上内容据《古事记》)。

显宗天皇驾崩后,葬于傍丘磐坏丘南陵,陵墓前方后圆,中世纪之后墓地已模糊不清,元禄以后墓址众说纷纭,幕府末年曾对此进行了确认。明治二十二年(1889)进行了大修,曾出土石棺、刀剑、金器等陪葬品,该陵墓在今奈良县香芝市北今市。

显宗天皇在位时未有年号。

第二十四代天皇:仁贤天皇

据《日本书纪》记载,仁贤(にんけん)天皇为日本第二十四代天皇。其生卒年月为:449年(允恭天皇三十八年)—498年(仁贤天皇十一年)8月8日,享年48岁。在位时间为:488年1月5日—498年8月8日,在位时间达11年。

仁贤天皇在《古事记》中被称为意祁王;在《日本书纪》中称为亿计。此外还有大脚、大为、大石尊、嶋郎、意祁命、意富祁王等许多别称。他是显宗天皇之兄。其父为市边押磐皇子,其母为荑媛。皇后为雄略天皇之女春日大娘皇女,生小泊濑稚鷦鷯天皇(即后来的武烈天皇)和高桥大娘皇女(《古事记》称为高木郎女)、朝嬬皇女、手白香皇女(继体天皇皇后、钦明天皇之母)、樟冰皇女、橘皇女(宣化天皇皇后)、真稚皇女。纳妃糠君娘,生春日山田皇女(安闲天皇皇后)。

仁贤天皇因其父被雄略天皇所杀,遂与其弟弘计(显宗天皇)外出逃难。后显宗天皇即位,在位3年后驾崩,仁贤天皇便继承了天皇之位。在对待杀父仇人雄略天皇的态度上,仁贤天皇表现出了一种大度,在日本历史上被认为是"报德不报怨"的典范。

仁贤天皇驾崩后,葬于埴生坂本陵,陵墓前方后圆,中世纪之后墓地已失去准确位置,元禄时期对此做过一些考证,但仍难以确定,元治元年(1864)曾对此进行了确认,并加以修葺。该陵墓现位于大阪府藤井寺市青山三丁目。

仁贤天皇在位时未有年号。

第二十五代天皇:武烈天皇

据《日本书纪》记载,武烈(ぶれつ)天皇为日本第二十五代天皇。其生卒年月为:489年(仁贤天皇二年)12月—507年(武烈天皇八年)1月7日,享年18岁。在位时间为:498年1月5日—506年12月8日,在位时间8年。迁都泊瀬列城宫,在今奈良县樱井市出云的事儿柱神社保留有《武烈天皇泊濑列城宫迹》的石碑,《古事记》记载为“长谷之列木宫”。

武烈天皇名小泊濑稚鷦鷯,《古事记》记载为若雀。仁贤天皇之子,其母为雄略天皇之女春日大娘皇女。皇后为春日娘子,但《古事记》中并无记载。武烈天皇没有子女,仁德天皇一脉至此终绝。

武烈天皇是日本历史上比较残暴不仁的天皇,其暴虐程度可以与中国历史上的暴君桀、纣相比。据《日本书纪》记载,武烈天皇“频造诸恶,不修一善”、“国内居人,咸皆震怖”。他为了知道未出生的胎儿是怎样的形状,曾残忍地下令剖开孕妇的肚子。他在挑选宫女时,要求宫女浑身赤裸在木板上观看马匹交配,并以此为乐。武烈天皇是仁德天皇一系子孙在自相残杀之后的唯一余孤,他死后由其他皇室旁枝继承日本天皇之位。学术界普遍认为,因为此人为断绝仁德天皇一系血脉的罪人,所以日本史家受中国文化昏君亡国理念的影响,故而刻意将其塑造为一代暴君。

武烈天皇没有后代,而且当时日本的皇族中也没有合适的继位人选。其中的主要原因一方面是由于天皇家族为了保持皇族血统的纯正,大多是近亲通婚,因而影响了生育能力;另一方面是皇族近亲之间为了争夺王位而自相残杀,内斗十分残酷,经过一番严酷的杀戮后,皇室已有断子绝孙之虞。在这种情况下,当时的权臣大伴金村主张前往外地迎接仲哀天皇的五世孙入继皇室大统。但遗憾的是迎接的仪仗队伍还没有到达，这位候补天皇却悄悄地逃之夭夭，不知去向。大伴金村不得已又把应神天皇的五世孙男大迹王接了过来，对他晓以大义，告知继承天皇之位的重要性，同时献上天皇的三件宝器：宝剑、铜镜和玉玺，是为继体天皇。

武烈天皇死后，由于缺乏强势人物，王室的权力变得更加衰落，而中央对地方的约束力也在减弱，其对朝鲜半岛的影响力也在逐步丧失。

武烈天皇八年冬十二月，天皇崩于列城宫。死后葬于傍丘磐杯丘北陵，陵墓为山形。明治二十六年(1893)三月对陵墓进行了维修，前高约10米，后高约20米，前面有凹字型的空濠，空濠前还有祭拜的场所，陵墓位于奈良县香芝市今泉。

武烈天皇在位时没有年号。

第二十六代天皇：继体天皇

据《日本书纪》记载，继体(けいたい)天皇为日本第二十六代天皇。其出生年月为：《古事记》记载为485年(显宗天皇六年)，《日本书纪》记载为450年(允恭天皇三十九年)；去世年月为：《古事记》记载为527年5月26日(丁未年四月初九)，《日本书纪》记载为531年(继体天皇二十五年)3月10日(辛亥年二月初七)，或534年(甲寅年)。享年43岁或82岁。在位时间为：507年2月4日—531年2月7日，在位时间达25年。

关于继体天皇的名字，不同的史料中有不同的记载，主要有以下几种：《日本书纪》中记载为男大迹王，《古事记》中记载为袁本杼命，《上宫记》的逸文记载为乎富等大公王。按《日本书纪》记载，彦太尊是继体天皇的别名。二战后，将继体天皇视为日本皇室之祖的新王朝论开始盛行。关于继体天皇与之前的大和朝廷的血缘关系，直到现在仍在争议之中。

据《古事记》《日本书纪》记载，由于武烈天皇没有后嗣，因此越前（也有说法是近江）的“应神天皇五世孙”继体天皇才被大连[1]大伴金村等群臣拥立而登上皇位。但《日本书纪》的皇室谱系图丢失一卷，失去了原来的正确世系，只能勉强从《上宫记》的逸文中得出一份世系信息。但围绕着这种特殊的即位情况，却产生了种种争议。旧说尊重《古事记》《日本书纪》的记载，认为继体天皇是大和朝廷五代以前的旁系远亲、地方上的有力王族。二战之后，对历史研究的政治力控制减少，学术界关于天皇的自由研究成为了可能。有历史学家开始提出继体天皇是与之前的大和朝廷无血缘关系的“新王朝的始祖（初代大王）”说，如水野祐的“三王朝交替说”即是这方面的代表。

根据这种说法，所谓天皇“万世一系”的说法被否定，自出身不明的第二十六代继体天皇起，开始了大和朝廷新的大王家族。近年来日本史学界也盛行五世纪的大和朝廷的大王不是特定的世袭王朝的说法。如：继体天皇之前的大王是从很多的有实力豪族中产生的；武烈天皇等原来的天皇世系并不真实存在。关于应神天皇真实存在与否，也有很多不同说法，一时难以确定。

现在日本史学界认为：不能确定继体天皇是否是应神天皇的五世孙，但是大和朝廷的大王之位并不是篡夺而来，是得到大和朝廷中枢豪族的支持而即位的说法成为了主流。还有据《古事记》《日本书纪》的记载，关于继体天皇之后的天皇世系是可信的。即使继体天皇真是应神天皇的旁系子孙，也是超出五服的血缘淡薄的远亲关系。为了弥补血缘的淡薄，继体天皇娶

---

① 大连是日本姓氏制度中“姓”的一种，是被赐予神代史上的神为祖先的“神别”诸氏（传说中天孙降临时的五个随从的后裔），如物部连和中臣连。大连是连姓中地位最高的级别，与大臣（臣姓中地位最高的级别）作为中央贵族而参与最高朝政，具有决策权。

了应神天皇直系的手白香皇女为后。现在天皇的祖先钦明天皇,是手白香皇女所生,至少从母系来说,继体天皇继承了应神天皇的血统。即使采用继体新王朝之说,现在的日本皇室也是自继体天皇以来,保持了由男系继承的1500年历史,这也是世界上时间最长的王朝。

继体天皇之父为彦主人王,出生于近江国高岛乡三尾野(滋贺县高岛市),继体天皇幼年时,彦主人王便已去世。继体天皇由其母抚养成人,他礼贤下士,性情豁达,因此才被迎立为大王。继体天皇是日本第一位早期天皇。

继体天皇继位后,继续以大伴金村为大连、巨势男人为大臣,一如前朝政治体系。在大伴金村的建议下,继体天皇立雄略天皇孙女、仁贤天皇之女、武烈天皇之妹(一说是姐姐)手白香皇女为皇后。在入主大和之前,继体天皇就有不只一个妃子及很多儿子,但是即位后娶了前任武烈天皇的妹妹为正式的皇后,这属于政治婚姻。继体天皇将有直系正统室血脉的前任天皇的妹妹立为皇后,在谋求与武烈天皇系融和的同时,以一种类似入赘的方式宣示其王位的正当性。尽管继体天皇有很多儿子,但是嫡子仍然是与手白香皇女所生的天国排开广庭尊(即后来的钦明天皇)。而钦明天皇又立了侄女兼表妹石姬皇女为皇后,生下了敏达天皇。大和朝廷继体天皇的旁系血脉,被认为由皇后手白香皇女的直系血脉强化了,这样继体天皇与手白香皇女之子钦明天皇的血脉一直延续至今。

除了皇后之外,继体天皇还有多位妃子,并生有数名子女,主要有:妃目子媛(尾张连草香之女),生勾大兄皇子(即后来的安闲天皇)、桧隈高田皇子(即后来的宣化天皇);妃稚子媛(三尾角折君之妹),生大郎皇子、出云皇女;妃广媛(坂田大跨王之女),生神前皇女、茨田皇女、马来田皇女;妃麻绩娘子(息长真手王之女),生豆角皇女;妃关媛(茨田连小望之女),生茨田大娘皇女、白坂活日姬皇女、小野稚娘皇女;妃倭媛(三尾君坚槭之女），生大郎子皇女、椀子皇子（三国氏之祖）、耳皇子、赤姬皇女；妃荑媛（和珥臣河内之女），生稚绫姬皇女、圆娘皇女、厚皇子。

另据《日本书纪》记载：公元512年，日本割让了任那四郡给百济。继体天皇大概在即位19年后的526年，定都于大倭（日后的大和国）。不久应百济的请求，从九州北部派援军前往朝鲜半岛。但是此时却爆发了与新罗勾结的筑紫君磐井（北九州的豪族）在九州北部的叛乱，史称"磐井之乱"。大和朝廷费尽周折才把叛乱平定下来。继体天皇自即位后到定都大和约20年时间里，大和朝廷内部或者说各地区间围绕着大王宝座的争夺而存在着混乱状态，也暗示了继体天皇（大和朝廷）无法掌控九州北部地区的豪族。531年，继体天皇让位于皇子勾大兄，是为安闲天皇，这是日本历史上最早的让位记录。安闲天皇即位的当天，继体天皇去世，葬于三岛蓝野陵，陵墓前方后圆，在江户时代被称为"池山"，又称为"茶臼山"，属于太田茶臼山古坟，周围有9个陪葬墓，该陵墓位于大阪府茨木市太田三丁目。

继体天皇在位时没有年号。

第二十七代天皇：安闲天皇

据《日本书纪》记载，安闲（あんかん）天皇为日本第二十七代天皇。其生卒年月为：466年（雄略天皇十年）？—535年（安闲天皇四年）12月17日，享年70岁。在位时间为：531年3月10日—535年12月17日，在位时间4年。

安闲天皇名勾大兄皇子，《古事记》记载其和风谥号是广国押建金日命，《日本书纪》记载的是广国押武金日天皇。安闲天皇是继体天皇的长子，母亲是尾张目子媛。继体天皇晚年让位于安闲天皇，当时安闲天皇已经66岁了，仅在位4年就去世了。其皇后是仁贤天皇之女春日山田皇女，另有妃纱手媛、香香有媛（纱手媛之妹）、宅媛。《古事记》和《日本书纪》记载其并无子女，但《本朝皇胤绍运录》却记载有丰彦王，其生母不详。

安闲天皇即位时，以苏我氏为首的臣姓贵族拥立继体天皇的嫡子为钦明天皇，在金刺宫继位。当时，新兴的苏我氏势力不断扩张，而大伴氏的势力却如江河日下。因他年事已高，只在位4年即驾崩，于是他的弟弟即位为宣化天皇。

另外，在《日本书纪》中，引用《百济本记》的记载："百济本记为文，其文云：大岁辛亥三月，军行至于安罗，营乞乇城。是月，高丽弑其安王。又闻，日本天皇及太子、皇子俱崩薨，由此而言，辛亥之岁，当廿五年矣。"意为在531年左右，天皇及太子、皇子同时去世。由这则文献可知，在继体天皇死后，安闲天皇、宣化天皇的朝廷与钦明天皇的朝廷并立，在两朝间存在内乱的说法（即"辛亥之变"说）。据《日本书纪》和《上宫圣德法王帝说》记载，在继体天皇去世后，曾有两年没有天皇。继体天皇去世后，由于皇位的继承出现了纷争的情况，遂有安闲、宣化两朝与钦明朝并立。

安闲天皇在位时，着力增强皇室经济实力，不断增设屯仓，以摄津三屿的竹村屯仓为中心，西起九州，冬至武藏、上野，屯仓数目增加很多，达到30所以上。并相应设置了犬养部①。这一方面是平定磐井叛乱后没收所得，还有许多是参与叛乱的地方豪族自动献上的，可见此时王室权力已大大加强了。

安闲天皇驾崩后，葬于河内古市高屋丘陵，与皇后春日山田皇女及天皇妹神前皇女合葬于此。陵墓前方后圆，位于古市古坟墓群的南端，依丘陵而建，属高屋筑山古坟，位于大阪府羽曳野市古市五丁目。

安闲天皇在位时没有年号。

---

① 犬养部负责养狗，以守卫各屯仓。

第二十八代天皇:宣化天皇

据《日本书纪》记载,宣化(せんか)天皇为日本第二十八代天皇。其生卒年月为:467年(雄略天皇十一年)4月10日—539年(宣化天皇三年)3月15日,享年73岁。在位时间为:536年1月26日—539年3月15日,在位时间3年多。

据《日本书纪》记载,宣化天皇的名字是桧隈高田皇子,其和风谥号《古事记》记载的是建小广国押楯命,《日本书纪》记载的是武小广国押盾天皇。宣化天皇为继体天皇的次子,安闲天皇的同母弟、钦明天皇的异母兄,母为目子媛。皇后为仁贤天皇之女橘仲皇女,生石姬皇女(钦明天皇皇后)、小石姬皇女(钦明天皇之妃)、仓稚绫姬皇女(钦明天皇之妃)、上殖叶皇子(为丹比公、伟那公之祖),另有一个孩子夭折,性别不明;妃大河内稚子媛,生火焰皇子(为椎田君之祖);此外还有某妃,名不详,生宅部皇子、日影皇女、某儿(名不详,性别不明)。

安闲天皇去世时,由于没有子嗣,所以同母弟宣化天皇即位,并把朝廷迁入桧隈庐入野宫(今奈良县高市郡明日香村桧前)。即位的当年,宣化天皇命大伴金村向遭到新罗攻击的任那派遣援军,并任命苏我稻目为大臣,从此构筑了苏我稻目之子苏我马子以后延续几代的苏我氏政权全盛期的基础。

宣化天皇即位时已经69岁,在位仅3年便去世了,几乎没什么政绩可言。另外,还有安闲、宣化朝实际上是与在父亲继体天皇去世后直接即位的弟弟钦明天皇同时并立的说法("辛亥之变"说)。由于宣化天皇的异母弟钦明天皇娶了宣化天皇之女石姬皇女为皇后,宣化天皇的血统通过石姬皇女融入到了日本皇室中,保存了皇族血统的纯洁性,两人的子孙世世代代君临日本。

据说宣化天皇性情高洁,很有人格魅力,颇有古君子之风。

宣化天皇驾崩后，与皇后橘仲皇女合葬于身狭桃花鸟坂上陵。因安葬后无明确标记，其后陵墓地点一度不明，直到元禄十二年（1699）才得以最后确定。该陵墓前方后圆，前宽77米，后圆直径83米，前高约18.9米，后圆部高18米，属于鸟屋古坟，位于奈良县橿原市鸟屋町。

宣化天皇在位时没有年号。

第二十九代天皇：钦明天皇

据《古事记》《日本书纪》记载，钦明（きんめい）天皇为日本第二十九代天皇。其生卒年月为：509年（继体天皇三年）？—571年（钦明天皇三十二年）5月24日，享年63岁。在位时间为：539年12月5日—571年5月24日，在位时间达32年。

钦明天皇幼时名字不详，其和风谥号有4个，分别是：（1）《古事记》记载的天国押波流岐广庭天皇；（2）《日本书纪》记载的天国排开广庭天皇；（3）《天寿国绣帐》记载的恶阿米久尔意斯波留支比里尔波乃弥已等；（4）《元兴寺伽蓝缘起》记载的天国案春岐广庭天皇。

钦明天皇是其父继体天皇的嫡子，其母为手白香皇女。继体天皇虽有很多的儿子，但因钦明天皇是大和朝廷的直系出身，故能够登上天皇皇位。钦明天皇的两位庶兄宣化天皇、安闲天皇也都娶了手白香皇女的姐妹为皇后。钦明天皇的皇后为宣化天皇之女石姬皇女，生渟中仓太珠敷尊（即敏达天皇）、箭田珠胜大兄皇子、笠缝皇女；妃仓稚绫姬皇女（宣化天皇之女、《古事记》记载为小石比卖命），生石上皇子；妃小石姬皇女（宣化天皇之女、《古事记》无此记载），生仓皇子（《古事记》记载为宗贺之仓王）；妃苏我坚盐媛（苏我稻目之女），生大兄皇子（即用明天皇）、磐隈皇女、腊嘴鸟皇子、额田部皇女（即推古天皇）、椀子皇子、大宅皇女、石上部皇子、山背皇子、大伴皇女、樱井皇子等;妃苏我小姉君(苏我稻目之女),生泊濑部皇子(即崇峻天皇)、茨城皇子、葛城皇子、穴穗部间人皇女(用明天皇皇后、厩户皇子【即圣德太子】之母、田目皇子之妃)、穴穗部皇子;妃糠子(春日日抓臣之女),生春日山田皇女、橘麻吕皇子(麻吕古王)。

宣化天皇去世时,钦明天皇欲让安闲皇后(春日山田皇女)即位,但被她谢绝。于是钦明天皇才得以即位,倭国遂有了继承有旁系的继体天皇和直系的手白香皇女双方血统的天皇。

钦明天皇即位不久,权臣大伴金村失势。此后日本政坛出现了物部氏和苏我氏两种势力。钦明天皇二年,纳苏我稻目的两个女儿苏我坚盐媛和苏我小姉君为妃。敏达天皇死后,钦明天皇与苏我氏之女所生的用明天皇、崇峻天皇、推古天皇三兄妹,抛开了母亲是显赫皇族的侄子、敏达天皇之子(押坂彦人大兄皇子),共坐了40余年的大王(天皇)之位,构筑了苏我氏家族的全盛时期。当时的日本皇位继承顺序除了父子相继制之外,也常采用兄终弟及制。

钦明天皇二年,百济的圣明王打着“复兴任那”的旗号,与倭国达成协议。大和朝廷向百济派出援军,但是战况对百济、倭国联军不利。钦明天皇十七年(556),倭国放弃了平壤和汉城。钦明天皇十五年(554),圣明王战死,新罗军军势大振。钦明天皇二十三年(562),倭国对新罗的讨伐军到达任那地区,由于战况不利不得不退兵。同年,高句丽也派军参与了任那地区的争夺。钦明天皇二十七年(566),任那被新罗所灭。

在《日本书纪》中还记载了任那不是一个国家,而是由十国组成的连合体。

钦明朝时期,大和朝廷丧失了在任那的影响力,新罗兼并了任那,百济被削弱,被新罗日渐蚕食。

钦明天皇十七年(556),钦明天皇长子箭田珠胜大兄皇子先于其父去世了。钦明天皇十九年(558),渟中仓太珠敷皇子

(即敏达天皇)被立为太子。

钦明天皇十三年(552),佛像和佛教经文从百济传入日本。在日本历史上,这件事被称为"佛教公传",指佛教作为当时倭国和百济之间外交的一部分而传入日本,并且得到倭国王室的承认。关于佛教的传入,另一种说法据《上官圣德法王帝说》(志癸岛天皇御世戊午年十月十二日)和《元兴寺伽蓝缘起》(天国案春岐广庭天皇七年岁戊午十二月)记载,是在宣化天皇三年(538)。佛像和佛教经文由百济传入后,在废佛派的物部氏和崇佛派的苏我氏之间,产生了严重的对立。物部氏烧毁佛寺,丢弃佛像,佛教在倭国受到了沉重的打击,由此物部氏与苏我氏之间的斗争开始了。

如按《日本书纪》所述,钦明天皇是在庶兄宣化天皇去世后才即位的,但同是在《日本书纪》一书中,纪年却有几处自相矛盾的地方。因此,史学界对此却产生几种不同的争议,日本、韩国的学者均提出了他们各自的观点,至今未能有一个统一的说法。

钦明天皇驾崩后,葬于桧隈坂合陵,也称桧隈陵。元禄年间(1688—1704)曾出土过一些文物,周边还有一些陪葬陵,陵墓前方后圆,属于梅山古坟,位于奈良县高市郡明日香村大字平田。

钦明天皇在位时没有年号。

第三十代天皇:敏达天皇

据《古事记》《日本书纪》记载,敏达(びだつ)天皇为日本第三十代天皇。其生卒年月为:538年(宣化天皇二年)?—585年(敏达天皇十四年)9月14日,享年47岁。在位时间为:572年4月30日—585年9月14日,在位时间达14年。

敏达天皇幼时名字不详,其和风谥号分别是:《古事记》记载的是沼名仓太珠敷命,《日本书纪》记载的是渟中仓太珠敷尊,别名他田天皇。敏达天皇是钦明天皇次子、圣德太子的伯父,其母为石姬皇女。敏达天皇第一任皇后是息长真手王之女广姬,但她在575年去世,生押坂彦人大兄皇子(麻吕子皇子)、逆登皇女、菟道皇女;第二任皇后是额田部皇女(即后来的推古天皇),名丰御食炊屋姬尊,生菟道贝鲔皇女(圣德太子之妃及堂妹)、竹田皇子、小垦田皇女(押坂彦人大兄皇子之妃及妹)、鸬鹚守皇女、葛城王(仅见于《古事记》)、尾张皇子、田眼皇女(舒明天皇之妃及妹)、樱井弓张皇女(押坂彦人大兄皇子之妃及妹、来目皇子之妃及堂妹);夫人老女子(春日臣仲君之女),生难波皇子(橘朝臣、路真人、甘南备真人、大宅真人等氏族之祖)、春日皇子(春日真人等氏族之祖)、桑田皇女、大派皇子;采女菟名子(伊势大鹿首小熊之女),生太姬皇女、糠手姬皇女(押坂彦人大兄皇子之妃及妹,舒明天皇之母)。

钦明天皇三十年时,敏达天皇被其父立为太子。在他35岁时,继其父钦明天皇之后登基,迁都于大和国(奈良县)译语田的幸玉宫。敏达天皇六年(577),他派遣大别王与小黑吉士出使百济国。在大别王等人回国的时候,百济王送给倭国佛教经论若干卷,律师、禅师、比丘尼、咒禁师、造佛工、造寺工6人与之随行。敏达天皇命人将他们安置在难波大别王寺。因佛教的传入在日本引起了争议,钦明天皇故而被卷入"崇佛派"苏我马子与"排佛派"物部守屋的崇佛论争中。不信佛法的敏达天皇依物部守屋的上奏,烧毁佛像、寺院,残余佛像则扔弃于难波的堀江中。

在外交方面,敏达天皇十二年(583)下诏,欲试图加强日本在朝鲜半岛的影响,但没有成功。虽致力恢复朝鲜半岛的任那日本府,但徒劳无功。

敏达天皇不信仰佛教,而是信仰神道教。敏达天皇十四年(585),日本瘟疫蔓延,他因此禁止佛教信仰与传播,而信佛的苏我马子也病倒了,占卜者说是佛像遭到毁弃的原因在作祟。于是苏我马子上奏敏达天皇,取得了祭祀佛法的许可。但瘟疫没有根治,敏达天皇和物部守屋却都病倒了。585年9月14日,敏达天皇死于瘟疫,崇佛废佛之争遗留到了后世。

敏达天皇驾崩后,葬于河内矶长中尾陵,与钦明天皇皇后石姬的矶长原陵为同一陵墓,陵墓前方后圆,长94米,前部宽70米,高12米,后圆部高12.9米,周围有壕沟环绕。该陵墓曾一度位置不明,元禄时找到墓址,元治元年(1864)设置祭拜所,明治三十二年(1899)进行了修葺。该陵墓属于太子西山古坟,位于大阪府南河内郡太子町大字太子。

敏达天皇在位时没有年号。

第三十一代天皇:用明天皇

据《日本书纪》记载,用明(ようめい)天皇为日本第三十一代天皇。其生卒年月为:540年(钦明天皇二年)?—587年(用明天皇二年)5月21日,享年48岁。在位时间为:585年10月3日—587年5月21日,在位时间2年。

用明天皇是钦明天皇的第四子,母亲为苏我稻目之女苏我坚盐媛。用明天皇的名字是池边皇子,即位前被称为大兄皇子。其和风谥号据《古事记》记载是桔丰日命,据《日本书纪》记载是桔丰日天皇。用明天皇的皇后是穴穗部间人皇女(钦明天皇之女、后为田目皇子之妃),生厩户皇子(谥号圣德太子)、来目皇子(又称久米王,登美真人之祖)、殖栗皇子、茨田皇子。此外,还有妃石寸名(苏我稻目之女,又称意富艺多志比买),生田目皇子(又称多米王,别名丰浦皇子);有妃广子(葛城直磐村之女,一说是葛木当麻仓首比里古之女),生当麻皇子(别名麻吕子皇子,为当麻公、当麻真人之祖)、酢相手姬皇女。

用明天皇在异母兄敏达天皇去世后即位,并迁都于桧隈庐入野宫。物部守屋和苏我马子仍然担任大连和大臣[①]。与敏达天皇不同的是，用明天皇是苏我稻目的外孙，是礼敬佛法的崇法派。而另一面，充满危机感的废佛派的领袖物部守屋则串通钦明天皇的另一个儿子穴穗部皇子，欲改变用明天皇的做法。在他们的计划还没有实施时，用明天皇得了天花，在位不足二年便去世了。

在《隋书·东夷传》中，有“开皇二十年，倭王姓阿每，字多利思北孤，号阿辈鸡弥，遣使诣阙”的记载。《新唐书·东夷传·日本传》中，也有“用明，亦曰目多利思比孤，直隋开皇末，始与中国通”。根据这个记载，用明天皇即为多利思比孤。由此可见，在隋朝时，用明天皇就与中国有来往了。

用明天皇在587年5月21日驾崩后，于七月葬于磐余池上陵，推古天皇元年(593)九月改葬于河内矶长原陵。该陵墓在幕府末年才得以弄清墓址，明治三十二年(1899)进行了修葺，陵墓为方丘形状，东西宽64米，南北长约60米，高10米，属于春日向山古坟，位于大阪府南河内郡太子町大字春日。

用明天皇在位时没有年号。

第三十二代天皇：崇峻天皇

据《日本书纪》记载，崇峻(すしゅん)天皇为日本第三十二代天皇。其生卒年月为：553年(钦明天皇十八年)？—592年(崇峻天皇五年)12月12日，享年39岁。在位时间为：587年9月9日—592年12月12日，在位时间5年。

崇峻天皇名泊濑部，即位前称泊濑部皇子，《古事记》记载其为长谷部若雀天皇。崇峻天皇是继体天皇之孙、钦明天皇第

① 大连是当时日本的最高官职，大臣仅次于大连。

12子,其母是苏我小姉君,外祖父是苏我稻目,舅父为苏我马子,表弟为苏我虾夷,是敏达天皇、用明天皇、推古天皇的异母弟。妃有大伴糠手子之女大伴小手子,生蜂子皇子、锦代皇女;嫔(也是其表妹)苏我马子之女苏我河上娘;夫人布都姬。还有子定世亲王,其生母不明。侄儿厩户皇子(即圣德太子、用明天皇之子)、押坂彦人大兄皇子(敏达天皇之子)。

用明天皇在587年5月去世后,大连物部守屋欲拥立穴穗部皇子即位。同年6月,大臣苏我马子先下手为强,奉炊屋姬(敏达天皇的皇后,即后来的推古天皇)之诏,杀死了穴穗部皇子。7月,苏我马子与群臣商议后,决定组成联合大军,消灭物部氏。经过一番苦战,物部守屋被射杀,物部氏家族就此没落。8月,苏我马子拥立泊濑部皇子即位,即崇峻天皇。炊屋姬成为皇太后。

物部氏家族没落后,钦明天皇以来的崇佛废佛之争终结,厩户皇子等崇佛派获得全胜。百济遣使赠送倭国佛舍利及律师、寺工、画工等。苏我马子向百济僧求教受戒之法,并派以善信尼等赴百济学习佛教及其他学问。同时,他还大兴佛寺,在飞鸟兴建了法兴寺(今飞鸟寺),佛教的地位由此奠定了。

崇峻天皇虽然即位了,但政权仍然在苏我马子手中,崇峻天皇感到不满,因此痛恨专权的苏我马子。此后他开始多设兵仗,有异于常。苏我马子听到这些消息后,开始有所警惕,于是便决定先发制人,不久他指使部下东汉驹暗杀了崇峻天皇。这是日本历史上为数不多的宫廷政变,也是极为严重的臣子弑君非常事件,属于日本历史上的突发事件,在这种情况下崇峻天皇的遗体在事发当天就被葬入了仓梯冈陵(位于今奈良县樱井市仓桥)。崇峻天皇被暗杀后内外的政治格局并没有发生动荡,所以"弑王"并不是苏我马子一已的策划与行动,很可能是在多数王族及群臣的同意之下进行的重大政治事件。

近年来,关于崇峻天皇被暗杀之事在日本学术界重新引起了关注。有学者认为,崇峻天皇当时并没有被苏我马子杀害,而是被幽禁在法隆寺。一直到崇峻天皇寿终正寝后才被安葬在了附近的藤木古墓。但这一新论的疑问之处也不少,其可靠性难以确定。

崇峻天皇被杀害后,葬于仓梯冈陵。陵墓的墓址曾一度无法确定,元禄十年(1679)进行探测,但也未能确定其准确位置,一直到幕府末年才在修葺陵墓时确定下来。陵墓为圆丘形,陵前设有崇峻天皇和圣德太子的牌位,位于奈良县樱井市大字仓桥。昭和六十三年(1988),在陵墓内发现了镀金铜制精美的马具,曾名噪一时。

崇峻天皇在位时没有年号。

第三十三代天皇:推古天皇

据《日本书纪》记载,推古(すいこ)天皇为日本第三十三代天皇。其生卒年月为:554年(钦明天皇十一年)—628年4月15日(推古天皇三十六年三月七日,《古事记》记载为戊子年三月十五日),享年75岁。在位时间为:593年1月15日(崇峻天皇五年十二月八日)—628年4月15日(推古天皇三十六年三月七日,《古事记》记载为推古天皇三十七年),在位时间达36年。

推古天皇原名额田部,和风谥号丰御食炊屋姬尊(《日本书纪》《古事记》记载为丰御食炊屋比卖命)。其祖父为继体天皇,外祖父为苏我稻目;父为钦明天皇,母亲为苏我坚盐媛;丈夫、也是异母兄为敏达天皇;舅父为苏我马子;兄为用明天皇,弟为崇峻天皇;表弟为苏我虾夷(苏我马子之子,苏我入鹿之父)、苏我仓麻吕(苏我马子之子,苏我石川麻吕、苏我赤兄、苏我连子之父)。推古天皇与敏达天皇共生有菟道贝蛸皇女(圣德太子之妃)、竹田皇子、小垦田皇女(押坂彦人大兄皇子之妃)、尾张皇子(圣德太子之妃橘大郎女之父)、田眼皇女(舒明天皇妃)、樱井弓张皇女(押坂彦人大兄皇子之妃、来目皇子之妃)等二男五女。此外,她的侄儿押坂彦人大兄皇子(敏达天皇之子,舒明天皇之父,皇极天皇、孝德天皇之祖)、难波皇子(敏达天皇之子,橘诸兄之曾祖)、圣德太子(用明天皇之子)等人,也都是权倾一时的人物。

推古天皇是日本历史上第一位女天皇、女帝,也是东亚最早的女性君主,为日本天皇第一系的最后一位。据《日本书纪》中的"推古纪"记载,推古天皇"姿色端丽,进止轨制。年18岁,立为同父异母兄渟中仓太珠敷天皇(敏达天皇)之皇后(实为皇妃)"。敏达天皇五年(576)三月,皇后广姬去世后,她才被册立为皇后。敏达天皇十四(585)年九月十四日去世时,推古天皇才32岁。

敏达天皇去世后,用明天皇即位,这一年(586)夏五月,穴穗部皇子侵入敏达天皇的殡宫,企图杀害额田部皇女,但被敏达天皇的宠臣三轮逆所救,而三轮逆也随之被杀。用明天皇在位约两年后病逝,拥立穴穗部皇子的物部守屋与拥立崇峻天皇的苏我马子发生战争,最后以苏我氏的胜利告终。于是皇太后(额田部皇女)下诏,让泊濑部皇子(崇峻天皇)即位。但崇峻五年(592)十一月三日,崇峻天皇遭苏我马子指使的人杀害。叛乱平息后,为了争夺皇位推古的儿子竹田皇子和侄子圣德太子明争暗斗,闹得不可开交。由于两派实力不相上下,一时都难以战胜对方,最后不得已只好达成妥协,共同拥立38岁的推古为天皇。崇峻五年(592)十二月八日,额田部皇女被苏我马子拥立为天皇,于丰浦宫即位。额田部皇女是日本历史上最早的女帝(神功皇后、饭丰青皇女在此之前就是日本历史上的掌权者,但没有正式即位)。

在崇峻六年(593)四月十日即位之初,推古天皇以侄子厩户皇子(圣德太子)为皇太子,总摄朝政。尽管推古天皇身为女性,但她极具政治智慧,她没有对曾与自己的儿子争过皇位的圣德太子进行政治清算，反而对其大加笼络，并将他立为摄政王，来辅佐自己执政。推古天皇用宽容弥合了皇室内部的裂痕，使他们重新团结起来，在她执掌大权时，日本皇室内部再未发生争夺皇位的内部动乱，社会开始稳定。由于圣德太子之父是推古天皇的同母兄用明天皇，圣德太子之母是推古天皇的异母妹，同时圣德太子之母与推古天皇两人的生母是亲姐妹，竹田皇子去世后，圣德太子成为与推古天皇的血亲中最亲近的人。

推古改革

推古二年(594)至推古三十年(622)由圣德太子摄政。在推古天皇在位的36年间，在圣德太子的辅佐下，倭国朝廷以圣德太子为中心，推行一系列政治改革措施，是谓推古朝改革。主要内容如下：

(一) 大力加强天皇的权力，同时限制大贵族的势力。

(二) 朝廷加强对佛教的支持力度，不遗余力地推广佛教。

(三) 建立了一种新的官制——冠位十二阶制(大德、小德、大仁、小仁、大礼、小礼、大信、小信、大义、小义、大智、小智十二阶)。

(四) 加强与中国的联系，同时向中国学习，并试图建立与中国平等的外交关系。推古天皇曾四次派使团访隋，大力输入汉文化。

(五) 在推古天皇的大力支持下，圣德太子根据中国儒、佛、法各家思想并结合国情，制定了《十七条宪法》。这部《十七条宪法》是日本最早的管理国家的准则，充满了儒家的治国理念。

在推古天皇的改革中，日本迎来了历史上第一个文化繁荣时代——飞鸟时代。

兴建佛寺

推古十三年(605)夏四月，推古天皇诏令圣德太子、大臣及诸王、诸臣,共同发誓愿,以造铜、绣丈六佛像[1]各一躯。并命令鞍作鸟[2]为造佛的工匠。推古十四年(606),位于元兴寺金堂的铜、绣丈六佛像建成。朝廷因此赏赐鞍作鸟大仁位的官位和近江国坂田郡水田二十町。位于奈良生驹郡斑鸠町的法隆寺,便是建造于这一时期。法隆寺内保存有自飞鸟时代以来的各种建筑及文物珍宝,被指定为国宝和重要的文化财产。

征讨新罗

推古天皇在位的前期和后期,曾数次发兵攻打朝鲜半岛的新罗。推古八年(600)春二月,新罗与任那(当时被日本控制)相攻。推古天皇以境部臣为大将军、穗积臣为副将军,率领万余军队渡海为任那进攻新罗。倭军攻下新罗五城,新罗王被迫求和,割让多多罗、素奈罗、弗知鬼、委陀、南迦罗、阿罗罗六城。推古天皇招回朝鲜半岛上的军队后,新罗重新进攻任那。

推古十年(602)春二月,以来目皇子为进击新罗将军,率军25000人准备进攻新罗。夏四月,来目皇子到达筑紫,进屯岛郡,聚集船舶运军粮。六月,来目皇子病重,此次新罗征伐中止。

推古天皇数次发兵攻打新罗,拉开了后来日本和朝鲜千年纷争的序幕。

派遣遣隋使

由于倭国是一个岛国,在它的周围只有中国是强大的国家,因此为了向中国学习,推古天皇不得不把外交的重点放在当时的隋朝上,她主动加强了与中国的联系,并试图与中国平

---

① 绣丈六佛像:指一丈六尺的佛像。又称丈六佛像、丈六像或佛等身像,即与佛身量相等的佛像。

② 鞍作鸟:推古天皇时期的著名工匠,以擅长建造佛像受到推古天皇的褒扬。

起平坐。推古天皇十五年(607),推古天皇派遣小野妹子为遣隋使,来隋朝觐见隋炀帝。小野妹子出使,第一次以强调日本的独立性为目的,推古天皇在国书中一改以往甘为中国属国的提法,要求与隋朝建立平等的外交关系。虽然不肯向隋朝称臣,但推古天皇却积极主张学习隋朝的先进文化,曾四次派遣隋使团访隋。从第二年开始,推古天皇让留学生、留学僧与入隋使节同行,在广泛学习、吸收先进隋朝文化的同时,更重要的是为了从隋朝皇帝那里获赐政权的正统性。小野妹子回国后,有一些随行学生、僧人居留隋朝。随着大量中国文化的输入,日本社会发生了巨变,从而迎来了历史上第一个文化繁荣时代——飞鸟时代。

有了隋王朝的支持,倭国在朝鲜半岛的影响力进一步增强。据《隋书》记载,推古天皇是最早使用“天皇”称号的日本君主。《古事记》的记载也截止于推古天皇时代。

晚年及逝世

推古天皇二十八年(620),圣德太子和苏我马子编纂完成《天皇记》《国记》。推古天皇三十年(622),圣德太子在49岁时去世。作为一位女政治家,推古天皇头脑清晰,在皇太子厩户皇子和大臣苏我马子的势力之间寻求一种平衡,不但没有招致豪族的反感,而且巧妙地维持了王权的存续。推古天皇在位时是苏我氏的最盛期,但她对外戚、重臣苏我马子不会做出有损国家利益的让步。推古天皇三十四年(626),苏我马子去世。推古天皇三十六年三月七日(628年4月15日),推古天皇以75岁高龄在小垦田宫去世。在日本历史上,共有8位女天皇,其中推古天皇是政绩最为显赫的,她通过有血缘关系的男性来进行长期的统治,至今仍被日本社会广泛称道。

推古天皇驾崩后,葬于矶长山田陵,为与竹田皇子的合葬陵,陵墓为方丘形状,曾遭到盗掘。墓室宽一丈五尺,高六尺,上下为磐石叠在一起，精巧的石棺分列在左右，左侧为竹田皇子，右侧为推古天皇。该陵墓属山田高家古坟，位于大阪府南河内郡太子町大字山田。

推古天皇在位时没有年号。

第三章　第二系天皇

第三十四代天皇：舒明天皇

从舒明天皇开始起，日本历史进入了第二系天皇时期。舒明（じょめい）天皇为日本第三十四代天皇。其生卒年月为：593年（推古天皇元年）？—641年11月17日（舒明天皇十三年十月九日），享年49岁。在位时间为：629年2月2日（舒明天皇元年一月四日）—641年11月17日（舒明天皇十三年十月九日），在位时间达13年。

舒明天皇本名是田村皇子，和风谥号是息长足日广额天皇。其父为押坂彦人大兄皇子（敏达天皇之子），母为糠手姬皇女（敏达天皇之女，押坂彦人大兄皇子之妃及异母妹）。皇后及侄女为宝女王（后来的皇极天皇、茅渟王之女），生葛城皇子（天智天皇）、间人皇女（孝德天皇皇后及外甥女）、大海人皇子（天武天皇）；此外还有妃田眼皇女（敏达天皇之女，押坂彦人大兄皇子之妹）；夫人苏我法提郎女（苏我马子之女），生古人大兄皇子（吉野太子）；采女蚊屋采女（贺阳臣之女），生蚊屋皇子，为三岛真人氏之祖。

推古天皇在位36年后去世，并没有指定继承人。当时群臣分为两派，分别支持田村皇子和山背大兄皇子。苏我虾夷拥立田村皇子为天皇，即舒明天皇。舒明天皇在位13年，期间日本政坛的实权掌握在苏我虾夷手中，苏我氏的实力获得很大发展。舒明天皇二年（630）一月十二日，册立宝女王为皇后，宝女王即日后的皇极天皇。三月一日,高句丽、百济各自派遣使者到日本。八月五日,舒明天皇派遣了遣唐使犬上御田锹、药师惠日等人赴唐朝,这是日本历史上首次派遣的遣唐使。十月十二日,舒明天皇迁往飞鸟冈本宫(明日香村)。舒明天皇四年(632)八月,大唐向日本派遣高表仁为使者,送遣唐使犬上御田锹等人回日本。学问僧灵云、僧旻、清安和留学生高向玄理等人,随同大唐使者回国。次年一月二十六日,高表仁动身返回大唐。据《旧唐书》记载,高表仁返国之际"与王子争礼,不宣朝命而还"。舒明天皇遣吉士雄麻吕、黑麻吕为送使,陪送至对马岛而还。舒明天皇对中国文化非常喜爱,《万叶集》中便收有他的和歌。他在位时期正是日本古代中央集权国家整备与壮大发展的时期,其歌以格调醇朴率真见长,作歌的背景多与当时社会的动乱环境有关。舒明天皇六年(634)一月十五日,舒明天皇命人建造了丰浦寺塔的中心柱(位于今明日香村内)。舒明天皇九年(637),虾夷作乱,舒明天皇任命上毛野形名为将军前往征讨。舒明天皇十一年(639)七月,舒明天皇下诏在百济川边建造皇宫和大寺(位于今樱井市)。舒明天皇十三年(641)十月九日,舒明天皇在百济宫去世。十月十八日,在宫北出殡。

舒明天皇驾崩后,葬于押坂内陵,陵墓为八角型,上圆下方,上圆部高约12米,下方部下段宽约为105米,中段宽约为78米,上段宽约为54米。该陵墓属忍坂段冢古坟,位于奈良县樱井市大字忍坂。

舒明天皇在位时没有年号。

第三十五代、三十七代天皇:皇极(齐明)天皇

皇极(こうぎょく)天皇,为日本第三十五代和第三十七代女性天皇,也是日本历史上第二位女天皇。其生卒年月为:594年(钦明天皇十一年)—661年8月24日(齐明天皇七年七月二

十四日)，享年67岁。皇极天皇第一次在位期间是自642年2月19日(皇极天皇元年一月十五日)—645年7月12日(皇极天皇六月十四日)，在位时间3年。重祚后为第三十七代天皇皇极(さいめい)天皇，也是第二次在位。自655年2月14日—661年8月24日，在位时间7年。

皇极天皇是推古天皇之后的又一位女天皇，名宝皇女，和风谥号是天丰财重日足姬天皇。她是敏达天皇的曾孙女、押坂彦人大兄皇子的孙女、茅渟王的长女，母亲是吉备姬王(钦明天皇之孙女)。最初与从叔伯兼第一任丈夫高向王(用明天皇之孙、父不详)结婚，生下了汉皇子。后来作为从叔伯兼第二任丈夫舒明天皇的皇后，生下中大兄皇子(即后来的天智天皇)、间人皇女(孝德天皇的皇后)、大海人皇子(即后来的天武天皇)。

舒明天皇去世后，没有在皇子之间选定继承人，宝女王作为皇极天皇即位。据《日本书纪》记载，皇极天皇遵行古道。在位时倚重大臣苏我虾夷，由苏我虾夷之子苏我入鹿执掌国政。皇极天皇四年(645)，中大兄皇子等人发动宫廷政变，他消灭了苏我虾夷、苏我入鹿(史称乙巳之变)，皇极天皇让位于同母弟轻皇子(后来的孝德天皇)，这是日本史上最早的让位之事。孝德天皇则奉上“皇祖母尊”的称号。中大兄皇子被立为皇太子。中大兄皇子任命阿倍内麻吕为左大臣，苏我石川麻吕为右大臣，中臣镰足为内臣①，并进行了被后世称为“大化改新”的政治改革。皇极天皇的主要成就是在位时铲除了权臣苏我氏。

孝德天皇死后，皇祖母尊于655年再度登上皇位，称齐明天皇，并迁都飞鸟，这也是日本史上最早的重祚。此时朝廷的实权由皇太子中大兄皇子掌握。而齐明天皇却屡屡大兴土木，受到朝野的广泛非议。苏我赤兄就列举了齐明天皇在政治上的

① 内臣是日本飞鸟时代的官职，是内大臣的前身。

三大失策之处。

在外交方面，齐明天皇与朝鲜半岛诸国交换使节，并向大唐派遣使者。齐明天皇六年(660)时，百济被大唐和新罗所灭。在得知百济的灭亡和百济遗民的抗战之后，齐明天皇将在日本作人质的百济王子丰璋送回百济。为了派兵援助百济，齐明天皇御驾亲征，移驾难波，命令制造武器和船舶，还西渡濑户内海，居于筑紫的朝仓宫进行备战。远征军出发之前，齐明天皇在筑紫因病突然去世。齐明天皇去世后，中大兄皇子为了照管齐明天皇遗体而到磐濑宫。

齐明天皇遗体经海路运回京城飞鸟，于飞鸟之川原下殡。陵墓属越智岗上陵，天平十四年(742)五月，陵墓崩坏，铃鹿王曾对此进行修葺。中世纪以后，墓址不明，幕府末年才得以确定。陵墓为圆丘形，高约为11米，长约为51米，位于今奈良县高市郡高取町大字车木。

皇极(齐明)天皇在位时没有年号。

第三十六代天皇：孝德天皇

孝德(こうとく)天皇为日本第三十六代天皇。其生卒年月为：596年(推古天皇四年)—654年11月24日(白雉五年十月十日)，享年58岁。在位时间为：645年7月12日(孝德天皇元年六月十四日)—654年11月24日(白雉五年十月十日)，在位时间达10年。

孝德天皇本名轻，和风谥号是天万丰日天皇。为敏达天皇之曾孙、押坂彦人大兄皇子之孙、茅淳王之子、皇极天皇(齐明天皇)同母弟，中大兄(天智天皇)皇子、间人皇女、天武天皇(大海人皇子)之兄[①]。其母为钦明天皇之孙、樱井皇子之女吉

① 此为从父系的角度而言。

备姬王。孝德天皇元年七月二日，册立皇后（间人皇女）及两位妃（阿倍内麻吕之女阿倍小足媛、苏我石川麻吕之女苏我乳娘）。与阿倍小足媛生下有间皇子，其他子女无法确认。在位时定都于难波宫，所以后世将包含其在位时期的政策（后世被称为大化改新）等别称为难波朝。

645年7月10日（皇极天皇四年六月十二日），中大兄皇子及贵族中臣镰足等发动宫廷政变，杀死权臣苏我入鹿，消灭了苏我氏的势力，废黜苏我氏拥立的皇极天皇，史称乙巳之变。六月十四日，拥立轻皇子为天皇，称孝德天皇；六月十九日（645年7月17日），改年号为大化，这是日本历史上第一次使用年号，是为大化元年六月十九日。孝德天皇向皇极前天皇奉上皇祖母尊的称号，以中大兄皇子为皇太子、阿倍内麻吕（阿倍仓梯麻吕）为左大臣、苏我石川麻吕为右大臣、中臣镰足为内臣、僧旻和高向玄理为国博士。十二月迁都难波（今大阪）。

据《日本书纪》记载，孝德天皇博览中国典籍，对中国古代圣人的治国之道有很深的了解，有改革陈腐政治的想法。646年他颁布革新诏书，从大化元年到大化二年，孝德天皇在全国仿照中国隋唐制度进行改革。这些改革被后世学者称为“大化改新”。具体内容如下：

（一）废除了世袭氏姓贵族的称号臣、连、国造、伴造等，制定新官制和冠位制，确立以天皇为中心的中央集权官僚制度。

（二）把各级地方官吏的任免权收归中央。设置了二官、八省、一台的中央官制和国、郡、县三级地方行政体系。其太政大臣、左大臣、右大臣，号称“三公”，与唐朝的太师、太傅、太保相当。左、右大臣之下有大纳言、少纳言、左辨官、右辨官。左辨官掌中务（管修史、天文）、式部（管官吏任免）、治部（管贵族婚娶、对外事务）、民部（管户籍、民政）四省。右辨官掌兵部（管用兵、治军）、刑部（管司法、刑罚）、大藏（管财政、利税）、宫内（管官田、官营手工业）四省。这与唐朝尚书省下设吏、户、礼、兵、刑、工六部极为相似。设弹正台，主监察，分设于各郡，相当于唐朝的御史台，监察各级官吏。地方的国、郡、县也是参照唐太宗时的道、州(府)、县三级而设，分别由国司、郡司、里长掌管。

（三）废除皇室和贵族的领地及部民，将土地和部民一律改归国有，变为公地、公民。与之相应的经济措施便是效法唐初实行的均田制，实行“班田收授法”，每六年按人口班给口分田一次，六岁以上的男子授田2段，女子为其三分之二，私奴婢给良民的三分之一，死后归公。受田人承担租税，一如唐朝的租庸调制：租为每段2束2把，庸为每年每人为十日，调为每户交布一丈二尺。官吏和贵族只能把土地当俸禄，暂时占用，而且还要交租税。

（四）改革丧葬制度，禁止皇室、贵族营造大型陵墓，不许浪费民力，殉葬品也有了严格规定，禁止奢靡之风。

（五）在军事方面，日本仿照唐朝的府兵制，建立起“防人制”。京师(今大阪)置五卫府，东国及九州等边塞重地设置军、团、防、戍，征集农民当兵，三年一轮代。其卫府、军团、防戍的设置以及“民兵合一”的情况，表明是搬用隋唐之际的府兵制度。

（六）建立日本自己的科举制度，但与中国科举制度有所不同。在日本只有官员的后代才能参加考试，通过了也不一定能当官，重要的是看门第的高低。

大化改新所颁布的律令，与唐朝律令相同、相似的条文多达420余条。大化改新使日本从奴隶制完成了向封建制的过渡。改新之后从天智天皇至丰臣秀吉的数百年间，日本始终沿用这部律令。

关于大化改新之事，有学者据《日本书纪》记载的有关改新之诏内容，认为是根据后世的官制为样本修改而成的。因此，提出《日本书纪》所记载的这次大改革在当时并不真实存在，大化改新论争是日本史学上的一大争论。

孝德天皇在位时，高句丽、百济、新罗经常有使者来日本访问。除了历来向日本派遣人质的百济之外，在朝鲜半岛处于守势的新罗也派遣人质到日本。日本（当时国号为倭）还派遣众多的随员随同遣唐使一起访问大唐。对北方的虾夷①，倭国在越国修筑渟足栅、磐舟栅，设置栅户防备。

孝德天皇大肆尊崇佛法，并轻视神道，喜欢柔仁的儒者，不论他们身份贵贱与否，经常降下恩敕，故在日本历史上享有较高的声誉。

孝德天皇营造难波长柄丰碕宫（位于今大阪市中央区），并在那里定都。653年（白雉四年），皇太子中大兄皇子向孝德天皇请求迁都倭京。孝德天皇没有采纳，随后中大兄皇子和皇祖母尊就带着皇后、大海人皇子移居倭京。臣下中的大半也随中大兄皇子而去，孝德天皇为此灰心丧气，第二年十月十日便在难波的宫中病故了。

孝德天皇驾崩后，于当年十二月八日葬于大阪矶长陵，陵墓为圆丘形，直径40米，高7米，江户时代被称为“北山陵”，元至元年（1864）进行了修葺。该陵墓属于山田上山古坟，位于大阪府南河内郡太子町大字山田。

在日本历史上，孝德天皇第一次使用了年号。他把公元645年定为大化元年，开创日本年号之始。年号是中国的纪年方式，始于汉武帝，具有一定的政治或其他含义。孝德天皇熟悉中国传统文化，因此在改革中也把年号引入到日本。在孝德天皇执政期间，一共使用了两个年号。

孝德天皇的第一个年号是“大化”，使用时间为：皇极天皇四年（645）六月十九日—大化六年（650）二月十五日。典出自：

---

① 今北海道的阿伊努族。

1.《尚书·大诰》：

肆予**大化**诱我友邦君。

含义：施教化，大治天下；广远深入的教化。

孔颖达疏：

故我**大**为教**化**，劝诱我所友国君，共伐叛逆。

《新唐书·陈子昂传》：

陛下方兴**大化**，而太学久废，堂皇埃芜，《诗》《书》不闻，明诏尚未及之，愚臣所以私恨也。

傅専《拟城南读书》诗：

乐静可言仁，**大化**浩穹宇。

2.《易经·系辞》：

大化流衍，生生不息，阴阳相动，万物资生。

含义：中国古代文论中的一个哲学基础是《周易》阴阳互动的世界构成论。在《周易》中，主旨在表述宇宙的阴阳相生之大德，故曰"《易》以道阴阳"、"生生谓之易"。于是，《周易》为人们描绘了一幅关于世界万物的起源、构成、生化与变迁的图式，这便是：大化流衍，生生不息，阴阳相动，万物资生。它所体现的是中国古代最早的一种哲学思想。进而《系辞》又曰"一阴一阳之谓道"，说明了《周易》的思想本质，并且成为《周易》的哲学总纲。与其他学派观点不同的是，《周易》认为整个世界是在阴阳两种相反相成力量的互相作用下不断运动、变化、生成、更新的。同时，这一思想又在后来的文学理论中为所谓的气势、风骨、韵律说提供了哲学上的依据。

3.《汉书·董仲舒传》：

古者修教训之官，务以德善化民，民已**大化**之后，天下常亡一人之狱矣。

含义：古代的统治者以道德教化民众，老百姓受到教化之后，天下就没有什么冤狱了。体现的是儒家先德后刑、先教后杀的思想。

4.《宋书·乐志》：

皇皇显祖，翼世佐时。宁济六合，受命应期。神武鹰扬，**大化**咸熙。廓开皇衢，用成帝基。

含义：这几句诗原本是雅乐正旦大会上的行礼诗，是对帝王的歌颂赞美之词，有帝王英明，国家的百姓就会得到快乐的教化之意。

孝德天皇的第二个年号是“白雉”，使用时间为：大化六年(650)二月十五日—白雉五年(654)十月十日。典出自《汉书·平帝纪》：

元始元年春正月，越裳氏重译献**白雉一**，黑雉二，诏使三公以荐宗庙。

大化六年(白雉元年)二月九日，穴户国[1]司草壁丑经捕获到一只白雉，于是把这只白雉进献给朝廷。孝德天皇向有识者询问，大家都认为是吉祥之兆。朝廷因此在二月十五日举行盛大仪式观看白雉，并随即改元白雉，大赦天下。同年禁止穴户国放鹰，免除了穴户国三年赋税。大化六年便成为白雉元年。

① 即后来的长门国、长州。

这件事在《日本书纪》中有详细记载，但其事是否存在令人怀疑，这毕竟是日本最早的因祥瑞而进行的改元记载。虽然只是一般的传说，但在白雉五年孝德天皇驾崩后，这个年号便不再使用了。按照《日本书纪》的记载，翌年便是齐明天皇元年了。此后，日本还有把白凤作为白雉异称使用的情况。

日本天皇的改元，也深受中国影响。在中国古代，帝王改元往往是以求避难或遇到吉祥事以示庆祝。如汉武帝得到一个宝鼎，于是便改元元鼎；去泰山封禅，于是又改元元封。武则天进行政治改革，以武周取代李唐，改元万岁通天。南唐中主李璟时期，后周三征淮南，战事不断，为了获得好运气，中主后期改元为交泰。种种改元，也影响到日本。孝德天皇认为白雉的出现是祥瑞，于是更改年号，由此也可以看出中国文化对日本的直接影响。

中国皇帝的改元，也有受到阴阳五行的影响。《易经》中的"辛酉为革命，甲子为革令"之说，对帝王有一定的影响力，于是在遇到甲子、辛酉岁的时候改元，以冀求政治革新。

自从使用年号之后，除了极少数，日本天皇至今一直在使用年号。日本也是世界上唯一一个使用帝王年号的国家。

第三十八代天皇：天智天皇

天智（てんじ）天皇为日本第三十八代天皇。其生卒年月为：626年（推古天皇三十四年）—672年1月7日（天智天皇十年十二月三日），享年46岁。称制时间为：661年—668年。在位时间为：668年2月20日（天智天皇七年一月三日）—672年1月7日（天智天皇十年十二月三日），从称制时间算起在位时间达10年。

天智天皇亦称葛城皇子，别名中大兄皇子，和风谥号天命开别尊。"大兄"，是表示同母兄弟中的长子，具有皇位继承资格的称号；"中大兄"意为"第二的大兄"，名字实际上是葛城。汉风谥号是“天智天皇”，如历代天皇谥号一样，是由奈良时代的淡海三船奉敕进上，源自中国历史典故“殷代末王纣王心爱的天智玉”。

中大兄皇子是舒明天皇的第二子，其母为皇极天皇（重祚之后为齐明天皇）。古人大兄皇子是其异母兄，天武天皇是其同母弟。皇后是异母兄古人大兄皇子之女倭姬王，但他与皇后没有子女。此外，还有嫔苏我远智娘（苏我石川麻吕之女），生大田皇女（嫁叔父天武天皇为妃、大津皇子和大来皇女之母）、鸬野赞良皇女（持统天皇、嫁叔父天武天皇为皇后、草壁皇子之母）、建皇子（夭折）；嫔苏我姪娘（苏我石川麻吕之女），生御名部皇女（嫁堂兄弟高市皇子为妃、长屋王之母）、元明天皇（嫁侄子草壁皇子为妃、文武天皇和元正天皇、吉备内亲王之母）；嫔苏我常陆娘（苏我赤兄之女），生山边皇女（嫁侄子大津皇子为妃）；嫔阿倍橘娘（阿倍仓梯麻吕之女），生明日香皇女、新田部皇女（嫁叔父天武天皇为妃、舍人亲王之母）；夫人道君伊罗都卖，生志贵皇子（光仁天皇之父）；采女宅子娘（伊贺国造之女），生大友皇子（弘文天皇）、阿雅皇女（不见于《日本书纪》，存疑）；宫人忍海造色夫古娘（忍海造小龙之女），生川岛皇子（淡海朝臣和春原朝臣之祖）、大江皇女（嫁叔父天武天皇为妃、长皇子和弓削皇子之母）、泉皇女（伊势斋宫）；宫人栗隈首黑媛娘（栗隈首德万之女），生水主皇女（后为内亲王）。

皇极天皇四年（大化元年）六月十二日（645年7月10日），中大兄皇子和中臣镰足等人策划政变，在皇极天皇面前暗杀了权臣苏我入鹿，史称“乙巳之变”。继而以孝德、齐明两天皇的皇太子身份，拟定和实行各项新政策，这就是日本历史上著名的“大化改新”。大化改新是日本发展史上的一次飞跃，也是日本由落后的部民奴隶制国家向封建国家质变的关键一步，是向中国学习的结果。在此之后，中大兄皇子在孝德、齐明两朝通过种种手段清除了有间皇子等政治实力派。其间，应百济的请求,派援军支援朝鲜,干涉朝鲜半岛事务。由于师出无名,在白江口之战中被唐朝与新罗联军打得大败。指挥百济救援的齐明天皇在齐明天皇七年七月二十四日(661年8月24日)于筑紫去世。中大兄皇子企图在朝鲜半岛南部恢复日本支配地位的希望化为了泡影。

齐明天皇丧事办完之后,中大兄皇子整顿内政,迁都于近江的大泮。他不登皇位,却以皇太子名义称制。天智天皇元年(662),中大兄皇子颁布了日本历史上第一部成文法《近江令》,将大化改新的成果以法律的形式固定下来,使日本开始走向法制化道路,这部法律在日本发展史上有着重大的意义。但是,由于在《日本书纪》等七八世纪的古文献中都没有记载此事,只是在9世纪初的《弘仁格式》、8世纪后半叶成书的《大织冠传》中才开始提到,所以不少人怀疑它是后人为宣传中臣镰足或天智天皇的功绩而编造的。天智天皇七年一月三日(668年2月20日)才正式即位。同年二月二十三日(668年4月10日),册立同母弟大海人皇子(即后来的天武天皇)为皇太弟。中大兄在取得政权的过程中,得到其弟大海人皇子的鼎力相助,正是由于这个原因才封大海人皇子为皇太弟。但在维护皇权方面,中大兄皇子是立场坚定的,即天皇位之后仍难以避免政权的斗争与猜忌,与大海人皇子逐渐疏远。669年10月15日,派东宫皇太弟大海人皇子到内大臣中臣镰足府中,赐姓藤原,次日藤原镰足去世。天智天皇九年十一月十六日(671年1月2日),他又任命长子大友皇子(日后的弘文天皇)为日本历史上第一个太政大臣。天智天皇十年十月十七日(671年11月23日),大海人皇子辞退皇太弟,大友皇子被立为皇太子。

白村江之战后,作为国土防卫政策的一环,中大兄皇子设置水城、烽火、防人(戍边士兵)三项防卫设施。此外,由大皇弟大海人皇子宣布了三项重要法令,其一是将冠位从以前的十九阶扩大为二十六阶;其二是给予有力氏族的族长(氏上)以特权的身份。这一做法等于宣布尊重氏姓制的旧有原则，使门第再次成为确定地位的依据。当然，因为冠位制依然存在，个人的才干和成绩受到重视，所以对门弟贵族的让步也不是无限制的；其三是承认氏姓贵族的“民部”、“家部”，把他们原来已归公的部民重要发还，恢复了部民制。行政机构的整备也在进行中。在废除土地和人民的私有之后，为了增加财政收入，推行“租庸调法”，必须编制全国性的户籍。天智天皇即位后的第三年(670年)二月，命人编制了包括畿内、东海、山阳、南海、西海等地区公民、家人、奴隶的户籍，史称《庚午年籍》。这是日本最早的、比较完备的全国性户籍，为公地公民制的建立奠定了基础。

天智天皇六年(667)，中大兄皇子将都城从飞鸟迁到近江。中大兄皇子称制7年后才在668年2月20日(天智天皇七年一月三日)正式即位。时年43岁。在习惯上，不把他即位的668年作为天智元年，而把他开始称制的662年作为元年。

天智天皇十年十二月三日(671年1月7日)，天智天皇在近江大津宫去世，享年46岁。

据《日本书纪》记载：“天智天皇想让大友皇子继承皇位”，但天智天皇去世后爆发了壬申之乱，大海人皇子取得了对大友皇子的胜利，即位成为天武天皇，大友皇子战败自缢而死。此后，天武系统的天皇一直延续到称德天皇。称德天皇去世后，天智天皇之孙白壁王(志贵皇子之子)即位成为光仁天皇，以后的皇统遂由天智系统延续。

天智天皇是日本历史上一位有建树的政治家，也是在日本历史上开辟了新时代的有影响的人物。他以空前的规模移植大唐帝国的先进文化，确立天皇制，推行大化改新，促成了日本社会发展的跃进。天智天皇通过大化改新运动，使日本社会发生了深刻的变革，解放了生产力，在社会经济得到发展的同时，也完善了日本的统治制度，奠定了日本的国家发展方向，为以后日本社会的繁荣奠定了基础，是日本古代由奴隶社会向封建社会过渡的标志性人物。

天智天皇驾崩后，葬于山科陵。陵墓为八角形状，是典型的上圆下方形坟墓，上圆部直径约42米，高约7米；下方部由两段构成，上段的长度为45米，下段的长度约62米。该陵墓属山科御庙野古坟，在今京都市山科御陵上御庙野町。

天智天皇在位时没有年号。

第三十九代天皇：弘文天皇

弘文（こうぶん）天皇为日本第三十九代天皇。其生卒年月为：648年（大化天皇四年）—672年8月21日（天武天皇元年七月二十三日），享年25岁。在位时间为：672年1月9日（天智天皇十年十二月五日）—672年8月21日（天武天皇元年七月二十三日），在位时间1年。

弘文天皇也称大友皇子、伊贺皇子，是舒明天皇之孙、天智天皇的长子，母亲为伊贺采女宅子娘。正妃及堂姐妹为十市皇女（天武天皇之女），生子葛野王（淡海真人、淡海朝臣氏之始祖）；妃藤原耳面刀自（藤原镰足之女），生女壹志姬王。此外，大友皇子还有异母兄弟建皇子、川岛皇子、志贵皇子（光仁天皇之父）；异母姐妹大田皇女（嫁与叔父天武天皇）、持统天皇（嫁与叔父天武天皇）、新田部皇女（嫁与叔父天武天皇）、大江皇女（嫁与叔父天武天皇）、明日香皇女（嫁与堂兄弟忍壁皇子）、御名部皇女（嫁与堂兄弟高市皇子）、元明天皇（嫁与堂兄弟草壁皇子）、山边皇女（嫁与堂兄弟大津皇子）、泉皇女、水主皇女。

据《日本书纪》记载，天智天皇册封其弟大海人皇子为东宫（大皇弟），后来却宠爱自己的儿子大友皇子，而大友皇子博学多识，有文武才干，深得天智天皇宠爱。于是他违背与弟弟大海人皇子的约定，决定册封大友皇子为皇太子。但《怀风藻》《万叶集》却记载："天智天皇册封大友皇子为太子（正式的皇太子）。”而在《日本书纪》等史料中并没有大海人皇子被正式册封为太子的记录。

天智天皇十年(671年)一月，大友皇子担任太政大臣辅政。同时，苏我赤兄被任命为左大臣，中臣金被任命为右大臣。天智天皇十年十二月三日(672年1月7日)，天智天皇去世。大友皇子控制近江京，掌握皇权。弘文天皇元年(672)与叔父大海人皇子(天武天皇)争夺皇位，发生壬申之乱。七月在濑田川之战中失败，大友皇子走投无路，自缢而死，壬申之乱以大海人皇子之胜利结束。弘文天皇统治时间只有短短的半年，没来得及举行即位仪式。而大海人皇子是受过天智天皇正式认可的大皇弟，同时，弘文天皇之母的出身不够高，因此他的天皇身份一直不被正式承认，即位纪录于正史中被抹煞，直到明治三年(1870)，明治天皇追谥大友皇子为“弘文天皇”，大友皇子被承认是当时的合法统治者。

平安时代的文献，有很多记载了大友皇子即位之事。10世纪成书的《西宫记》中，有天智天皇十年的“于十二月即帝位”的记载。《扶桑略记》记载“天智天皇十年十月，大友太政大臣被立为皇太子。十二月三日，天皇驾崩。同月五日，大友皇太子即帝位”。《年中行事秘抄》记载大友皇子“成为皇太子，即帝位”。《立坊次第》记载大友皇子在天智天皇十年十二月五日即帝位。《水镜》记载“十月大友皇子被立为东宫”、“天智天皇十年十二月三日，天智天皇驾崩，同月五日大友王子继位”。在平安时代，把“大友皇子即位”当作了事实。平安时代是比7世纪的壬申之乱晚得多，这些文献多受《扶桑略记》影响，作为史料的可信性存疑。

弘文天皇驾崩后，葬于长等山前陵，陵墓为圆丘形，直径约22米，明治九年(1876)曾出土了一些镜、剑之类的文物，该陵墓属园城寺龟丘古坟，位于今滋贺县大津市御陵町。

弘文天皇在位时没有年号。

第四十代天皇:天武天皇

天武(てんむ)天皇为日本第四十代天皇。其生卒年月为:622(推古天皇三十年)?—686年10月1日(朱鸟元年九月九日),享年65岁。在位时间为:673年3月20日(天武天皇二年二月二十七日)—686年10月1日(朱鸟元年九月九日),在位时间达14年。

天武天皇原名为大海人皇子,别名净御原天皇,和风谥号天渟中原瀛真人,具有浓厚的道教色彩。天武天皇十三年(684)十月,他对日本传统的氏姓制度进行改革,定八色之姓,最高级别的就是“真人”。汉风谥号为“天武天皇”,为“上天立武王,消灭暴君”(典故来源于周武王伐纣,大友皇子被认为是暴君)之意。天武天皇之父为舒明天皇,母亲为皇极天皇,舅父为孝德天皇,同母兄为天智天皇,同母姐为间人皇女(嫁与舅父孝德天皇为皇后)。天武天皇的皇后、又是他的侄女,是鸬野赞良皇女(即持统天皇,天智天皇之女),生太子草壁皇子(先于其父去世,未能即位,持统天皇之子、文武天皇和元正天皇、吉备内亲王之父);妃是他的侄女大田皇女(天智天皇之女、持统天皇同母姐),生大来皇女,大津皇子;妃又是他的侄女大江皇女(天智天皇之女),生长皇子(文室真人、文室朝臣等之始祖)、弓削皇子;妃又是侄女新田部皇女(天智天皇之女),生子舍人亲王(被称为崇道尽敬皇帝,为淳仁天皇之父、清原氏之始祖);夫人中臣冰上娘(藤原镰足之女),生但马皇女(高市皇子妃);夫人中臣五百重娘(藤原镰足之女),生子新田部亲王(冰上真人和三原朝臣等人之始祖);夫人苏我大蕤娘(苏我赤兄之女),生穗积皇子、纪皇女、田形皇女;采女额田王(镜王之女),生十市皇女(嫁与堂兄弘文天皇为妃,葛野王之母);嫔胸形尼子娘(胸形德善之女),生高市皇子(长屋王和铃鹿王之父,高阶真人、高阶朝臣等人之始祖）；宫人宍人谷媛娘（宍人大麻吕之女），生忍壁皇子（龙田氏之始祖）、矶城皇子（三园真人和笠原真人、清春真人等人之始祖）、泊濑部皇女（川岛皇子妃）、托基皇女（志贵皇子妃）。

据《日本书纪》的记载，天武天皇幼年养育于凡海氏（海部一族的伴造[1]，当时有以养育者取幼名的惯例。他文武双全、德才兼备，还擅长天文学，精通占星术，也喜欢玩双六游戏。也有学者认为，天武天皇的事迹存在很多不可靠之处，其中大多是根据《日本书纪》，这本书中的天武天皇形象，是由主要担任编纂的天武天皇之子舍人亲王润色加工的。在《日本书纪》中，记载了天智天皇册封天武天皇为皇太弟，否定了大友皇子被立太子的事实，书中为天武天皇的皇位继承正当化的意图显而易见。

也有学者认为，天武天皇将当时日本最高统治者的称呼由“大王”改为“天皇”。这种天皇的称号由天武天皇开始的说法得到了广泛的支持，是日本史学界的主流。按这种说法，天武天皇是实际上的第一代天皇。但学术界有天皇之号最早可追溯到推古朝的观点，还有稍晚的大宝年间以后的观点。

在壬申之乱中，天武天皇消灭了天智天皇之子大友皇子（弘文天皇），在飞鸟净御原宫即位。天武十年（681）二月，天武天皇制定了《飞鸟净御原令》，以建立律令国家为目标。执政期间，天武天皇改革官僚机构，使畿外的人也可以入京作官。天武七年（678），制定与官吏的勤务评定（考）和官位升进（选）相关的考选法。天武十三年（684），制定八色之姓，确立朝廷官员的身份秩序，施行新冠位制，将冠位赋与扩大至亲王。实行削弱豪族的政策，废止豪族对部曲的人身所有权（废除奴隶制），并改革食封制度。

---

① 伴造，也写作“友造”，日本大和政权时期的官职。

天武一直实行皇族专权的皇亲政治，授与上层官僚贵族无实权的“纳言”一职，天皇的命令主要通过大弁官向地方传达。天皇的宗教性权威也是在天武天皇统治期间得到了提高，据说斋宫的制度化也是在天武朝时期。在佛教方面，天武天皇营造大官大寺（即大安寺），加强了对僧尼的统一管理。另外，也有说法认为藤原京的建造也是开始于天武天皇时代。

在外交方面，天武天皇四年（676）新罗统一了朝鲜半岛，随后新罗使者来到日本，天武天皇也向新罗派遣使节，与新罗保持联系。由于这个原因，日本还与当时同新罗对立的大唐断绝了外交关系。

天武四年四月十七日（675年5月19日），天武天皇颁布了肉食禁止令，规定从四月一日（5月3日）—九月三十日（10月27日）保护幼鱼，禁止食用五畜之肉，以保护海洋畜牧资源。在此之后，日本人除了吃鱼肉和海产品之外，渐渐养成了不吃畜、禽肉的习惯，这种习惯直到明治维新之后才有所改变。

天武天皇还下诏“为政之要在于军事”，命令畿内的官吏进行武器和骑马的训练，以扩充军事力量。日本最古老的货币“富本钱”，也是在天武天皇时代发行的。

作为建设律令国家政策的一环，天武天皇还命令一改当时日本独有发型“角发”为与戴冠相称的“顶髻”。天武十二年（683），位阶由原来以冠的颜色区分改为以朝服颜色区分。

《日本书纪》以外的一些史料还记载了天武天皇如下重要事迹：

天智天皇七年（668），天智天皇立大海人皇子为皇太弟（也有人对此持否定观点）。

天智天皇十年（671），重病的天智天皇托付后事，以皇位相许，大海人皇子固辞，出家并移居吉野。

弘文天皇元年（672），壬申之乱中击败了天智天皇之子大友皇子(弘文天皇)。

天武天皇二年(673),在飞鸟净御原宫即位。

天武天皇四年(675),废止豪族对部曲的人身所有权(废除奴隶制)。设置占星台。

天武天皇五年(676),设置阴阳寮。

天武天皇七年(678),制定官吏的勤务评定和官位升进相关的考选法。

天武天皇八年(679),行幸吉野。让皇后、草壁皇子等皇子起誓不发起皇位继承之争(吉野之盟)。

天武天皇九年(680),为了祈祷皇后(后来的持统天皇)病愈,命令建造药师寺。

天武天皇十年(681),命令制定飞鸟净御原宫律令。册立草壁皇子为皇太子。

天武天皇十二年(683),发行富本钱。

天武天皇十三年(684),制定八色之姓。

天武天皇十四年(685),制定冠位四十八阶。

朱鸟元年(686),天武天皇去世。

天武天皇去世后,葬于桧隈大内陵,陵墓为八角形,高约9米,直径南北约45米,东西约36米。持统天皇元年(687)十月二十二日草壁皇太子率公卿以下官员开始营建陵墓。次年十一月十一日收敛天武天皇遗骸,在大宝三年(703)十二月二十六日与持统天皇合葬在一起。该陵墓后曾被盗,幕府末年进行了修葺,属野口王墓古坟,在今奈良县高市郡明日香村大字野口。

天武天皇执政期间,进一步加强了天皇专制的中央集权国家,巩固和发展了大化改新的成果,推进了天武新政,在日本国家发展史上具有重要的意义。

天武天皇的玄孙称德天皇去世后,皇统从天武系转移到了天智天皇之孙光仁天皇之手。光仁天皇废除了通过皇后井上内亲王而继承了天武系血统的皇太子他户亲王，皇位由光仁天皇的侧室高野新笠[1]之子桓武天皇继承，之后由桓武天皇的子孙君临日本，一直到现在。

天武天皇的年号只有一个“朱鸟”，使用时间为：天武天皇十五年(686)七月二十日—686年年底。典出自《礼记·曲礼上》：

行，前**朱鸟**而后玄武，左青龙而右白虎。

朱雀、玄武、青龙、白虎称为四象，又称为四灵。“四象”作为方位，便记载于此了。五行家们照阴阳五行给东西南北中配上五种颜色，而每种颜色又配上一个神兽与一个神灵。东为青色，配龙；西为白色，配虎；南为朱色，配雀；北为黑色，配武，黄为中央正色。

据《山海经》：在四方的神灵中，凤凰是神鸟，是百鸟之王。雄的叫凤，雌的叫凰。以后凤凰合称；再以后龙凤相配，凤便成了宫廷后妃的代称。根据神话传说，凤是由东方殷族的鸟图腾演化而成。《山海经·大荒北经》提到有一种五彩鸟，有三种名称，叫皇鸟、朱雀及凤鸟。

朱鸟与朱雀相似，是天武天皇的年号，为天武天皇十五年七月二十日改元。据《日本书纪》记载，朱鸟训注为“阿诃美苔利”；而《扶桑略记》则记载是大倭国进赤雉之事。按《日本书纪》记载，翌年则是持统天皇元年了。

天武天皇改这个年号只是图吉利罢了。

---

① 高野新笠的祖先是来自朝鲜半岛的归化人，门第很低。

第四十一代天皇:持统天皇

持统(じとう)天皇为日本第四十一代天皇,也是日本历史上第三位女天皇。其生卒年月为:645(大化元年)—703年1月13日(大宝二年十二月二十二日),享年58岁。称制时间为:686年10月1日(朱鸟元年九月九日)—689年(持统天皇三年);在位时间为:690年1月1日(持统天皇四年二月十四日)—697年8月22日(持统天皇十一年八月一日)(从称制时算起),在位时间达11年。

持统天皇本名为鸬野赞良皇女,和风谥号有两个:一个是《续日本纪》记载的大宝三年(703)十二月十七日火葬之际的"大倭根子天之广野日女尊";另一个是《日本书纪》记载的养老四年(720)、作为历代天皇一起被追谥的"高天原广野姬天皇"。汉风谥号"持统天皇"是和历代天皇一起由淡海三船所进上,由熟语"继体持统"中的"持统"得来。持统天皇之父为天智天皇(中大兄皇子),其母为苏我远智娘,外祖父是苏我石川麻吕,其子为草壁皇子,其孙为珂瑠皇子(文武天皇)、冰高皇女(元正天皇)。

齐明天皇三年(657),13岁的鸬野赞良皇女嫁给了自己父亲的胞弟,即自己的皇叔大海人皇子(即后来的天武天皇)为妃。天智天皇元年(662),鸬野赞良皇女生下草壁皇子。天武天皇二年(673),晋升为皇后。朱鸟元年九月九日(686年10月1日),天武天皇去世后,鸬野赞良皇女临朝称制,执掌国家政事。持统天皇四年(690),因太子草壁皇子去世,鸬野赞良皇女遂正式即位。文武天皇元年(697),让位于草壁皇子之子、当时只有15岁的轻皇子(后来的文武天皇),改称太上天皇。从此"太上天皇"作为一个固定称号出现在日本历史上。持统天皇是在世的天皇中继皇极天皇之后第二个让位的,并且是第一个太上天皇(上皇)。

据《日本书纪》的记载,天武天皇在位的时候,皇后一直辅助天武天皇,在政事方面建言献策。而鸬野赞良皇女的另一个同父同母的姐姐大田皇女也嫁给了天武天皇,生大津皇子。《日本书纪》记载大津皇子举止优雅、谈吐不凡、富有才学,受到天武天皇的宠爱,日本诗赋的兴起便是由大津皇子开始的。《怀风藻》《万叶集》中收录有其作品。后因其谋反被发觉,大津皇子自杀而亡。

持统女皇在即位前称制4年,在位8年,她继承并完成了天武天皇的对官吏武备、武艺的奖励政策,于689年颁布了《飞鸟净御原令》和藤原京的营造两件大事。在官制、税制及地方制度都进行了卓有成效的改革,为以后的《大宝律令》奠定了基础。在民政方面,持统天皇命人制定了户籍,即“庚寅造籍”。她还尝试调整奴婢的身份,命令百姓、奴婢穿着指定颜色的衣服。持统天皇也绞尽脑汁提高自己的声望,让柿本人麻吕作赞颂天皇的和歌。终持统天皇一生,柿本人麻吕都是作为“宫廷诗人”为天皇歌功颂德的,之后他转任地方官吏。在持统天皇的治理下,出现了模仿唐风的、以佛教为主要内容的“白凤文化”。《万叶集》中有其所作的六首和歌。

天武天皇生前为皇后(持统天皇)病愈而祈愿兴建的大和国的药师寺在持统天皇时期完成,持统天皇定药师寺的寺格为敕愿寺。

在外交方面,持统天皇继承天武天皇的政策,与新罗开展外交,但不承认与新罗的对等关系,强迫新罗向日本朝贡。新罗因为当时与大唐对抗,所以不得以承认了这种不平等关系,日本还向新罗派遣了学问僧等留学生,却与大唐没有官方的外交关系。

持统天皇是从7世纪到8世纪日本古代很有特色的女性天皇(女帝)中的一位,与其他女天皇常由别人代行执政不同,她不是政治上的装饰品，而是有执政能力的实质的统治者。据《日本书纪》记载，持统天皇“深沈大度、好礼节俭、有母德”。她辅佐天武天皇平定天下，建言献策。退位于文武天皇后仍与文武天皇并座，处理朝廷政务，对政治的干预不仅限于其在位期间。持统天皇和天武天皇一起，被和歌歌颂为“大君是天神降世”，将天皇权力强化到最高点。以持统天皇积极进取的性格和优秀的能力为前提，有很多谋略被认为是持统天皇所筹划，她性格坚毅，行事果断，是日本历史上杰出的女性。

大宝二年十二月十三日，持统天皇病发，二十二日去世。经一年的殡礼后火葬，骨灰合葬于天武天皇之墓。持统天皇是天皇火葬的首例，是丧葬改革的实践者。

持统天皇驾崩后，葬于桧隈大内陵，是与天武天皇的合葬陵。陵墓为八角形，属野口王墓古坟，位于奈良县高市郡明日香村。

持统天皇在位时未有年号。

第四十二代天皇：文武天皇

文武（もんむ）天皇为日本第四十二代天皇。其生卒年月为：683（天武天皇十二年）—707年7月18日（庆云四年六月十五日），享年25岁。在位时间为：697年8月22日（文武天皇元年八月一日）—707年7月18日（庆云四年六月十五日），在位时间达11年。

文武天皇的本名有珂瑠、轻两个。和风谥号有两个：《续日本纪》707年（庆云四年十一月十二日）记载的“倭根子丰祖父天皇”，另一个是《续日本纪》797年（延历十六年）追谥的“天之真宗丰祖父天皇”。

文武天皇的祖父为天武天皇，祖母为持统天皇；父亲为草壁皇子，母亲为元明天皇；同母姐为元正天皇，同母妹为吉备内亲王（长屋王妃）。在《续日本纪》中，文武天皇并没有皇后、妃的正式记录。但在文武天皇的妻子中,夫人藤原宫子(藤原不比等之女)的地位是最高的,后被追封为太皇太后,她生有圣武天皇。此外,还有嫔石川刀子娘,生有广成皇子、广世皇子;嫔纪灶门娘,无子女记载。文武天皇7岁(689)时,其父去世。持统天皇十一年(697)七月,太政大臣高市皇子去世。同年八月文武天皇继位,时年15岁。

文武天皇在位期间,最大的贡献在于制定并颁布了《大宝律令》。《大宝律令》是模仿唐高宗永徽二年(651)制定的《永徽律令》编制而成,是日本历史上最早的"律"、"令"齐全的法典,对后来的日本政治影响很大。文武天皇对唐代的政治、经济、文化有着浓厚的兴趣,他命刑部亲王(忍壁皇子)、藤原不比等、栗田真人、下毛野古麻吕等人认真学习、借鉴大唐的法律制度,于大宝元年(701)八月三日完成这部律令。为使《大宝律令》在全国范围内施行,大宝元年(701)八月八日朝廷向西海道以外的六道派遣明法博士,进行新法令的宣讲。大宝二年(702)二月一日,文武天皇向诸国颁布《大宝律令》;十月十四日,再次向诸国颁布《大宝律令》。大化改新后建立起来的封建生产关系和中央集权的专制主义国家体制已用法律形式肯定下来,由此也意味着日本封建制度的确立。

同年(702),文武天皇向唐朝派遣了以栗田真人为正使的遣唐使,与唐朝恢复了中断33年的正常邦交关系。

文武天皇还废止了混乱的冠位制,设定新的官位制。颁布了度量衡,设置了铸钱司。并修改税制,制定《文武百官食封法》。在大宝年间以前,日本只有零散的年号记录,在大宝年间,年号制度成形了。此后,除了个别天皇之外,几乎每个天皇都有带有政治或人文意义的年号。文武天皇统治时期,还派遣使者到萨南诸岛,并征讨萨摩等地,使国土扩大了许多。

据《续日本记》记载,文武天皇"天纵宽仁,愠不形色,博涉经史,尤善射艺"。文武天皇还有深厚的汉学功底,平安朝出现的《凌云集》，作为汉诗"敕撰三集"的第一集，收集了从桓武天皇延历元年(782)到嵯峨天皇弘仁五年(814)33年间的91首汉诗。其中有文武天皇写的两首咏花诗，一首咏桃花、一首咏樱花。《怀风藻》收其诗三首，《万叶集》收其短歌一首。

701年5月3日(大宝元年三月二十一日)，文武天皇改元为大宝；704年6月16日(庆云元年五月十日)，文武天皇改元为庆云。庆云四年六月十五日(707年7月18日)，文武天皇在藤原宫去世，年仅25岁。

文武天皇去世后葬于桧隈安古冈上陵，陵墓为山形，高约3.5米，直径15米。庆云四年(707)十月三日开始营建，同年十一月十二日文武天皇遗骸在飞鸟岗火葬，二十日进行安葬。到了中世纪时陵墓遗址不明，元禄年间探得准确位置。明治十八年(1885)进行了修葺，次年完工，该陵墓位于今奈良县高市郡明日香村大字栗原字冢穴。

文武天皇的年号有两个。天武天皇的第一个年号是"大宝"，使用时间为：文武天皇五年(701年)3月21日—大宝四年(704年)5月10日。典出自《易经·系辞下》：

天地之大德曰生，圣人之**大宝**曰位。

意思是说，天地之大德，在于使万物生生不息；圣人之大宝，在于有着崇高的地位。想要说明，世界上头等大事是生养万物，圣人最宝贵的是知道自己的位置。

据《续日本纪》记载，这个年号是文武天皇五年三月二十一日改的。起因是对马岛献金于朝廷，于是改元。在大宝之后，天皇的年号就很少中断了。直到大宝四年五月十日，又改元庆云。

文武天皇的第二个年号是"庆云"，使用时间为：大宝四年(704年)五月十日—庆云五年(708年)一月十一日。典出自：

1.《文选·在怀县作二首》[1]：

朝想**庆云**兴，夕迟白日移。

2.《晋书·陆云传》：

庆云兴以招龙，和风起而仪凤。

这两处典籍中的“庆云”，为吉祥的彩云之意，带有喜庆的气氛。据《续日本纪》记载：时备前国献神马，藤原宫的西楼上升起祥云，喜庆的氛围洋溢在其中。于是文武天皇遂改元“庆云”，直到第五年一月十一日时改元“和铜”。

第四十三代天皇：元明天皇

元明（げんめい）天皇为日本第四十三代天皇。其生卒年月为：661（齐明天皇七年）—721年12月29日（养老五年十二月七日），享年61岁。在位时间为：707年8月18日（庆云四年七月十七日）—715年十月三日（和铜八年九月二日），在位时间9年。

元明天皇本名阿倍皇女，也作阿闭皇女，和风谥号是“日本根子天津御代丰国成姬天皇”。她是奈良时代的首位天皇，也是日本历史上第四位女天皇。元明天皇为天智天皇的第四皇女，母亲为苏我侄娘。祖父为舒明天皇，祖母为皇极天皇，外公为苏我石川麻吕；她的家庭关系比较混乱，公公也是她的叔父为天武天皇，婆婆也是她的姐姐为持统天皇。兄弟有弘文天皇（大友皇子）、志贵皇子，堂兄为高市皇子。丈夫也是堂兄弟及外甥草壁皇子。堂兄弟兼外甥为大津皇子，堂兄弟舍人亲王。女儿为元正天皇，儿子为文武天皇。侄子为光仁天皇，侄孙为

① 作者为潘岳。

桓武天皇,曾孙女为孝谦天皇。

元明天皇是草壁皇子之妃、文武天皇之母。约天武天皇八年(679),阿倍皇女嫁给侄子草壁皇子。因为天武天皇的皇太子草壁皇子没有即位就早逝了,阿陪皇女的姐姐兼婆婆鸬野赞良皇女(持统天皇)和儿子轻皇子(文武天皇)相续即位。文武天皇病逝后,其子首皇子(即后来的圣武天皇)仍然年幼,阿倍皇女作为过渡天皇即位,是日本历史上第一个没有做过皇后就即位的女帝。

据《续日本纪》卷四记载,庆云五年(708)正月,武藏国秩父郡(今日本埼玉县黑谷)进献了和铜,因此元明天皇改元为和铜,并大赦天下。

元明天皇在位期间,命人模仿大唐的“开元通宝”,铸造日本的“和铜开宝”铜钱,并推行“蓄钱叙位法”。和铜年间,元明天皇重用精于政务的藤原不比等,修正并推行了大宝元年(701)制定的《大宝律令》。

元明天皇又模仿唐都长安,建平城京(今奈良)。和铜三年(710)元明天皇迁都平城京,一直到794年迁都平安京为止,日本历史上以模仿唐代而闻名的“奈良时代”由此拉开了序幕。迁都平城京以后,元明天皇为了国家的发展,继续实行了很多稳定政治、发展经济、繁荣文化的新举措,并且取得了显著成效,学习唐代文化的盛世前兆已经开始显现了。元明天皇还任命一些有才能的人作为重臣,左大臣石上麻吕作为藤原京的管理者留守于藤原京,而右大臣藤原不比等成为最高权力者。

除此之外,还有一些重大的事件完成于元明天皇时期。

和铜五年(712),元明天皇公布国郡司政绩考核三条,奖贤罚贪,禁止地方豪强、寺院多占土地。太安万侣进上《古事记》三卷。

和铜六年(713),元明天皇宣布废除公私高利贷债务,限制农民逃亡,奖励和推广养蚕业、丝织手工业。《风土记》也于此时编纂完成。

和铜八年(715),元明天皇下令实施乡里制。同年九月二日,元明天皇以年老为理由让位,因为孙子首皇子仍然年幼,于是让位于女儿冰高皇女(即元正天皇)。

养老五年(721)五月,元明上皇发病,托付后事。她在遗诏中规定自己死后必须火葬,坟墓不要奢侈,力求简约朴素,而且官员、百姓都要照常工作,不能因国丧而影响正常生活。作为一千多年前的日本天皇,能对生死看得这样豁达,不能不说她是很开明的。十二月七日,元明天皇去世。

在元明天皇及继承其执政方略的元正天皇执政期间,日本社会稳定,经济迅猛发展,元明天皇的一些改革措施大大促进了当时日本社会经济的发展。在元明天皇、元正天皇的推动下,日本还加强了对大唐文化的学习与吸收。整个奈良时代,日本与大唐的交往极为频繁,多次派出遣唐使去大唐学习,其中有一次派出的遣唐使竟有594人之多。著名的晁衡(阿部仲麻吕)、吉备真备、玄昉等,都是在这一时期留学唐朝的,他们努力学习先进的唐代文化,为中日文化交流作出了巨大贡献。在当时,日本朝野以模仿大唐的一切为时尚,就连都城平城京也是模仿长安城的格局建造而成。日本社会由此迈入了一个新的阶段,盛世的前兆已经显现。

元明天皇去世后,葬于奈保山东陵,陵墓为山形。因元明天皇已下令火葬,因此陵墓多植树木。后陵墓位置不明,昭和六年(1976)探得准确位置。并把在明治三十二年(1899)仿制的石碑立于旁边,该陵墓位于今奈良市奈良阪町。

元明天皇的年号只有一个"和铜",使用时间为:庆云五年(708)一月十一日—和铜八年(715)九月二日。这个年号不是出自于中国典籍,而是当时武藏国秩父郡(今日本埼玉县黑谷)进献了和铜,因此改元为和铜。元明天皇下令以和铜制造雌雄一对蜈蚣为神宝之物,放置于神社中,并制造使用铜钱"和铜开宝"。

第四十四代天皇:元正天皇

元正(げんしょう)天皇为日本第四十四代天皇,日本史上第五位女天皇。其生卒年月为:680(天武天皇九年)—748年5月22日(天平二十年四月二十一日),享年69岁。在位时间为:715年10月3日(灵龟元年九月二日)—724年3月3日(养老八年二月四日),在位时间9年。

元正天皇即位前名为冰高(日高)皇女,和风谥号为"日本根子高瑞净足姬天皇"。其父为天武天皇与持统天皇之子草壁皇子,母为元明天皇。曾祖父为舒明天皇,曾祖母为皇极天皇;祖父为天武天皇,祖母为持统天皇;外祖父为天智天皇;叔父为有大津皇子、舍人亲王;弟弟为文武天皇,妹妹为吉备内亲王;堂兄弟为有长屋王、淳仁天皇,表兄弟为光仁天皇;侄子为圣武天皇,外侄为桓武天皇,侄孙女为孝谦天皇。

元正天皇貌美异常,与之前的女帝都是皇后或皇太子妃不同的是,她是第一位以未婚独身身份即位的女性天皇。而且是历代天皇之中唯一由母亲传给女儿的女系继承大位者,但元正天皇的父亲是男系的皇族草壁皇子,因而也维持了男系的血统。元正天皇一生未婚,开女天皇终身未嫁之先例。

元正天皇成年时,因其弟文武天皇之子首皇子(即后来的圣武天皇)尚未成年,于是接受母亲元明天皇的让位,作为过渡性天皇而即位。养老元年(717),元正天皇命以藤原不比等人编纂《养老律令》。养老四年(720)三月,萨摩隼人弑其国守,引起混乱,元正天皇令中纳言大伴旅人为将军,将其镇压。同年九月,陆奥虾夷叛乱,元正天皇令多治比县守为将军,下野石代为副将军讨伐叛军,平定叛乱。同年,《日本书纪》编纂完成。养老六年(722)四月,元正天皇颁布百万町开垦计划,扩大农业生产。次年(养老七年)四月,为了解决耕地不足的问题,元正天皇下令制定、颁布了《三世一身法》，规定开垦生荒地可传至开垦者第三世，开垦熟荒地可保有开垦者一生的使用权。鼓励了农民开垦土地的积极性，农业迅速发展。从此之后，律令制开始解体。

在政治上，元正天皇在养老五年(721)任命长屋王为右大臣，作为皇亲的代表成为政界主导者。长屋王是元正天皇的堂兄弟，而且娶了元正天皇的妹妹吉备内亲王。藤原不比等的长子藤原武智麻吕任中纳言，次子藤原房前后来出任内臣，皇族与藤原家族形成了对立的两派。

养老八年(724)二月四日，元正天皇让位于皇太子首皇子(圣武天皇)。在退位诏书中，元正天皇称新帝为"我的儿子"，在退位后她也作为监护人辅佐圣武天皇。天平十五年(743)，由于圣武天皇经常生病，无法理政，元正上皇再一次下达称圣武天皇为"我的儿子"的拥护天皇性质的诏书，第二年以生病的圣武天皇的名义下达迁都难波京的诏书。晚年的元正上皇代替经常生病、无法理政、沉迷佛教的圣武天皇掌握皇权，治理国家，由橘诸兄、藤原仲麻吕等人执行政务，以保证国家政令的畅通。

元正天皇是一个极有涵养又略带保守色彩的女性，她的一系列执政方略都是秉承其母元明天皇的政策。在这两位天皇执政期间，日本的政治趋于稳定，经济迅猛发展。在她们的推动下，日本还加强了对唐朝文化的学习与吸收，与唐朝的关系进一步密切。

据《续日本纪》记载，元明天皇让位之际的诏书有"天纵宽仁，沉静婉丽，华夏载伫"、"大慈悲，性格沉静，有华丽之美"等，由此亦可见其人品的高尚。

尽管元正天皇在政治上非常成功，但她一生未婚，最终在孤独中死去。元正天皇去世后，于天平二十年(748)四月丁卯(28日)火化，天平胜宝二年(750)改葬于奈保山西陵，陵墓为山形，与元明天皇陵墓东西并列，幕府末年进行了修葺，形成了现在的规模,该陵墓位于今奈良市奈良阪町。

元正天皇的年号有两个。第一个年号是“灵龟”,使用时间为:和铜八年(715年)九月二日—灵龟三年(717年)十一月十七日。典出自《尔雅·释鱼》:

> 一曰神龟,二曰**灵龟**,三曰摄龟,四曰宝龟,五曰文龟,六曰筮龟,七曰山龟,八曰泽龟,九曰水龟,十曰火龟。

《尔雅》中,列出的是各种龟的名称。“二曰灵龟”是龟的一种,在书中并无什么特殊的意义。而元正天皇改年号为“灵龟”,是因为在她即位之际,左京职献上瑞龟,元正天皇认为是吉兆,因此改元灵龟。

元正天皇的第二个年号是“养老”,使用时间为:灵龟三年(717)十一月十七日—养老八年(724)二月四日。典出自《礼记·王制》:

> 凡**养老**,有虞氏以燕礼。夏后氏以飨礼,殷人以食礼,周人修而兼用之。

有虞氏,为舜帝的部落。按日本相关的史书记载:元正天皇赴美浓国(位于今日本岐阜县)不破行宫时,看到当耆郡多度山的养老瀑布,于是因瀑布之名而改元。这个年号并没有太多的含义。

第四十五代天皇:圣武天皇

圣武(しょうむ)天皇为日本第四十五代天皇。其生卒年月为:701(大宝元年)—756年6月4日(天平胜宝八年五月二日),享年56岁。在位时间为:724年3月3日(神龟元年二月四日)—

749年8月19日(天平胜宝元年七月二日),在位时间26年。

圣武天皇即位前本名首皇子,尊号(谥号)有天玺国押开丰樱彦天皇、胜宝感神圣武皇帝、沙弥胜满等。圣武天皇为文武天皇的长子,其母为藤原宫子(藤原不比等之女)。皇后为藤原光明子(藤原不比等之女,母藤原宫子的异母妹,也是圣武天皇的姨母),生阿倍内亲王(即孝谦天皇、称德天皇,是日本历史上唯一的女性皇太子),生基皇子(后为皇太子);夫人县犬养广刀自,生女井上内亲王(光仁天皇皇后),生女酒人内亲王(桓武天皇之妃),生子他户亲王(后被光仁天皇立为皇太子),生女不破内亲王(后为盐烧王之妃),生子安积亲王。此外,还有夫人南殿(藤原武智麻吕之女)、橘古那可智、北殿(藤原房前之女)。

圣武天皇虽为文武天皇的长子,但7岁父亲去世,母亲藤原宫子也得了精神疾病,母子长年没有见面。直到圣武天皇37岁时,病愈后的藤原宫子才与圣武天皇见面。因此,文武天皇的母亲元明天皇(天智天皇之女)作为过渡性的天皇即位。和铜七年(714),首皇子元服[①]后,正式被立为太子,因为身体病弱,也因为皇族势力与藤原氏的外戚势力对立,即位被延期,由文武天皇的姐姐元正天皇再一次作为过渡天皇即位。首皇子24岁时,元正天皇让位,首皇子即位后成为圣武天皇,并居住在平城宫。从当时的情况来看,首皇子24岁并不算年幼,因此也有说法认为:元正天皇的即位是为了削弱藤原不比等一族的政治势力。

圣武天皇统治初期,由皇族势力的代表长屋王掌权。当时,藤原氏希望立藤原光明子为后。但皇后在其天皇丈夫去世后,作为过渡性的天皇即位,因立皇族出身者为后是当时日本的常规,长屋王反对立藤原光明子为后。但天平元年(729)发生了长屋王之变,藤原氏的反对势力消失,藤原光明子成为非

① 元服:日本古代祝贺男子成人的仪式在11岁—17岁举行,改变发型和服饰,加冠,废止幼名,起正式的名字。

皇族出身的第一位皇后。藤原光明子的立后之事,也可以说是藤原氏一族为了让天皇持续有藤原氏的血脉而让步的结果。

天平九年(737),疫病开始在日本流行,从藤原四兄弟发病开始,大部分政府高官相继因病去世。朝廷急忙任命长屋王的弟弟铃鹿王为知太政官事,稳定了政府官员缺乏的局面。天平十二年(740),又爆发了藤原广嗣之乱。天平年间,是灾害和疫病(天花)的多发年代,圣武天皇开始皈依佛门,笃信佛法。天平十三年(741),下诏修建国分寺;天平十五年(743),下诏修建东大寺卢舍那佛像。除了佛教建筑之外,佛学在日本也有了长足的发展,形成了日本的三论宗、成识宗、法相宗、俱舍宗、华严宗、律宗这南都六宗。圣武天皇在处理天灾地变、氏族对立、叛乱等方面极为得体,并极力采纳唐代制度,完善国家大政方针。他两次派遣唐使赴唐朝学习中国文化,由此出现了天平文化盛景。圣武天皇醉心于唐代文化,在书法方面也有很高造诣,是日本史上著名的书法家,其书法真迹一直保存到现在,成为日本重要的书法文化遗产。

天平胜宝元年七月二日(749年8月19日),圣武天皇让位给女儿阿倍内亲王(孝谦天皇),一说是当时圣武天皇自称"三宝之奴",决定出家,成为日本历史上最早的男性太上天皇。

天平胜宝四年四月九日(752年5月30日),圣武上皇举行了东大寺大佛的开眼法事。天平胜宝六年(754),大唐高僧鉴真大师来到日本,圣武上皇和光明皇后、孝谦天皇一起会见了鉴真大师。这一年,圣武上皇与长年疾病缠身的母亲藤原宫子死别。天平胜宝八年(756),在留下让天武天皇之孙道祖王为皇太子的遗言后,圣武上皇去世,法号胜满。

圣武天皇去世后,由于他笃信佛教,光明皇太后将他遗爱之物分批呈献给东大寺卢舍那大佛。这些呈献物从此收藏在东大寺的仓库中,仓库命名为正仓院。正仓院可以说是日本迄今保留最完整、最丰富、最有价值的唐朝艺术品的宝库。所以有人说，要看真正的唐朝建筑，必须要到日本奈良，因为那里保留了大批唐朝珍贵文物。正仓院的陈列物是以圣武天皇的遗物为主体的文物苑。到了明治时期，整个正仓院连同宝物划归皇室专有，遂脱离了东大寺，直接由宫内厅管理。从正仓院的收藏物可以看出唐文化对日本文化的深远影响。

圣武天皇驾崩后，葬于佐保山南陵。陵墓为山形，东侧与光明皇后的佐宝山东陵相连接，南侧为佐宝川。按《续日本纪》记载，圣武天皇是天平胜宝八年(756)下葬的，其下葬仪式有佛教内容。永禄年间(1558—1570)，松永久秀①在该陵东筑多闻山城，陵墓曾受到破坏，幕府末年得到修葺，现位于奈良市法莲町。

圣武天皇的年号有三个。

圣武天皇的第一个年号是“神龟”，使用时间为：养老八年(724)二月四日—神龟六年(729)八月五日。改元的原因是：养老七年(723)九月七日，左京人纪朝臣家稗献白龟，朝廷以为吉祥而改元，这一年农业取得了丰收。

圣武天皇的第二个年号是“天平”，使用时间为：神龟六年(729)八月五日—天平二十一年(749)四月十四日。改元的原因是：神龟六年六月二十日，左京职献长五寸三分、宽四寸五分，背上有“天王贵平知百年”文字的龟，被认为是瑞龟，因此而改元。

圣武天皇的第三个年号是“天平感宝”，使用时间为：天平二十一年(749)四月十四日—天平感宝元年(749)七月二日。改元的原因是：天平二十一年(749)二月二十二日，陆奥国献上该国的黄金，于是改元。

圣武天皇这三个年号，迷信的色彩较浓，没有什么文化含

---

① 松永久秀(1510—1577年11月19日)，日本战国时期大和国大名，通称松永弹正。其早年事迹不详，后出仕于三好长庆担任要职。他一生有多次下克上的经历，曾经做出篡夺主家、谋杀将军和火烧东大寺三件常人不可为的恶事，1577年11月19日在信贵山城之战战败后自杀身亡。

义，主要是因为圣武天皇一直体弱多病，并且笃信佛教，他很在意祥瑞、吉兆之类的故事，每当出现这类事情时，便极力加以宣扬。以此来减轻精神上的痛苦，并希望藉此减轻肉体上的痛苦。圣武天皇虽然有三个年号，但并不像后来的天皇年号那样具有深厚的文化意蕴。

第四十六代、四十八代天皇：孝谦（称德）天皇

孝谦（こうけん）【称德（しょうとく）】天皇为日本第四十六代、四十八代天皇，也是日本历史上第六位女天皇。其生卒年月为：718（养老二年）—770年8月28日（神护景云四年八月四日），享年53岁。第一次在位时间为：749年8月19日（天平胜宝元年七月二日）—758年9月7日（天平宝字二年八月一日），在位时间达10年。重祚后为第四十八代称德（しょうとく）天皇。第二次在位期间自764年11月6日（天平宝字八年十月九日）—770年8月28日（神护景云四年八月四日）。在位时间7年。

孝谦天皇即位前名叫阿倍内亲王，别名称德天皇；《续日本纪》称之为高野天皇。此外，还有“高野姬天皇”、“倭根子天皇”等称呼。其父为圣武天皇，母亲是光明皇后。她是天武天皇系最后的天皇。由于孝谦天皇终身未婚，所以也没有子女。兄弟姐妹中有同母弟基王，异母兄弟姐妹有井上内亲王、不破内亲王、安积亲王。孝谦天皇曾让位于淳仁天皇，之后重祚，称第四十八代称德天皇。

孝谦天皇由于同母弟基王早夭，而圣武天皇和光明皇后没有其他孩子，于是她在20岁（738）被立为“皇太子”，这也是日本历史上第一位女性皇太子，也是唯一的女性皇太子。任太子期间，她师从著名学者、两次担任遣唐使的吉备真备学习汉学，研修《汉书》和《礼记》，学问大有长进。

天平十七年（745）之后，圣武天皇的身体越来越不好。天

平二十一年(749),圣武天皇退位,阿倍内亲王即位,是为孝谦天皇。即位之初,以母亲光明皇太后为政治后盾,紫微中台(由皇后宫改组)的长官、皇太后之侄藤原仲麻吕的势力急速扩大。在位期间,孝谦天皇替父皇发愿,为东大寺大佛开光。天平胜宝六年(754),大唐高僧鉴真为孝谦天皇授戒。天平胜宝九年(757),孝谦天皇以圣武上皇去世时遗诏册立的皇太子道祖王有不符合皇太子身份的行为,废除了他的皇太子身份,另立舍人亲王之子大炊王为皇太子。这次政治大变动是孝谦天皇和藤原仲麻吕的意志,此后藤原仲麻吕权势进一步加强。

天平宝字二年八月一日(758年9月7日),孝谦天皇因为要侍奉生病的光明皇太后,而让位于皇太子大炊王(淳仁天皇)。孝谦上皇由此被尊为"宝字称德孝谦皇帝",藤原仲麻吕也受赐"藤原惠美朝臣"之姓及"押胜"之名,因此也被称为藤原惠美押胜。藤原仲麻吕将官职都改为唐朝样式,其权势得到了巩固。

天平宝字四年七月十六日(760年8月31日),光明皇太后去世,孝谦上皇和藤原仲麻吕、淳仁天皇之间的关系起了微妙的变化。此时患病的孝谦上皇开始宠爱为她治病的出身于弓削氏的僧侣道镜,她与淳仁天皇、藤原仲麻吕的不和开始表面化。天平宝字八年九月十一日(764年10月10日),孝谦上皇果断除掉了藤原仲麻吕。764年10月19日(天平宝字八年九月二十日),道镜受封大臣禅师。天平宝字八年九月二十二日(764年10月21日),被藤原仲麻吕改为唐朝样式的官职名全部复原。天平宝字八年十月九日(764年11月7日),淳仁天皇被废,以亲王身份被流放淡路国。

藤原仲麻吕之乱后,孝谦上皇重登皇位,此后被称为称德天皇。在称德天皇和道镜统治的七年里,没有册立皇太子。流放中的淡路废帝(淳仁天皇)意图逃亡,被囚禁后的第二天猝死。因为《垦田永年私财法》的实行,土地开垦现象过热,称德天皇下诏除了寺庙、神社之外禁止一切垦田私有。

神护景云四年(770),称德天皇再次行幸由义宫,但不久病重。神护景云四年八月四日(770年8月28日),称德天皇在平城宫西宫寝殿去世。

称德天皇终身未婚,没有子嗣,一生周旋于藤原贵戚和旧豪族之间。她去世后不久,群臣商议让白壁王继位,是为光仁天皇。

孝谦上皇重祚后,对神道教实行保护政策,修缮伊势神宫,并在宇佐八幡宫内建造神宫寺,提倡神佛合一。另外,神社的神阶制度也在称德朝开始实行。《续日本纪》还记载称德朝的政治和刑罚严酷,犯小罪也会被处以极刑,制造了很多冤罪。因过度偏重佛教,并且猜忌群臣,孝谦天皇的历史评价并不太高。

称德天皇驾崩后,葬于高野陵,在成务天皇陵墓的南侧。陵墓前方后圆,周围有狭长的壕沟环绕,由畿内、近国6300名役夫营建而成。近世之时该陵墓一度地址不明,曾被疑为神宫皇后的陵墓,文久年间最终得以确认。该陵墓属佐纪高冢山古坟,位于今奈良市山陵町。

孝谦(称德)天皇的年号有4个。

孝谦天皇的第一个年号是“天平胜宝”,是与淳仁天皇共用的年号。使用时间为:天平感宝元年(749)七月二日—天平胜宝九年(757)八月十八日。改元的原因是:因孝谦天皇即位而改元。圣武天皇天平感宝元年(749)七月二日,孝谦天皇即位,于是改元,一直使用到天平胜宝九年(757年)八月十八日。

孝谦天皇的第二个年号是“天平宝字”,使用时间为:天平胜宝九年(757年)八月十八日—天平宝字九年(765年)一月七日。改元的原因是:天平胜宝九年三月二十日,孝谦天皇在其寝殿绣“天下太平”四字;同年八月十三日,骏河国益头郡人金刺舍人麻自用蚕丝织成“五月八日开下帝释标知天皇命百年息”的文字,孝谦天皇因此改元。

称德天皇的第一个(实际上是第三个)年号是天平神护,使用时间为:天平宝字九年(765)一月七日—天平神护三年(767)

八月十六日。改元的原因是:在朝廷内部的权利斗争中,称德天皇认为藤原仲麻吕(惠美押胜)之乱是由于神灵保护而得到平定,由此改元。

称德天皇的第二个(实际上是第四个)年号是神护景云,使用时间是:天平神护三年(767)八月十六日—神护景云四年(770)十月一日。改元的原因是:天平神护三年六月十六日,平城宫的东南出现了七色之云;同月十七日,伊势的度会宫也笼罩在瑞云之中;阴阳寮也奏报七月十五日皇宫西北角出现异云,同月二十三日东南角也出现了五色之云,因发现了这些所谓的瑞云,称德天皇遂改元。

孝谦(称德)天皇使用的这四个年号,与以往和后来天皇年号不同的是,她的年号都是四个字,并且包含"天"、"神"、"宝"之类的字。从她的年号可以看出,虽然贵为天皇,但作为一个女人,她的内心还是有些脆弱的。为了能够维持、巩固自己的统治,除了需要政治上的支持者外,还需要一些心灵上的慰藉。她选定的这四个年号,可以看作是她内心情感世界的隐约反映。

第四十七代天皇:淳仁天皇

淳仁(じゅんにん)天皇为日本第四十七代天皇。其生卒年月为:733年(天平五年)—765年11月10日(天平神护元年十月二十三日),享年33岁。在位时间为:758年9月7日(天平宝字二年八月一日)—764年11月6日(天平宝字八年十月九日),在位时间6年。

淳仁天皇名大炊,践祚前被称为大炊王,被废后称为"淡路公"、"淡路废帝"。其祖父为天武天皇,父亲为舍人亲王,母亲为当麻山背。伯父有高市皇子、草壁皇子、大津皇子;堂姑有持统天皇、元明天皇;堂伯为弘文天皇,堂姐为元正天皇,堂兄为文武天皇,堂姐为吉备内亲王,堂侄为圣武天皇,堂侄孙女为孝谦天皇。其夫人原是藤原真从的寡妻粟田诸姉，另外还有夫人数名，名字不详。

大炊王3岁时父亲去世，天平宝字元年（757）被未婚的女帝孝谦天皇立为太子。大炊王之所以被立为太子，与权臣藤原仲麻吕（后来改名为惠美押胜）的强力推荐有着重要的关系。在大炊王被立为皇太子之后，藤原仲麻吕的权势更是如日中天，而失势的橘奈良麻吕对藤原仲麻吕的崛起大为不满。他联合一些对藤原仲麻吕不满的皇族和贵族，策划谋反，欲逼孝谦天皇退位。但后来经人告密，橘奈良麻吕一党被捕，400多人被流放，橘奈良麻吕等人被严刑拷打后死于狱中。

天平宝字二年（758），孝谦天皇让位，大炊王即位成为天皇。但实权都被藤原仲麻吕掌握，他提高中男、正丁服役的最低年龄，杂徭减半，创设问民苦使、平准署等德治政策，对稳定社会、发展经济起到了一定的作用。

同年，大唐爆发安禄山之乱的消息传到日本，藤原仲麻吕从大宰府开始，在诸国严令防备。天平宝字三年（759），藤原仲麻吕欲征伐新罗，但因后来孝谦上皇与藤原仲麻吕关系不和而作罢。

天平宝字六年（762），孝谦上皇再度掌握了天皇大权。天平宝字八年（764），藤原仲麻吕之乱爆发后的第二个月，孝谦上皇的军队包围了淳仁天皇居住的中宫院，以“与藤原仲麻吕关系密切”为由宣告废除淳仁天皇，以亲王的待遇被放逐到淡路国。孝谦上皇在天平神护元年（765）二月命令淡路国的国守佐伯助等人加强对淳仁天皇的监视。同年十月，淳仁天皇企图逃跑，被捕后于第二日在院中去世。正式公布的死因是病故，但实际上逃跑时被加害的可能性很大。

明治三年（1870），明治天皇追封淡路废帝与弘文天皇（大友皇子）、仲恭天皇为天皇。“淳仁天皇”之名由此而来。明治五年（1872），淳仁天皇与同样死于流放地的崇德天皇一起被合祀于白峰神宫。

淳仁天皇去世后，葬于淡路陵，陵墓为山形，为周长约900米、高20米南北狭长的小丘，位于兵库县三原郡南淡町贺集字冈前。

淳仁天皇在位时间仅有6年，没有自己的年号，仍然使用孝谦天皇的"天平宝字"年号。

补说(一)

草壁皇子

草壁皇子(くさかべのおうじ)，出生于662年(天智天皇元年)，逝世于689年5月7日(持统天皇三年四月十四日)，享年28岁。

草壁皇子是天武天皇与持统天皇的长子，也是持统天皇唯一的儿子，他年幼的时候(672年)发生了壬申之乱。后天武天皇行幸吉野，下诏皇后、草壁皇子、大津皇子、高市皇子、川岛皇子、忍壁皇子等人，要求他们发誓以后不会为了皇位而有所争夺，这件事史称为"吉野盟约"。天武天皇九年(681)，草壁皇子被正式立为皇太子。天武天皇朱鸟元年(686)，天武天皇去世，皇后代为执政。草壁皇子当时主持天武天皇后事，包括建造陵墓与带领祭拜等。他体弱多病，在持统天皇三年(689)以28岁之龄病逝。

草壁皇子作为皇太子本应继承皇位，但却不幸早逝，而他的妻子阿闭皇女(天智天皇之女)为后来的元明天皇，其子女有元正天皇、文武天皇与吉备内亲王，因此他被追封为"冈宫御宇天皇"，也称冈宫天皇、长冈天皇。草壁皇子病逝后，安葬于"冈宫天皇真弓丘陵"(又称冈宫天皇陵、草壁皇子墓)，是一座直径约16米、高约4米的圆形陵墓，位于奈良县高市郡高取町。

补说(二)

舍人亲王

舍人亲王(とねりしんのう)出生于676年，去世于735年，享年60岁。他是天武天皇第三子，母亲新田部皇女。其子女有

淳仁天皇、御原王、三岛王、船王、池田王、守部王、室女王、飞鸟田女王等人。

舍人亲王最重要的贡献在于主持编写了《日本书纪》，该书完成于养老四年(720)，原名为《日本纪》。记述了神代至持统天皇时代的历史，全书采用编年体，用汉字写成，共计三十卷，另有系谱一卷，系谱今已亡佚。书中多借用中国典籍中的文字，用来描述上代传承之传说，是日本留传至今最早的正史，为六国史之首。

舍人亲王的儿子淳仁天皇即位后，追尊他为“崇道尽敬皇帝”，又简称为“尽敬天皇”。去世后被追封为太政大臣。舍人亲王钟爱中国文化，《万叶集》收录其汉诗三首。

第四十九代天皇:光仁天皇

光仁(こうにん)天皇为日本第四十九代天皇。其生卒年月为:709年11月18日(和铜二年十月十三日)—782年1月11日(天应元年十二月二十三日)，享年73岁。在位时间为:770年10月23日(宝龟元年十月一日)—781年4月30日(天应元年四月三日)，在位时间达12年。

光仁天皇名白壁，为天智天皇之孙，是志贵皇子(施基亲王)的第六子，母亲是纪橡姬。和风谥号是“天宗高绍天皇”。皇后为井上内亲王(圣武天皇之女)，生女酒人内亲王(嫁给异母兄桓武天皇)，生子他户亲王(天武系圣武天皇之外孙，原被光仁天皇立为皇太子，后被废)；侧妾高野新笠，生女能登内亲王(市原王之妃)，生子山部亲王(即桓武天皇)、生子早良亲王(追赠崇道天皇)。此外，还有夫人藤原产子(藤原百川之女或藤原枫麻吕之女)、藤原曹司(藤原永手之女)、纪宫子(纪稻手之女)。有宫人尾张女王(汤原王之女)，生子薭田亲王；有宫人县主岛姬(县主毛人之女)，生女弥努摩内亲王(县主岛姬之女，神王之妃)。

白壁王(光仁天皇)8岁时,父志贵皇子去世。天平九年(737)29岁时,官至从四位下。天平宝字三年(759),白壁王升为从三位;天平宝字六年(762),白壁王出任中纳言。天平宝字八年(764),白壁王以镇压藤原仲麻吕之乱的功绩赢得称德天皇的信任,四年后出任大纳言。在圣德朝、孝谦朝、淳仁朝、称德朝多次政变中,白壁王装作平庸、胸无大志的样子,靠韬光养晦逃过了灾难。

神护景云四年(770),称德天皇去世,因为没有后嗣,因此遗言立白壁王为太子,他以62岁之龄即位,是继体天皇之后直到平成天皇之中的最高龄即位者。

即位后,光仁天皇立井上内亲王为皇后,立他户亲王为皇太子。宝龟三年(772),井上内亲王以大逆之罪被废除皇后,皇太子他户亲王也被废。第二年井上内亲王又被幽禁,被取消王之身份的他户亦被幽禁。最终,两人死于非命。由此,天武天皇的皇统完全断绝。光仁天皇即位时虽已62岁,但他加强中央集权统治,否定称德天皇时期的政治。在70岁之后,仍然励精图治。整顿寺院纲纪,省役节俭,休养生息,紧缩财政,严禁奢侈,裁减冗官,改革兵制等,建树颇多。

天应元年(781)二月,光仁天皇长女能登内亲王早逝,光仁天皇心身俱衰。同年四月,光仁天皇让位于皇太子山部亲王。同年十二月二十三日,光仁天皇去世。

光仁天皇驾崩后,在延历元年(782)先安葬于光冈山陵,延历五年十月二十八日改葬于田原东陵。陵墓为圆丘形,直径约50米,高约8米,位于今奈良市日笠町。

光仁天皇的年号有两个。第一个年号是“宝龟”,使用时间为:神护景云四年(770)十月一日—宝龟十二年(781)一月一日。典出自《尔雅·释鱼》:

一曰神龟，二曰灵龟，三曰摄龟，四曰**宝龟**，五曰文龟，六曰筮龟，七曰山龟，八曰泽龟，九曰水龟，十曰火龟。

在《尔雅》这篇内容中，列出的是各种龟的名称。“四曰宝龟”是其中龟的一种，在书中并无什么特殊的意义。光仁天皇改年号为“宝龟”，缘于光仁天皇即位之际，肥后国相次献上白龟，光仁天皇认为是吉兆，因此改元宝龟，以记此事。

光仁天皇的第二个年号是“天应”，使用时间为：宝龟十二年(781年)一月一日—天应二年(782年)八月十九日。典出自：

1.《国语·越语下》：

人事至矣，**天应**未也，王姑待之。

2.《史记·三王世家》：

故珍兽至，嘉穀兴，**天应**甚彰。

这两部典籍的意思是“上天的感应、显应”。

当时伊势斋宫出现美云祥瑞，光仁天皇认为是吉兆，认为自己作为天皇执政完全是上天的意思，因而改元。在光仁天皇的潜意识中，迷信的思想占了主要的成分。

补说(三)

施基皇子

施基皇子约出生于668年(天智天皇七年；一说生年不详)，去世于716年(灵龟二年)八月十一日。又名志贵皇子、芝基皇子、志纪皇子，为飞鸟时代末期至奈良时代初期的日本皇族。

据《续日本纪》记载，施基皇子是天智天皇第七子，但据《类聚三代格》记载，他是天智天皇第三子，母亲是越道君伊罗都卖。妃为多纪皇女，生子春日王。还有后来被赠皇太后的纪橡姬(纪诸人之女),生难波女王、白璧王(即后来的光仁天皇)。另外五名子女母亲名字不详,他们是:海上女王、汤原王、榎井王、坂合部女王(大市王之妻)、衣缝女王。

施基皇子是吉野盟约的参与者之一。壬申之乱后,由于天武天皇继承皇位,使属于天智天皇系的施基皇子无缘继位。但是其第六子白壁王因藤原百川、藤原永手的拥立而继位为光仁天皇,遂于宝龟元年(770)被追尊为御春日宫天皇,又称田原天皇。在日本文学史上,施基皇子也是一位和歌歌人,《万叶集》现存其6首作品。

施基皇子去世后,葬于田原西陵,为长直径50米、短直径30米的椭圆形陵墓,位于今奈良市田原町,与光仁天皇的田原东陵相隔2公里。

第五十代天皇:桓武天皇

桓武(かんむ)天皇为日本第五十代天皇。其生卒年月为:737年(天平九年)—806年4月9日(延历二十五年三月十七日),享年70岁。在位时间为:781年4月30日(天应元年四月三日)—806年4月9日(延历二十五年三月十七日),在位时间达25年。

桓武天皇的名字是山部,和风谥号是日本根子皇统弥照尊,汉风谥号是桓武天皇。又称为柏原天皇、天国押拨御宇柏原天皇。桓武天皇之父为光仁天皇,母亲为高野新笠。桓武天皇妻妾子女众多,皇后为藤原乙牟漏(藤原良继之女),生子安殿亲王(即后来的平城天皇)、神野亲王(即后来的嵯峨天皇),生女高志内亲王(也是淳和天皇之妹及妃,后被赠为皇后);皇妃(同时也是妹妹)酒人内亲王(光仁天皇之女),生女朝原内亲王(伊势斋宫,嫁与兄长平城天皇为妃);夫人藤原旅子(藤原百川之女,后赠为皇太后),生子大伴亲王(即后来的淳和天皇);夫人藤原吉子(藤原是公之女),生子伊予亲王;夫人多治比真宗（多治比长野之女），生子葛原亲王（武家栋梁桓武平氏之祖）、佐味亲王、贺阳亲王（子孙幸身王、时身王受赐平朝臣姓），生女大野亲王、因幡内亲王、安浓内亲王；夫人藤原小屎（藤原鹫取之女），生子万多亲王（其子正躬王、正行王受赐平朝臣姓）；女御纪乙鱼（纪木津鱼之女），无子女；女御百济王教法（百济王俊哲之女），无子女；女御橘御井子（橘入居之女），生子贺乐内亲王，生女菅原内亲王；女御藤原仲子（藤原家依之女），无子女；女御橘常子（橘岛田麻吕之女），生子大宅内亲王（嫁与兄长平城天皇为妃）；女御藤原正子（藤原清成之女），无子女；宫人坂上又子（坂上苅田麻吕之女），生女高津内亲王（嫁与兄长嵯峨天皇为妃）；宫人坂上春子（坂上田村麻吕之女），生子葛井亲王，生女春日内亲王；宫人藤原河子（藤原大继之女），生子仲野亲王（其子茂世王、利世王、惟世王受赐平朝臣姓），生女安敕内亲王、大井内亲王、纪内亲王、善原内亲王；宫人藤原东子（藤原种继之女），生女甘南美内亲王（平城天皇之妃及妹）；宫人藤原平子（藤原乙睿之女），生女伊都内亲王（阿保亲王之妃、在原业平之母）；宫人纪若子（纪船守之女），生子明日香亲王；宫人藤原上子（藤原小黑麻吕之女），生女滋野内亲王；宫人橘田村子（橘入居之女），生女池上内亲王；宫人河上好（锦部春人之女），生子坂本亲王；宫人百济王教仁（百济王武镜之女），生子太田亲王；宫人百济王贞香（百济王教德之女），生女骏河内亲王；宫人中臣丰子（中臣大鱼之女），生女布势内亲王（伊势斋宫）；女孺多治比丰继，无子女；女孺百济永继（飞鸟部奈止麻吕之女，本是藤原内麻吕之妻，曾为藤原内麻吕生下藤原冬嗣），无子女。此外还有皇子长冈冈成（臣籍降下为长冈朝臣姓，多治比丰继之子）、良岑安世（臣籍降下为良岑朝臣姓，百济永继之子），生母不详。

桓武天皇时，在藤原氏等参与的政治斗争中，由于异母弟皇太子他户亲王被废，宝龟四年一月二日（773年1月29日），他被册立为皇太子。

天应元年四月三日(781年4月30日),光仁天皇因病让位,桓武天皇即天皇之位。他册立同母弟早良亲王为太子。延历三年(784),桓武天皇接受大臣藤原种继的建议,迁都于长冈京。次年藤原种继被暗杀而死,皇太子早良亲王以暗杀藤原种继为由被废除太子之位,处以流放之刑,死于流配途中。同年十二月三十一日(784年11月25日),安殿亲王被册立为皇太子。延历十三年(794),桓武天皇迁都平安京[①]。当时,日本东北地区被虾夷部族侵扰,桓武天皇重用自称是汉灵帝后裔的日本著名渡来人坂上田村麻吕为将军,以多贺城为后方据点,远征虾夷之地,并置镇守府于胆泽,在紫波筑城以加强防备。桓武天皇还令各国制造甲胄、武器,促进地方手工业发展。延历十六年(797),置勘解由使[②],整顿地方行政。延历二十年(801),桓武天皇派藤原葛野麻吕为遣唐使,于延历二十三年(804)出发,日本著名高僧最澄、空海等同行。桓武天皇又置敕旨田,开辟皇室的生财之道。但由于营造平安京和用兵东北地区,使百姓生活极度贫苦,经藤原诸嗣(藤原百川的长子)建言,营造新都和军事远征都停止了。桓武天皇则居住在京都的长冈宫和平安宫。

在文化建设方面,桓武天皇时期编纂了《续日本纪》。最澄(日本天台宗之祖)和空海(日本真言宗之祖)由大唐回到日本后,桓武天皇作为他们的宗教庇护人,采取没收奈良佛教封户等政治手段,推动天台宗、真言宗等新兴佛教宗派取代日本旧有的奈良佛教宗派,从而使这些教派在日本获得了很大的发展。延历四年(785)七月,传教大师最澄登比睿山结草庵,修道

① 即现在的京都。东京在明治维新迁都之前一直是日本的法定首都。

② 勘解由使,在官吏更替时从事人事监督的令外官。始自奈良末期,在平安末期时此制度有名无实。

业。延历七年(788),他创根本中堂,安置自作的药师佛像,名比睿山寺,后改号一乘止观院,此即延历寺的滥觞。不少名僧出身于该寺,有“日本佛教之母山”的美称。在桓武天皇的大力推动下,开创了平安时代灿烂的文化。

延历十九年七月二十三日(800年8月16日),桓武天皇追尊早良亲王为“崇道天皇”,并恢复井上内亲王的皇后之位。延历二十五年三月十七日(806年4月9日),桓武天皇去世。

桓武天皇去世后,葬于柏原陵,陵墓为扁平圆丘形。按《日本书纪》记载,该陵墓最初确定在山城国葛野郡宇多野之地,后因此地有灾异之相,遂于大同元年(806)四月七日改葬于此。又据《仁部记》记载,该陵墓在文永十一年(1274)被盗贼发掘。后该陵墓一度地址不明,明治十三年(1880)经谷森善臣考证,确认了陵墓现在的位置,即今京都市伏见区桃山町永井久太郎。

桓武天皇在位时使用的年号只有一个“延历”,平城天皇也使用过一年。桓武天皇使用时间为:天应二年(782)八月十九日—延历二十五年(806)五月十八日。“延历”年号典出自:

1.《群书治要》[1]卷二十六:

皇天无亲,唯德是辅。民咏德政,则**延**期过**历**;下有怨叹,则辍录授能。由此观之,天下乃天下之天下,非独陛下之天下也。

---

① 《群书治要》是魏徵及虞世南等人在贞观初年受唐太宗李世民之命所著,以辑录前人著述及谏书为主,是为唐太宗创建“贞观之治”提供警示的匡政巨著。全书从一万四千多部、八万九千多卷古籍中“采摭群书,剪截淫放”,呕心沥血数年,于贞观五年(631)编辑成书,计六十五部约五十余万言。由于雕版印刷术尚未发明,这本巨著未得普及,加之唐末战乱致使此书失传,幸由当时日本遣唐使抄录带去日本,经过多代人共同努力,终于使这本书重见天日。由此可以看出,中日两国从唐代以来,在文化上的交流是非常密切的。

2.《后汉书·崔骃列传附孙寔》:

夫熊经鸟伸,虽**延历**之术,非伤寒之理。

桓武天皇使用这个年号,是希望自己能够有一个光明美好的前景,以使国家长治久安,自己福寿绵长。

补说(四)

早良亲王

早良亲王出生于750年(天平胜宝二年),去世于785年(延历四年)9月28日,终年36岁。他是奈良时代末期的皇族,其父为光仁天皇,生母是高野新笠。是桓武天皇、能登内亲王之同母弟。因其生母是下层贵族,无望太子之位,于天平宝字五年(761)出家,被称作亲王禅师。天应元年(781),桓武天皇即位的同时,早良亲王在光仁天皇的建议下还俗,被立为太子。后受到藤原种继暗杀事件的牵连,被废掉太子之位,幽闭在乙训寺中。早良亲王为了证明自己的无辜而绝食,被左迁到淡路岛,在河内国高濑桥附近(现大阪府守口市高濑神社附近)忧愤而死,后葬于淡路岛,移葬大和国。该陵墓依山而建,现推定在奈良市八嶋町的崇道天皇陵。

因皇位之争引起了兄弟阋墙,此后桓武天皇虽然继承皇位,但禁宫从此发生多起怪事,桓武天皇身边的人相继死去,如第一皇子安殿亲王(即后来的平城天皇)发病、皇后藤原乙牟漏病死等事,流言纷纷,认为是死去的早良亲王的怨灵作祟。桓武天皇于是请人占卜驱邪,几次举行镇魂仪式。延历十九年(800),桓武天皇又追谥早良亲王为崇道天皇,派人到淡路岛去做法事安抚其弟亡魂,移葬大和国,还恢复井上内亲王的后位。由于桓武天皇被搅得惶惶不可终日,他终于决定放弃经营十年的闹鬼的旧都,从旧都长冈京迁到了平安京。

第五十一代天皇:平城天皇

平城(へいぜい)天皇为日本第五十一代天皇。其生卒年月为:774年9月25日(宝龟五年八月十五日)—824年8月5日(弘仁十五年七月七日),享年51岁。在位时间为:806年4月9日(延历二十五年三月十七日)—809年5月18日(大同四年四月一日),在位时间3年。

平城天皇本为小殿亲王,后改为安殿亲王,又被称为奈良帝,和风谥号是日本根子天推国高彦尊。汉风谥号“平城天皇”与平城京有关。他于824年过世,由于深爱平城京,故被称为平城天皇。平城天皇的祖父为光仁天皇;父亲为桓武天皇,母亲为藤原乙牟漏,同母弟为嵯峨天皇。东宫妃(后赠皇后)为藤原带子(藤原百川之女),同时还有妃(同时也是亲妹妹)朝原内亲王、妃(同时也是亲妹妹)大宅内亲王、妃(同时也是亲妹妹)甘南美内亲王;尚侍藤原药子(藤原种继之女);东宫妃藤原绳主之女(母亲是藤原药子,母女共侍一夫);宫人伊势继子(伊势老人之女),生子高岳亲王、巨势亲王,生女上毛野内亲王、石上内亲王、大原内亲王;宫人葛井藤子(葛井道依之女),生子阿保亲王(在原行平、在原业平之父);宫人纪鱼员(纪木津鱼之女),生女睿奴内亲王。

延历四年十一月二十五日(785年12月31日),安殿亲王(平城天皇)取代叔父早良亲王,被立为太子。但他体弱多病,而且与父亲桓武天皇的关系微妙。据《日本后纪》记载,延历十二年(793)春宫坊(执掌太子的家政)带刀舍人被害事件,背后是皇太子指使。虽然是传闻,但也不是空穴来风。延历二十四年(805),病重的桓武天皇暂时性的身体康复时,命皇太子进宫晋谒,但他没有进宫,而是在藤原式家的藤原绪嗣的催促下才进宫晋谒。做皇太子时,他还与岳母藤原药子发生了不伦之恋,导致桓武天皇命令放逐了藤原药子。

延历二十五年三月十七日(806年4月9日),桓武天皇去世,同日安殿亲王践祚。大同元年五月十八日(806年6月8日),安殿亲王正式即位,改元大同。从此以后,日本天皇在正式即位之前,有了先行践祚的仪式,“践祚”和“即位”开始有了区别。

即位之初,平城天皇欲积极有所作为。他废除冗官,停止了朝廷每年定例的活动,改善了中、下级官僚的待遇,使百姓休养生息。另一面,平城天皇招回被放逐的岳母兼妃子藤原药子,委任其为尚侍,掌握宫廷内部大权。藤原药子因有平城天皇做后盾,召其兄藤原仲成入宫干预政事。

平城天皇有阿保亲王、高岳亲王、巨势亲王、他内亲王等四个儿子,却册立同母弟神野亲王(即后来的嵯峨天皇)为皇太子。阿保亲王的第五子在原业平①,是平城天皇之孙。

大同四年四月一日(809年5月18日),平城天皇身体病弱,在位仅3年便让位给同母弟神野亲王,也就是嵯峨天皇,自己则隐居在平城京(即奈良),成为太上天皇。由于平城天皇退位的缘故,藤原药子兄妹也随之失势。嵯峨天皇册立平城天皇之子高岳亲王为皇太子。

平城天皇退位后病情竟然好转,由于他还年轻,仍然关心国家政治,于是就以上皇的身份发布政令,嵯峨天皇与平城上皇如同成为两个朝廷。在藤原药子及其兄藤原仲成的介入下,大同五年九月六日(810年10月7日),平城上皇违背其父桓武天皇的遗志,下诏迁都平城京,让平安京(即京都)的贵族们都迁回平城京,以图掌握政权。但嵯峨天皇一方先发制人,于大同五年九月十日(10月11日)剥夺藤原药子的官位,并在九月十

① 《伊势物语》的主人公,著名的美男子。

一日(10月12日)举兵。平城上皇想与藤原药子一起逃往东国，受到征夷大将军坂上田村麻吕的阻挡，九月十一日平城上皇与藤原药子回到平城京。不久，平城上皇剃发入佛门，藤原药子服毒自杀，其兄藤原仲成也被杀。这次政变史称“药子之变”。政变之后，高岳亲王的皇太子之位被废，大伴亲王(后来的淳和天皇，平城天皇、嵯峨天皇的异母弟)被立为太子。此后，由于当时还没有法皇的称号，平城上皇作为“太上天皇”滞留在平城京，仍然接受嵯峨天皇的朝拜。而迁为大宰权帅的阿保亲王、废太子高岳亲王的两个皇子，仍然被允许拥有四品亲王的身份，相应的待遇也得到了保障。在平城上皇与嵯峨天皇争夺政治权力的斗争中，平城上皇的失败，被迫出家。天长元年(824年)七月七日，平城上皇驾崩，享年51岁。

平城上皇驾崩后，葬于杨梅陵[①]，陵墓为圆丘形，是由平城天皇本人指定的在平城京的宫内厅向北过去一些的地方，属于市庭古坟，位于奈良市佐纪町、平城宫太极殿遗迹正北的位置。中世之时该陵墓一度位置不明，北浦定政在其《打墨绳》一书中确认了该陵墓的位置，幕府末年对此进行了修葺。

平城天皇在位三年，但《日本书纪》却给予他很高的评价：“精神聪敏，玄鉴宏达，博综经书，工于文藻。”

平城天皇在位时使用的年号是“大同”，使用时间为：延历二十五年(806)五月十八日—大同五年(810)九月十九日。此外，还有与桓武天皇共同使用的“延历”年号。“大同”年号典出自《礼记·礼运·大同》：

---

① 杨梅陵是日本最大的圆坟，圆坟是日本古坟时代最普通的墓葬，由于奈良时代比古坟时代进步了很多，因此圆坟不符合平城天皇的身份。根据1962—1963年的挖掘调查，确定杨梅陵的前方在平城京筑造之际已经被拆毁，不可能作为平城天皇之墓。

大道之行也，天下为公。选贤与能，讲信修睦。故人不独亲其亲，不独子其子，使老有所终，壮有所用，幼有所长，鳏寡孤独废疾者皆有所养；男有分，女有归，货恶其弃于地也不必藏于己，力恶其不出于身也不必为己。是故谋闭而不兴，盗窃乱贼而不作。故外户而不闭，是谓**大同**。

"大同"体现的是中国古代儒家的思想理念，被认为是人类最终可以达到的理想社会，代表着人类对未来理想社会的美好憧憬。家家安居乐业，人人友爱互助，没有阶级，没有战争。这种社会被称为"世界大同"，又称"大同世界"。平城天皇以"大同"[①]作为自己的年号，希望在自己的统治下，国家能够出现"大同"的局面。

第五十二代天皇：嵯峨天皇

嵯峨（さが）天皇为日本第五十二代天皇。其生卒年月为：786年10月3日（延历五年九月七日）—842年8月24日（承和九年七月十五日），享年57岁。在位时间为：809年5月8日（大同四年四月一日）—823年5月29日（弘仁十四年四月十六日），在位时间达14年。

嵯峨天皇别名神野亲王，为桓武天皇第二子，其母为皇后

① 大同不仅是平城天皇的年号，也是下列中外帝王的年号：1. 大同：南朝梁武帝萧衍的年号，从535年至546年，共计11年；2. 中大同：南朝梁武帝萧衍的第六个年号，从546年至547年，共计2年；3. 大同：唐时南诏（在今云南，大理国前身）隆舜的年号，开始使用时间不详，至888年；4. 大同：辽太宗耶律德光的年号，947年使用，时间仅为1年；5. 大同：伪满洲国执政（后改皇帝）爱新觉罗·溥仪的年号，从1932年至1934年，共计3年；6. 大同：高丽国军阀蒲鲜万奴的年号，从1224年至1233年，共计9年。

藤原乙牟漏。嵯峨天皇的同母兄是平城天皇，异母弟为淳和天皇。此外，嵯峨天皇还有异母弟伊予亲王、葛原亲王（武家栋梁桓武平氏之祖）、佐味亲王、贺阳亲王、大野亲王、万多亲王、葛井亲王、仲野亲王、坂本亲王、太田亲王、长冈冈成、良岑安世。嵯峨天皇的后妃、子女众多，记载于史籍的如下：皇后是橘嘉智子（檀林皇后），生子正良亲王（即后来的仁明天皇）、秀良亲王，生女正子内亲王（嫁与叔父淳和天皇为皇后）、秀子内亲王、俊子内亲王、芳子内亲王、繁子内亲王；妃（同时也是姐妹，桓武天皇之女）高津内亲王，生子业良亲王，生女业子内亲王；妃多治比高子（父为多治比氏守）；夫人藤原绪夏（父为藤原内麻吕）；女御百济王庆命（父为百济王教俊），生子源定、源镇，生女源善姬、源若姬；女御百济王贵命（父为百济王俊哲），生子基良亲王、忠良亲王，生女基子内亲王；女御大原净子（父为大原家继），生女仁子内亲王；更衣饭高宅刀自（父为饭高岳足），生子源常、源明；更衣秋筱高子，生子源清；更衣山田近子，生子源启，生女源密姬；宫人交野女王（父为山口王），生女有内子亲王；宫人高阶河子（父为高阶净阶），生女宗子内亲王；宫人广井氏（父为广井弟名），生子源信；宫人布势武藏子，生女源贞姬、源端姬；宫人上毛野氏，生子源弘；宫人安倍氏（父为安倍杨津），生子源宽；宫人笠继子（父为笠缝或笠仲守），生子源生；宫人粟田氏，生子源安；宫人大原全子（父为大原真室），生子源融、源勤，生女源盈姬；宫人纪氏，生女源更姬；宫人内藏影子（父为内藏高守），生女源神姬、源容姬、源吾姬；宫人甘南备氏，生女源声姬；宫人文室文子（父为文室久贺麻吕），生子淳王，生女纯子内亲王、齐子内亲王；宫人田中氏，生子源澄；宫人惟良氏，生子源胜；宫人大中臣岑子，无子女；宫人橘春子，无子女；宫人长冈氏（父为长冈冈成），生子源贤；女孺当麻氏（父为当麻治田麻吕），生女源洁姬（嫁与藤原良房为妻）、源全姬；掌侍菅原闲了，无子女。此外，还有生母不明的儿子源继，女儿源年姬、源良姬。

嵯峨天皇之兄平城天皇即位时,他被立为皇太弟。此时平城天皇已经有高岳亲王、阿保亲王两个儿子,立神野亲王为皇太弟据说是亡父桓武天皇的意向。因此,嵯峨天皇即位后,立侄子高岳亲王为皇太子。后因用人问题与其兄平城上皇发生了矛盾。弘仁元年(810),发生平城天皇试图复位的"药子之变",结果高岳亲王被废,嵯峨天皇将异母弟大伴亲王(淳和天皇)强行立为皇太弟(这是承和之变的远因)。平城上皇的儿子被剥夺了太子之位,羞愧之下,他踏入空门,直至天长元年(824)去世。

药子之变发生后,嵯峨天皇为了维持政治上的稳定,对政治制度进行改革,从而迎来了一段繁盛时期,即日本历史上著名的弘仁文化时期。在日本文化史上,嵯峨天皇时代被称为弘仁时代。在这一时期,长期施行的班田制处于持续崩溃中,原本的律令也大都落后于时代的发展,被迫进行多方面的修正。嵯峨天皇作为弘仁时代的最高统治者,积极推进日本的新文化政策。他虽然未曾来过大唐帝国,也未亲身感受盛唐文化的繁荣,但他对盛唐文化艺术的崇尚却是有目共睹的。嵯峨天皇还根据日本社会的实际情况,兴办文教事业,设立藏人所①,设置检非违使。

弘仁九年(818),嵯峨天皇公布了法典及实施细则,颁布了经过修改的法律条文,即"弘仁格",废止死刑②。同时,嵯峨天皇修正了《垦田永年私财法》③,放松了大土地所有的限制,鼓励

---

① 日本战国时期作为天皇的秘书官,从事宫中机密文书的保管与太政官联络及宫中庶务。

② 死刑的废止一直持续到347年之后的保元之乱前,在这三百多年中至少名义上没有了死刑。

③ 这个法律发布于天平十五年(743),该法承认私垦田永为私有。根据位爵限制垦田面积,申请得到土地后必须在3年内开垦。后为神社、寺院、贵族和地方豪族私有庄园的诞生创造了条件。

开垦荒田，并设立公营田、敕旨田。弘仁十年(819)嵯峨天皇下诏，令日本全面开展唐风化运动，在这种情况下，日本的服饰、位记、宫廷诸门额等一切都改为唐风。风气所及，日本朝野上下无不以学习中国诗文为荣。可以说，弘仁天皇时代是中国文化备受推崇的年代。

根据当时的皇子皇女人数众多的情况，嵯峨天皇裁减了皇族人数，大部分皇族在赐姓后，降下臣籍，如源氏的出现即是这种情况。嵯峨天皇的儿子被赐源姓，其子孙被称为嵯峨源氏。河原左大臣源融①即是嵯峨天皇的儿子之一。

弘仁十四年(823)，嵯峨天皇不顾藤原冬嗣的反对，让位于大伴亲王。嵯峨上皇退位后不仅大规模营造宫室，还在儿子正良亲王(即后来的仁明天皇)即位后以“皇室之长”的身份干预政治，为日后的政局变乱埋下了祸根。

承和九年(842)，嵯峨上皇去世不久，朝廷贵族中被其权威压制的种种矛盾立刻爆发出来，引起了政治上的骚乱，日本历史上称这次骚乱为“承和之变”，“承和之变”使日本社会的发展受到了严重的影响。

在日本历史上，嵯峨天皇享有崇高的地位。他擅长汉诗、书法，并且成就极高，连音律都有相当的造诣。嵯峨天皇是日本著名的书法三笔之一(另两人是空海和橘逸势)，有“天下三笔”的美称，据说是华道嵯峨御流的始祖，其墨迹至今尚有遗存。嵯峨天皇的传世之作，以现存《光定戒牒》、《哭澄上人诗》等最负盛名。《光定戒牒》是嵯峨天皇于弘仁十四年(823)为最澄的弟子光定(779—857)书写的受戒证明书。其书法将日本空海大师的行草书和中国欧阳询的楷书巧妙地交织在一起，体现了空海书风对他的影响和其对欧阳询书法的仰慕。笔力遒

① 据说是《源氏物语》主人公的原型。

劲,从容大气,具有王者之风,现在北睿山延历寺敕封秘藏。据说书法使用的纸张与王羲之《丧乱帖》和光明皇后的《乐毅论》一样,是当时最珍贵难得的纵帘纸。

嵯峨天皇的汉诗也作得很好,敕撰有《凌云集》《文华秀丽集》。诗风朴实、淡雅,无豪言壮语,具有一种超然的韵味。天皇与文臣小野篁论诗的故事,更是成为日本文坛的佳话。除了诗歌之外,嵯峨天皇还模仿唐朝张志和的《渔歌子》词,创作了日本词史上的第一首词。日本文学史上最早的汉诗集《怀风藻》也产生于此时。在同一时期,集日本古代和歌之大成、被誉为"日本诗经"的《万叶集》也问世了,这部和歌集对后来的日本文学影响极大,是日本第一部优秀的抒情诗集。从此之后,贵族们完全沉浸在汉诗文的热潮之中。嵯峨天皇大力推行"唐化"运动,把唐朝的礼仪、服饰、殿堂建筑直到生活方式都模仿得惟妙惟肖。他还大力提倡佛教,在他当政时期,天台宗、真言宗得以发展、传播,佛教在日本得到了进一步的发展。

嵯峨天皇开创了和文全盛时期,他允文允武,成就卓著,在日本影响极大。842年8月24日(承和九年七月十五日),嵯峨天皇驾崩,次日安葬于嵯峨山上陵,陵墓为圆丘形。因嵯峨天皇遗命薄葬,故其墓址选在了京都北山的荒僻之地,该陵墓位于今京都市右京区北嵯峨朝原山町,在大觉寺西北700米。

嵯峨天皇在位时使用的年号只有一个"弘仁",使用时间为:大同五年(810)九月十九日—弘仁十五年(824)一月五日,共计15年。"弘仁"年号虽然不是完全出自于中国典籍,但其主旨体现了儒家思想:

弘,即弘扬、光大之意;仁,即儒家"仁者爱人"的思想。"仁者爱人"包含有"己所不欲,勿施于人"(《论语·颜渊》)"、"夫仁者,己欲立而立人,己欲达而达人"(《论语·雍也》)、"博施于民而能济众"(《论语·雍也》)的内容。嵯峨天皇取"弘仁"为年号,表明他欲以儒家思想治理国家的政治理念。

第五十三代天皇:淳和天皇

淳和(じゅんな)天皇为日本第五十三代天皇。其生卒年月为:786年10月3日(延历五年九月七日)—840年6月11日(承和七年五月八日),享年55岁。在位时间为:823年6月9日(弘仁十四年四月二十七日)—833年3月22日(天长十年二月二十八日),在位时间达14年。

淳和天皇名大伴,和风谥号是日本根子天高让弥远尊。因让位后居住于淳和院,所以又被称为西院天皇。淳和天皇是桓武天皇的第三子,其母为藤原百川(藤原式家)之女藤原旅子。平城天皇、嵯峨天皇是其异母兄。后妃、子女如下:皇后为正子内亲王(嵯峨天皇之女,淳和天皇之侄女),生子恒贞亲王(仁明天皇皇太子)、基贞亲王、恒统亲王;妃(后赠皇后)高志内亲王(桓武天皇之女,淳和天皇之妹),生子恒世亲王,生女氏子内亲王、有子内亲王、贞子内亲王;尚藏绪继女王,无子女;女御永原原姬,生子源定;女御橘氏子(橘永名之女),无子女;更衣藤原洁子(藤原长冈之女),无子女;宫人清原春子(清原夏野之女),生女明子内亲王;宫人大中臣安子(大中臣渊鱼之女),生子良贞亲王;宫人大野鹰子(大野真雄之女),生女宽子内亲王;宫人橘船子(橘净野之女),生女崇子内亲王;宫人丹墀池子(丹墀门成之女),生女同子内亲王。此外,还有生母不明的皇女统忠子。

淳和天皇(即位前称为大伴亲王)两岁时,生母去世,桓武天皇让出色的女官、文室与伎之妻平田孙王抚养大伴亲王。弘仁元年九月十三日(810年10月14日)"药子之变"后,大伴亲王取代被废的高岳亲王(平城天皇之子)成为皇太子。弘仁十四年四月二十七日(823年6月9日),大伴亲王即位。大伴氏为了避讳,改姓为伴氏。天长十年二月二十八日(833年3月22日),淳和天皇让位于仁明天皇,退位为上皇。

淳和天皇在位时期，任用清原夏野等良吏，整顿地方，改革土地政策，致力于增加税收，社会经济得到了进一步发展，是日本比较平稳的时代。淳和天皇重视文化事业，命人编纂了《令义解》和《日本后记》。

由于淳和天皇即位并不是他本人的意愿，因此他没有立自己的儿子恒世亲王为太子，而是册立嵯峨天皇的嫡子正良亲王（平城天皇嫡子高岳亲王在药子之变后被废）为太子。后恒世亲王病死，皇位由正良亲王（仁明天皇）继承，但仁明天皇又册立淳和上皇与正子内亲王（嵯峨天皇之女）所生的恒贞亲王为皇太子。因为淳和上皇没有贵族势力为后盾，所以对儿子恒贞亲王成为仁明天皇的皇太子感到不安。承和七年五月八日（840年6月11日），淳和上皇去世，葬于大原野西岭上陵。为东西长50米、南北宽40米的椭圆丘形陵墓，位于京都市西京区大原野南春日町。

淳和天皇在位时使用的年号只有一个"天长"，使用时间为：弘仁十五年（823）一月五日—天长十一年（833）一月三日，共计11年。年号由文章博士都腹赤、右近卫权少将南渊弘贞、弹正大弼菅原清公提出，经淳和天皇同意后改元。"天长"年号虽然不完全出自于中国典籍，但体现了淳和天皇希望国家和个人能够长寿的愿望。唐玄宗于天宝元年（742）把自己的生日定为"天长节"，以使自己增加福寿。"天长节"的寓意传到日本之后，淳和天皇便把这种美好的寓意用在自己的年号中了，这个年号也有模仿唐朝文化之意。

第五十四代天皇：仁明天皇

仁明（にんみょう）天皇为日本第五十四代天皇。其生卒年月为：810年（弘仁元年）—850年5月6日（嘉祥三年三月二十一日），享年41岁。在位时间为：833年3月30日（天长十年三月六日)—850年5月4日(嘉祥三年三月十九日),在位时间达17年。

仁明天皇名正良,嵯峨天皇长子,其母是内舍人橘清友之女、皇后橘嘉智子(檀林皇后)。和风谥号是日本根子天玺丰聪慧尊,又因其陵墓为深草陵,因而被称为深草帝。在日本历史上,仁明天皇是最后一个拥有和风谥号的天皇。

仁明天皇的后妃与子女主要有:女御藤原顺子(藤原冬嗣之女,后赠皇太后),生子道康亲王(即文德天皇);女御藤原泽子(藤原总继之女),生子宗康亲王、时康亲王(即后来的孝光天皇)、人康亲王(其子孙为仁明源氏),生女新子内亲王;女御藤原贞子(藤原三守之女),生子成康亲王,生女亲子内亲王、平子内亲王;女御滋野绳子(滋野贞主之女),生子本康亲王(其子孙为仁明源氏、仁明平氏),生女时子内亲王、柔子内亲王;女御橘影子(橘氏公之女),无子女;女御藤原息子,无子女;更衣纪种子(纪名虎之女),生子常康亲王,生女真子内亲王;更衣三国町(三国氏之女),生子贞登;宫人藤原贺登子(藤原福当麻吕之女),生子国康亲王;宫人藤原小童子(藤原道长之女),生女重子内亲王;宫人高宗女王(冈屋王之女),生女久子内亲王;宫人山口氏,生子源觉;宫人百济王丰俊之女,生子源多(百济王丰俊之外孙)、源光(百济王丰俊之外孙);女孺百济王永庆(百济王教俊之女),生女高子内亲王。此外,还有生母不明的皇子源冷、源效。

仁明天皇从小体弱,曾患多种疾病。据《续日本后纪》记载,仁明天皇即位后经常制作丹药、石药,拥有与医师相当的医药学知识。

天长十年(833年)三月六日,正良亲王接受叔父淳和天皇的让位,即位为仁明天皇,并册立淳和上皇之子恒贞亲王为皇太子。当时有嵯峨、淳和两位上皇在幕后辅佐仁明天皇,所以政局比较稳定。但承和七年(840)时,淳和上皇去世;承和九年(842)七月,57岁的嵯峨上皇病重。就在此时,皇室内部因废立太子而引发一场政变,这也是藤原氏为排挤政敌而进行的第一次行动。企图谋反的恒贞亲王被废太子,伴健岑与橘逸势被流放。政变后,仁明天皇改立自己的长子道康亲王(藤原良房的外甥)为皇太子(即后来的文德天皇),藤原良房升任大纳言,位据朝廷枢要。

嘉祥三年(850)三月十九日,仁明天皇因病出家,让位于文德天皇(道康亲王),同年三月二十一日去世。

仁明天皇驾崩后,于同年三月二十五日葬于深草陵,陵墓为方丘形,周围栽有丈余高的树木。中世之时该陵墓一度遗址不明,幕府末年在嘉祥寺和贞观寺附近考定了该陵墓的位置,并进行了修葺,现位于今京都市伏见区深草东伊达町。

仁明天皇的年号有两个。

第一个年号是“承和”。使用时间为:天长十一年(834年)一月三日—承和十五年(848年)六月十三日。这个年号没有太多的寓意,主要是仁明天皇即位时经常生病,因此他希望能够“承受平和”,健康长寿。

仁明天皇的第二个年号是“嘉祥”,使用时间为:承和十五年六月十三日(848年7月16日)—嘉祥四年四月二十八日(851年6月1日)。改元的原因据说是因有祥瑞出现。具体提议者史书中并无详细的记载。“嘉祥”年号典出自:

1.《汉书·匡衡传》:

是以百姓安,阴阳和,神灵应,而**嘉祥**见。

2.《文选·东京赋》:

总集瑞命,备致**嘉祥**。

在中国的典籍中,嘉祥表示的是一种祥瑞之兆,体现出人们对美好生活的向往和追求。仁明天皇以此为自己的年号,是希望自己能够战胜病魔，无论是个人的身体还是国家政治都能够出现一种大吉大利之兆。

第五十五代天皇：文德天皇

文德（もんとく）天皇为日本第五十四代天皇。其生卒年月为：827年（天长四年）8月—858年10月7日（天安二年八月二十七日），享年32岁。在位时间为：850年5月31日（嘉祥三年四月十七日）—858年10月7日（天安二年八月二十七日），在位时间8年。

文德天皇名道康，也称田邑帝。为仁明天皇长子，其母为左大臣藤原冬嗣之女藤原顺子。他虽然在位时间不长，但却后妃子女众多。主要有：女御（后赠皇太后）藤原明子（藤原良房之女），生子惟仁亲王（即后来的清和天皇），生女仪子内亲王；女御藤原古子（藤原冬嗣之女），无子女；女御藤原多贺儿子（藤原良相之女），无子女；女御东子女王，无子女；女御藤原年子，无子女；女御藤原是子，无子女；女御橘房子（橘氏公之女），无子女；女御橘忠子（橘氏公之女），无子女；更衣纪静子（纪名虎之女），生子惟乔亲王、惟条亲王，生女恬子内亲王、述子内亲王、珍子内亲王；宫人滋野奥子（滋野贞主之女），生子惟彦亲王（其子孙为文德平氏），生女浓子内亲王、胜子内亲王；宫人藤原今子（藤原贞守之女），生子惟恒亲王，生女礼子内亲王、揭子内亲王；宫人藤原列子（藤原是雄之女；一名则子），生女宴子内亲王、慧子内亲王；宫人滋野岑子（滋野贞雄之女），生子源本有、源载有，生女源渊子（一名滋子）；宫人伴氏女，生子源能有；宫人布势氏女，生子源行有；宫人多治氏女，生子源每有；宫人清原氏女，生子源时有；宫人菅原氏女，生子源定有，生女源富子；生母不明的皇子有源富有，皇女有源冯子、源谦子、源奥子、源列子、源济子、源修了。

文德天皇一生命运坎坷，即位不久，权臣藤原良房便野心外露，不顾文德天皇已有三个皇子的事实，胁迫文德天皇册立自己出生不久的小外孙惟仁为皇太子。文德天皇虽然很想有所作为，施展自己的抱负，但终因体弱多病，无法控制朝政，最终给藤原良房提供了擅权的机会。在清和天皇时期，京城发生罕见的洪灾，日本各地流行疱疮，死亡者众多。在这种情况下，藤原良房组织赈灾，给灾民发放米和盐，救济百姓。天安元年(857)，藤原良房的官职从右大臣升为太政大臣，这是日本历史上第一次由皇族之外的贵族担任这一职务。次年八月二十三日，32岁的文德天皇突发急病，四日后暴亡。9岁的惟仁太子继位，是为清和天皇。

文德天皇驾崩后，葬于田邑陵。陵墓为圆丘形，属于太秦三尾古坟，位于京都市右京区太秦三尾町。

文德天皇的年号有三个，具体如下：

第一个年号是"仁寿"。使用时间为：嘉祥四年四月二十八日(851年6月1日)—仁寿四年十一月三十日(854年12月23日)。典出自《文德天皇实录》："《孙氏瑞应图》云：甘露将于草木，食之令人寿。其改嘉祥四年为**仁寿**元年。"《孙氏瑞应图》之文，仿自《艺文类聚·祥瑞部上·甘露》。直到仁寿四年十一月三十日才改元齐衡。

文德天皇第二个年号是"齐衡"。使用时间为：仁寿四年十一月三十日(854年12月23日)—齐衡四年二月二十一日(857年3月20日)。因石见国奉上礼泉之瑞，文德天皇遂下改元之诏："欲使旷代祯符及万邦以共庆，随时德政逐五帝而**齐衡**。"

文德天皇第三个年号是"天安"。使用时间是：齐衡四年二月二十一日(857年3月20日)—天安三年四月十五日(859年5月20日)。改元的原因是常陆国献上连理木、美作国献上白鹿，文德天皇认为是上**天**赐予**安**宁之意，为祥瑞、吉利之兆，遂在齐衡四年二月二十一日(857年3月20日)改元。

第五十六代天皇:清和天皇

清和(せいわ)天皇为日本第五十六代天皇。其生卒年月为:850年5月10日(嘉祥三年三月二十五日)—881年1月7日(元庆四年十二月四日),享年31岁。在位时间为:858年12月15日(天安二年十一月七日)—876年12月18日(贞观十八年十一月二十九日),在位时间达18年。

清和天皇名惟仁,为文德天皇第四子,其母为太政大臣藤原良房之女藤原明子。时藤原良房权倾朝野,又是文德天皇的岳丈,掌握了日本朝廷的实权,清和天皇便出生在他的家中。清和天皇后妃子女众多,日本史书中记载下来的主要有;女御(后赠皇太后)藤原高子(藤原长良之女),生子贞明亲王(即后来的阳成天皇)、贞保亲王,生女敦子内亲王;女御藤原多美子(藤原良相之女),无子女;女御平宽子,无子女;女御嘉子女王,无子女;女御源贞子,无子女;女御隆子女王,无子女;女御兼子女王,无子女;女御忠子女王[1],无子女;女御藤原赖子(藤原基经之女),无子女;女御藤原佳珠子(藤原基经之女),生子贞辰亲王;女御源严子(源能有之女),无子女;女御源济子(文德天皇之女),无子女;女御源喧子,无子女;女御源宜子(源兴基之女),无子女;更衣在原文子(在原行平之女),生子贞数亲王,生女包子内亲王;更衣藤原良近之女,名不详,生子贞平亲王,生女识子内亲王;更衣橘休荫之女,名不详,生子贞固亲王;更衣藤原仲统之女,名不详,生子贞元亲王;更衣栋贞王之女,名不详,生子贞纯亲王(源经基之父);更衣藤原真宗之女,名不详,生子贞赖亲王;更衣藤原诸藤之女,名不详,生子贞真亲王;更衣藤原诸葛之女,名不详,生女孟子内亲王;更衣佐伯子房之女,名不详,生子源长

① 时康亲王(即后来的光孝天皇)之女。

监、源长赖；更衣大江音人之女，名不详，无子女；宫人贺茂峰雄之女，名不详，生子源长猷、生女渊载子；宫人大野鹰取之女，名不详，生子源长渊。

清和天皇能够登上天皇之位，外公藤原良房起到至关重要的作用。藤原良房借口文德天皇体弱多病，凭借着个人的强大权势，不顾文德天皇已有三个皇子的事实，强迫天皇立自己的外孙惟仁亲王为太子，以便为自己将来的擅权提供方便。

天安二年十一月七日(858年12月15日)，9岁的惟仁亲王继承天皇之位，是为清和天皇。藤原良房借口天皇年幼，自任摄政。从此之后，这个一直由天皇家族垄断的职位，落入外戚的手中，开创了日本历史上外戚干政的先例。为了能够有效地控制年幼的清和天皇，继续把持朝政，藤原良房自作主张，把他18岁的侄女高子嫁给9岁的清和天皇做皇后。贞观十四年(872)，藤原良房去世，清和天皇开始亲政。贞观十五年(873)，因子孙繁多，清和天皇将一些人降为臣籍，这些人后来成为武士中的栋梁和清河源氏之祖，称为“清河源氏”。清和天皇非常仰慕唐太宗的“贞观盛世”，因此给自己的年号也取名“贞观”。在清和天皇统治时，日本政治还算清明，但却压制了藤原基经的专权。贞观十八年(876)，藤原基经逼迫清和天皇退位，拥立年仅9岁的太子继位，是为阳成天皇。由于藤原基经的专权，清和上皇在政治上无所建树，为了避祸和排遣内心的忧愤，只好避入空门，一心研究佛理以求得精神上的解脱。元庆四年十二月四日，因过度的苦行损害了健康，清和上皇在刚刚30岁出头的年纪就离开了人世。

清和天皇驾崩后，葬于水尾山陵，陵墓为圆丘形，幕府末年进行了修葺，位于今京都市右京区嵯峨水尾清和。

清和天皇在位时使用的年号只有一个“贞观”，使用时间为：天安三年(859年)四月十五日—贞观十九年(877年)四月十六日，共计18年。

“贞观”年号典出自《易经·系辞下》：

八卦成列，象在其中矣。因而重之，爻在其中矣。刚柔相推，变在其中矣。

系辞焉而命之，动在其中矣。吉凶悔吝者，生乎动者也。刚柔者，立本者也。

变通者，趣时者也。吉凶者，贞胜者也。天地之道，**贞观**者也。

唐太宗的“贞观之治”是中国历史上的盛世，太宗“贞观”的含义是：贞，正，常；观，示。“贞观”，即谓以正道示人。清和天皇仰慕唐太宗的贞观盛世，故把唐太宗的年号直接用作自己的年号，其中的含义是不言而喻的。但遗憾的是，由于藤原良房等人的擅权，清和天皇的理想最终并没有实现。

第五十七代天皇：阳成天皇

阳成（ようぜい）天皇为日本第五十七代天皇。其生卒年月为：869年1月2日（贞观十年十二月十六日）—949年10月23日（天历三年九月二十九日），享年82岁。在位时间为：876年12月18日（贞观十八年十一月二十九日）—884年3月4日（元庆八年二月四日），在位时间8年。

阳成天皇名贞明，为清和天皇的长子，其母为藤原长良之女、皇太后藤原高子（二条后）。由于阳成天皇九岁做了天皇，十五岁时逊位，因此并没有册立正式的皇后。其妃妾主要有：妃绥子内亲王（光孝天皇之女），无子女；妃姣子女王（是忠亲王之女），生子元长亲王、元利亲王，生女长子内亲王、俨子内亲王；宫人藤原远长之女，名不详，生子元良亲王、元平亲王；宫人纪君（纪氏），生子源清荫；宫人伴保平女，名不详，生子源清鉴；

宫人佐伯氏，生子源清远。后来成为武家栋梁的清河源氏，实际上就是以元平亲王为始祖的阳成源氏。

阳成天皇9岁登基，由于年幼，藤原基经以亲舅舅的身份担任摄政一职。年轻的阳成天皇性格暴戾，是个荒淫无道暴君。他在做太子的时候就斗鸡走马、舞枪弄棒，行为放荡不羁，没有一点国君的样子。长大成年之后，为了继续荒淫的生活，阳成天皇依旧让藤原基经替他摄政。藤原基经恐怕朝中大臣不服，引起矛盾，不得不佯装推让，但阳成天皇天天派人往他家送公文，让他处理国家大事，于是留下了摄政、关白都在家办公的先例。年轻的阳成天皇精力充沛而无处发泄，变得比以前更加无恶不作，动辄把劝谏他的下属和亲信杀死。在这种情况下，藤原基经不得不对他有所约束，进宫阻止他的荒唐行为。元庆八年(884)，在藤原基经的逼迫下，17岁的阳成天皇以身体有病不能理政为由提前退位，做了太上天皇。但他不但不思悔改，反而变本加厉，做出了一系列更加荒唐的行为，到天历三年(949)才以82岁的高龄去世。阳成天皇退位后，藤原基经不顾其他朝臣的反对，立与自己关系密切的表兄，时已50岁的时康亲王为光孝天皇。

阳成天皇驾崩后，葬于神乐冈东陵，陵墓为八角丘形，中世之时该陵墓一度遗址不明，安政二年(1855)考定为现在的墓址，幕府末年进行了修葺，该陵墓位于今京都市左京区净土寺真如町。

阳成天皇使用的年号只有一个为“元庆”，使用时间为：贞观十九年(877年)四月十六日—元庆九年二月二十一日(885年3月11日)，共计8年。

“元庆”年号典出自：

1.《周易·象传·上》：

元吉在上，大有**庆**也。

2.《文选·辩亡论》:

是以甚安也,则黎元与之同庆。

阳成天皇选择“元庆”作为自己的年号,自有其深远的含义。他9岁登上天皇之位,希望摄政的藤原基经能够在他成年之后还政给他,毕竟藤原基经是他的亲舅舅。如果君臣能够齐心合力,则国家便会达到大治,进而实现普天同庆的愿望。但一方面是阳成天皇行事过于荒唐,另一方面是藤原基经对权力过于热衷,阳成天皇的愿望始终没有实现,这不能不说是阳成天皇的个人悲剧了。

第五十八代天皇:光孝天皇

光孝(こうこう)天皇为日本第五十八代天皇。其生卒年月为:830年(天长七年)—887年9月17日(仁和三年八月二十六日),享年58岁。在位时间为:884年3月23日(元庆八年二月二十三日)—887年9月17日(仁和三年八月二十六日),在位时间3年。

光孝天皇名时康,也称“小松帝”,为仁明天皇第三子,其母为藤原总继之女藤原泽子(后赠皇太后)。光孝天皇后妃子女众多,记载于史书中的主要有:女御(后赠皇太后)班子女王(仲野亲王之女),生子是忠亲王(后代为光孝源氏、光孝平氏之祖)、是贞亲王、定省亲王(即后来的宇多天皇)、源元长,生女忠子内亲王、简子内亲王、绥子内亲王、为子内亲王(醍醐天皇之妃);女御藤原佳美子(藤原基经之女),无子女;女御藤原元善子(藤原山荫之女),无子女;女御平等子(平好风之女),无子女;更衣滋野直子,生女繁子内亲王;更衣赞岐永直之女,名不详,生子源旧鉴;更衣藤原元子,无子女;宫人菅原类子(菅原是善之女),无子女;宫人正躬王之女,名不详,生女穆子内亲王;

宫人丹治氏，名不详，生女源缓子；宫人布势氏，生子滋水清实；宫人藤原门宗之女，名不详，生子源是茂。生母未详的皇子有源近善、源贞恒、源国纪、源兼善、源名实、源笃行、源最善、源音恒、源是恒、源成荫、源香泉、源友贞；生母未详的皇女有源和子、源最子、源奇子、源迟子、源默子、源偕子、源是子、源并子、源谦子、源周子、源深子、源密子、源袟子、源快子、源善子、源连子。此外，还有多位后妃、皇女未能留下名字。

光孝天皇虽然是继阳成天皇之后登上天皇之位，但论辈分却是阳成天皇的爷爷辈。他55岁时凭借表弟藤原基经的大力扶持登上天皇之位，自然对藤原基经感恩戴德，事藤原氏唯恐不谨，以免惹出祸端，被淘汰出位。光孝天皇即位前，曾出任过一些地方官职，具有一定的政治经验。他一即位，就下诏让藤原基经代摄一切政务。还把自己的29名子女全部赐姓源氏，降为臣藉，并且未立太子，以示在立嗣的问题上，也要完全听从藤原基经的安排。光孝天皇继位前生活很拮据，经常向亲友借贷，以致债台高筑，无法还清，成为日本历史上少有的穷天皇。他当了天皇后，债主整天在皇宫门前讨债，弄得他没有面子，只好动用公款，用国库的钱来还债，一时为人所诟病。

仁和三年(887)八月二十六日，光孝天皇病逝。临终时嘱咐儿子，要时刻铭记藤原基经的恩情，像对待父亲那样对待他。按其遗嘱，由其21岁的皇子定善亲王源定省继位，即宇多天皇。

光孝天皇驾崩后，葬于后田邑陵，陵墓为圆丘形，直径约为20米，周围设有土垒，位于今京都市右京区宇多野马场町。

光孝天皇使用的年号只有一个“仁和”，使用时间为：元庆九年二月二十一日(885年3月11日)—仁和五年四月二十七日(889年5月30日)，共计4年。

光孝天皇“仁和”年号虽然没有直接取自中国传统典籍，但体现了古代中国文化精粹。在儒家思想体系中，“仁”和“和”是最基本的要义。“仁和”是说帝王要仁爱和谐，中庸正直，是帝王对自身行为准则的要求。光孝天皇用“仁和”为自己的年号，以此警示自己的言行举止，激励自己做个好皇帝，成为日本历史上的一代名君。“仁和”虽然是光孝天皇的年号，体现的是儒家思想的核心，突出的是传统的儒家理念。

第五十九代天皇：宇多天皇

宇多（うだ）天皇为日本第五十九代天皇。其生卒年月为：867年6月10日（贞观九年五月五日）—931年9月3日（承平元年七月十九日），享年65岁。在位时间为：887年9月17日（仁和三年八月二十六日）—897年8月4日（宽平九年七月三日），在位时间达10年。

宇多天皇名定省，为光孝天皇第七子，其母为仲野亲王（桓武天皇之子）之女、皇太后班子女王。其后妃子女主要有：女御（皇太夫人）藤原温子（藤原基经之女），生女均子内亲王（敦庆亲王之妃）；女御（后赠皇太后）藤原胤子（藤原高藤之女），生子敦仁亲王（即后来的醍醐天皇）、敦庆亲王、敦固亲王、敦实亲王，生女柔子内亲王；女御橘义子（橘广相之女），生子齐中亲王、齐世亲王、齐邦亲王，生女君子内亲王；女御菅原衍子（菅原道真之女），生女源顺子（藤原忠平之室，一说疑宇多天皇之女）；女御橘房子，无子女；更衣源贞子（源升之女），生女依子内亲王；更衣德姬女王，生女孚子内亲王；更衣藤原保子（藤原有实之女），生女诲子内亲王、季子内亲王；更衣源久子，无子女；更衣藤原静子，无子女；尚侍藤原褒子（藤原时平之女），生子雅明亲王、行明亲王、载明亲王；宫人伊势（藤原继荫之女），生一皇子，名不详；生母不明的有行中亲王、成子内亲王、源臣子。

宇多天皇继位前，臣籍被降下，他曾经在阳成天皇殿前做过侍奉，之后又恢复皇籍。由于有了这一段经历，一次路过阳成院时，被退位的阳成天皇嘲笑，但因其手中没有实权，所以只好忍气吞声。对权臣藤原基经，宇多天皇一方面摄于他的威势，一方面也真心感谢他。于是下诏：凡事须首先“关白[1]于太政大臣”，这就是“关白”一职的出处。当时藤原氏掌握朝廷实权并且架空天皇，于是“关白”成了天皇之下，百官之上的最高官位。藤原基经从当年天皇年幼的“摄政”，变为天皇年长后的“关白”，史家称其为“摄关政治”。日本的摄关政治不但擅权当政，甚至能够决定天皇的废立，所以“摄关”凌驾于天皇之上，形成一种特有的政治体制。摄关遂变为常设的职位，此后每一代天皇几乎都有摄关政治。在日本，后来的藤原氏及其后裔被称为摄关家。

宽平三年(891)，藤原基经因病去世，宇多天皇为了抵制藤原氏的势力，恢复天皇的权威，任用道德文章均属上乘的儒士、有日本“文圣”之称的菅原道真为右大臣，遭到藤原氏的反对。随着藤原基经的儿子藤原时平权势的与日俱增，宇多天皇深感再与他们周旋已力不从心。于是宇多天皇在宽平九年(897)让位给13岁的敦仁皇太子，就是醍醐天皇，自己则在仁和寺剃度出家，人称宇多法皇。宇多法皇退位之前，把儿子托付给藤原时平和菅原道真。大规模遣唐使的废止大概也在这一时期。

承平元年(931)，宇多天皇在仁和寺的御室中驾崩，葬于大内山陵，陵墓为方丘形，在仁和寺之北，位于今京都市右京区鸣滝宇多野谷。

宇多天皇使用的年号只有一个“宽平”，时间为：仁和五年四月二十七日(889年5月30日)—宽平十年四月二十六日(898年5月20日)，共计10年。

“宽平”年号典出自：

---

① 关白：语出班固《汉书·霍光金日磾传》，为“陈述、禀告”的意思。经遣唐使引入日本后，该词逐渐成为日本天皇成年后，辅助其总理万机的重要之职，是日本古代的重要职官，相当于中国古代的丞相之位。

1.《后汉书·郭躬传》:

躬家世掌法,务在宽平。

2.《汉书·王尊传》:

宽大之政行,和平之气通。

“宽平”年号表现的是宽大、平和之气。宇多天皇以此为年号,一方面希望在藤原基经、藤原时平的高压下,通过个人内心的排解,以消除心中的郁闷之气。另一方面他也希望藤原基经父子能够尽量对他宽松一些,不要过于苛刻。事实并没有朝着宇多天皇预期的那样,“宽平”表达的仅是他的一种愿望而已。

第六十代天皇:醍醐天皇

醍醐(だいご)天皇为日本第六十代天皇。其生卒年月为:885年2月6日(元庆九年一月十八日)—930年10月23日(延长八年九月二十九日),享年46岁。在位时间为:897年8月14日(宽平九年七月十三日)—930年10月16日(延长八年九月二十二日),在位时间达33年。

醍醐天皇是出生时为臣籍的唯一一位天皇,初名为源维城,恢复皇籍后列为皇族,改名敦仁。醍醐天皇是宇多天皇长皇子,其母为内大臣藤原高藤之女藤原胤子,养母为关白太政大臣藤原基经之女藤原温子。醍醐天皇有后妃近20人,生有子女36人,记载于史书中的后妃子女如下:中宫藤原稳子(关白藤原基经之女),生子保明亲王(文献彦太子)、宽明亲王(即后来的朱雀天皇)、成明亲王(即后来的村上天皇),生女康子内亲王;妃为子内亲王(光孝天皇之女、宇多天皇同母妹),生女劝子内亲王;女御源和子(光孝天皇之女),生子常明亲王、式明亲王、有明亲王,生女庆子内亲王、韶子内亲王、齐子内亲王;女御藤原能子(右大臣藤原定方之女),无子女;女御藤原和香子(大纳言藤原定国之女),无子女;更衣源封子(源旧鉴之女),生子克明亲王,生女宣子内亲王、靖子内亲王;更衣藤原鲜子(藤原连永之女),生子代明亲王,生女恭子内亲王、婉子内亲王、敏子内亲王;更衣源升之女,名不详,生子重明亲王;更衣源周子(源唱之女),生子源高明、盛明亲王,生女勤子内亲王、都子内亲王、雅子内亲王;更衣满子女王(相辅王之女),名不详,生女修子内亲王、普子内亲王;更衣藤原淑姬(参议藤原菅根之女),名不详,生子兼明亲王、源自明,生女英子内亲王;更衣藤原桑子(中纳言藤原兼辅之女)生子章明亲王;更衣藤原氏(藤原伊衡之女),生子源为明;更衣源敏相女,生子源允明;更衣源清子,无子女;更衣藤原同子,无子女;更衣源暖子,无子女。此外,还有生母不明的皇女源严子。

醍醐天皇登基后,深知宫廷内部政治斗争的险恶,为了取得政治上的平衡,他让藤原时平和菅原道真分别担任左右大臣。由于菅原道真出身平民,比较关心民生疾苦,而藤原时平出身贵族,两人矛盾日益加深。延喜元年(901),菅原道真受到藤原时平的诬陷,被左迁为大宰权帅。藤原时平一系列的打击政敌的行动起到了效果,朝廷的大权再次落入藤原氏家族手里。菅原道真在朝廷和百姓中具有一定的威信,宇多法皇闻知后来到宫中想为菅原道真求情,但皇宫被藤原家的亲信派兵把守,他在宫门外等了一夜,也没有见到醍醐天皇,只好黯然离去。这件事对宇多法皇刺激很大,他知道自己远不是藤原时平的对手,从此再也不过问朝廷大事,而是一心钻研密宗的佛法,借以排遣内心的忧愤。最后在仁和寺中去世,结束了凄凉的一生。

菅原道真被贬到九州筑紫后,心情极度抑郁,于延喜三年(903)病逝。延喜九年(909),正值年富力强的藤原平时竟在39岁的盛年死去。藤原时平也做过一些有意义的事,《三代实录》、《延喜各》便是在他任职时编撰完成的。延长元年(923),

藤原时平的妹妹所生皇太子不幸夭折，当时的人们由于无知，便把朝廷一连串的灾异都看作是菅原道真的冤魂在作祟，为了寻求内心的平衡，同时也为了邀买人心，醍醐天皇为他恢复了名誉。延长三年(925)，刚刚被立为太子的藤原时平的外孙年仅5岁就死去了。这件事让醍醐天皇疑神疑鬼，精神变得十分紧张。五年后的一个夏天，几个大臣被雷击而死。醍醐天皇精神受到刺激，只好让位给太子，不久在46岁的壮年死去。

醍醐天皇驾崩后，葬于后山科陵，陵墓为圆形，直径约为54米，周围有宽约5米、深约1.2米的壕沟，南面还设有祭拜的场所，该陵墓位于今京都市伏见区醍醐古道町。

醍醐天皇虽然在政治上没有太多的作为，但他比较重视文化，《古今和歌集》便是在他的指导下完成的。在他统治时期，也是日本从唐风文化向和风文化转型的时期，这一时期宫廷贵族文化已开始形成，所以后世的日本学者将这个时期视为理想的圣代。

醍醐天皇的年号有三个，具体如下：

第一个年号是“昌泰”。使用时间为：宽平十年四月二十六日(898年5月20日)—昌泰四年七月十五日(901年8月31日)，共计4年。

这个年号没有什么太多的含义，仅表示昌盛安泰之意。醍醐天皇少年即位，但终其一生，国家大权一直掌握在藤原基经、藤原时平父子手中，因此他在政治上并没有多少作为，“昌泰”的年号表明了他内心的一种祈愿。

醍醐天皇的第二个年号为“延喜”。使用时间为：昌泰四年七月十五日(901年8月31日)—延喜二十三年闰四月十一日(923年5月29日)，共计23年。

“延喜”年号典出自：

1.《尚书·旋玑钤》:

禹开龙门,导积石,玄圭出,刻曰:**延喜**玉,王受德,天赐佩。

2.《文选·三月三日曲水诗序》:

昭华之珍既徙,**延喜**之玉攸归。

张铣注:"舜时,西王母献昭华玉;天锡禹玄珪,刻曰:'**延喜**之字'。"

《宋书·符瑞志下》:"**延喜**,王者孝道行则至。"

在中国的典籍中,"延喜"亦作"延嬉",为玉圭名。从《尚书》的记载可以看出,"延喜"常作为宣扬帝王瑞应的典故。

醍醐天皇使用"延喜"年号,表明他在极度愤懑的情况下,希望能够出现类似中国帝王那样的祥瑞,以此来摆脱精神上的苦闷。

醍醐天皇第三个年号为"延长"。使用时间为:延喜二十三年闰四月十一日(923年5月29日)—延长九年四月二十六日(931年5月16日),共计9年。

"延长"年号典出自《文选·东都赋·白雉诗》:

彰皇德兮侔周成,永**延长**兮膺天庆。

醍醐天皇使用这个年号,是在身体和精神遭受双重打击下,主要目的是希望自己在各方面能够有所延长,以期奇迹出现。

第六十一代天皇:朱雀天皇

朱雀(すざく)天皇为日本第六十一代天皇。其生卒年月为:923年9月7日(延长元年七月二十四日)—952年9月6日

(天历六年八月十五日),享年30岁。在位时间为:930年12月14日(延长八年十一月二十二日)—946年5月16日(天庆九年四月十三日),在位时间达16年。

朱雀天皇名宽明,为醍醐天皇第十一皇子,其母为藤原基经之女中宫藤原稳子。由于朱雀天皇英年早逝,所以后妃子女并不多。主要后妃子女有:女御熙子女王(皇太子保明亲王之女),生女昌子内亲王;女御藤原庆子(左大臣藤原实赖之女)。

朱雀天皇的外公、母亲、舅舅都属于藤原家族的人,他从小看到的是藤原家族的强势,加之藤原家族又是他的外戚,所以对藤原家族的人并不反感。朱雀天皇即位时只有8岁,便由藤原时平的弟弟藤原忠平任摄政。朱雀天皇出生在藤原家,从小体弱多病。虽然在位16年,但不过是藤原家的一个玩偶而已。朝廷大权操纵在他舅舅太政大臣藤原忠平和右大臣藤原仲原兄弟二人手里。

朱雀天皇在位时,中央集权日渐衰落,地方行政全凭国司为所欲为。地方势力不断壮大,对藤原氏家族的专权独裁强烈不满,有摆脱朝廷的迹象。天庆三年(940),桓武天皇的后代平将门扯起造反的大旗,同时伊豫国司藤原纯友也在当地造反,史称“将门、纯友之乱”。虽然这两处叛乱经过一年半的征战都被平定,但却引起国内局势的动荡。由于朱雀天皇没有皇子,在母亲、皇太后稳子的干预下,他在天庆九年四月十三日让位给胞弟,即村上天皇。天历六年(952)三月十四日,朱雀天皇决心皈依佛门,出家为僧,法名佛陀寿。同年八月十五日去世。

朱雀天皇驾崩后,在山城国来定寺火化,葬于醍醐陵,陵墓为圆丘形,在其父醍醐天皇陵墓的旁边,中世纪时该陵墓一度位置不明,元禄十年(1698)考定为现在的墓址,元治元年(1864)进行了大规模修葺,该陵墓位于今伏见区醍醐御陵东里町。

朱雀天皇的年号有两个,具体如下:

第一个年号为"承平"。年号的撰定者为大江维时、大江朝纲。使用时间为:延长九年四月二十六日(931年5月16日)—承平八年五月二十二日(938年6月22日),共计8年。

"承平"年号典出自《汉书·食货志》:

> 王莽因汉**承平**之业,匈奴称藩,百蛮宾服。

朱雀天皇虽然贵为天皇,但却是一个弱势天皇,从他即位开始,大权一直把持在藤原氏家族手中,他只是一个傀儡天皇而已。作为一位天皇,在统治国家方面他的政绩几乎乏善可陈。他似乎也接受了当时的现实,改元承平,盼望能够过一种太平的生活。

朱雀天皇的第二个年号是"天庆"。年号的撰定者为左少弁文章博士大江朝纲、文章博士大江维时。使用时间为:承平八年五月二十二日(938年6月22日)—天庆十年四月二十二日(947年5月15日),共计10年。

"天庆"年号典出自《汉书·公孙弘卜式儿宽列传》:

> 先是,司马相如病死,有遗书,颂功德,言符瑞,足以封泰山。上奇其书,以问宽。宽对曰:"陛下躬发圣德……唯天子建中和之极,兼总条贯,金声而玉振之,以顺成**天庆**,垂万世之基。"上然之,乃自制仪,采儒术以文焉。

朱雀天皇在位时,厄运连连,天灾人祸不断,日本先后出现了地震和地方叛乱之事。在这种情况下,朱雀天皇采纳了由大江朝纲、大江维时撰定的年号"天庆",希望能够出现祥瑞之兆,以摆脱严重的社会危机。虽然想法很好,但在朱雀天皇时期这样的祥瑞一直未能出现。

第六十二代天皇:村上天皇

村上(むらかみ)天皇为日本第六十二代天皇。其生卒年月为:926年7月14日(延长四年六月二日)—967年7月5日(康宝四年五月二十五日),享年42岁。在位时间为:946年5月31日(天庆九年四月二十八日)—967年7月5日(康宝四年五月二十五日),在位时间达21年。

村上天皇名成明,为醍醐天皇第十四皇子,其母为藤原基经之女中宫藤原稳子,第六十一代朱雀天皇同母弟。村上天皇后妃子女主要有:中宫藤原安子(右大臣藤原师辅长女),生子宪平亲王(即后来的冷泉天皇)、为平亲王、守平亲王(即后来的圆融天皇),生女承子内亲王、辅子内亲王、资子内亲王、选子内亲王;宫斋女御徵子女王(式部卿重明亲王长女),生女规子内亲王;丽景殿女御庄子女王(中务卿代明亲王之女),生子具平亲王,生女乐子内亲王;弘徽殿女御藤原述子(右大臣藤原实赖之女),无子女;宣耀殿女御藤原芳子(大纳言藤原师尹之女),生子昌平亲王、永平亲王;更衣源记子(中纳言源庶明之女),生女理子内亲王、盛子内亲王;更衣藤原正妃,生子致平亲王、昭平亲王,生女保子内亲王;更衣藤原祐姬(大纳言藤原元方之女),生子广平亲王,生女缉子内亲王;更衣藤原修子(藤原朝成之女),无子女;藤原有序(藤原有相之女),无子女;后宫藤原登子(右大臣藤原师辅之女、原式部卿重明亲王继室),无子女。

天庆七年(944)四月二十二日,村上天皇被立为皇太子。天庆九年(946)四月二十日,朱雀天皇让位,村上天皇于同月二十八日践祚。朱雀天皇的舅父藤原忠平在村上天皇即位后仍然担任关白一职,天历三年(949),藤原忠平去世后,村上天皇便不再设摄政一职,而是自己亲政。他的这种行为成为了延喜之后的亲政典范,但政权实际上仍掌握在摄关家的藤原实赖、藤原师辅兄弟手中。此外，皇太后同意稳子以朱雀法皇的名义对作为"幼帝"的村上进行"监护"，村上天皇的所谓亲政也不过是有名无实。

承平五年(935)—天庆三年(940)，日本发生了由平将门、藤原纯友为首的"将门、纯友之乱"。为了平息叛乱，天皇不得不厉行节约，压缩宫内的经费，安抚民众以求社会安定，度过国家的危难。天德四年(960)，皇宫发生火灾，宫内损失惨重。在文化方面，村上天皇于天历五年(951)下令编纂《后撰集》。天德四年(960)，村上天皇的歌集《村上天皇御集》问世，此外还著有《清凉集》。村上天皇还精通琴、琵琶等乐器，被称作"使平安文化大放异彩的天皇"。

在政治方面，村上天皇一手缔造的"天历之治"受到后世日本人的敬仰。在村上天皇之时，摄关政治基础进一步加强，法令严明，吏治清明，成为日本古代的楷模。

另外，村上天皇将皇子具平亲王赐姓源氏，降为臣籍，开"村上源氏"之先河，对以后的宫廷政治产生了巨大的影响。

村上天皇励精图治，整顿吏治，重视文化发展，使日本国泰民安，社会稳定，经济得到进一步发展。但他未能继续扩大天皇权力，在位期间摄关家势力反而不断膨胀，为日后皇权受到危胁埋下了隐患。

康保四年五月二十五日(967年7月5日)，村上天皇驾崩。自此之后，除安德天皇与醍醐天皇外，所有天皇均以院号为谥，再次启用汉风谥号是在900多年后的光格天皇。

村上天皇驾崩后，以皇陵所在地谥号为"村上"，葬于村上陵。一条帝时追谥"村上院"。陵墓为圆丘形，中世之时该陵墓一度墓址不明，元禄以来墓址的位置众说纷纭，明治二十二年(1889)确认为现在的墓址，位于今京都市右京区鸣滝宇多野谷。

村上天皇的年号有四个，具体如下：

第一个年号为"天历"。年号的撰定者据说为左中弁大江朝纲、大江维时。使用时间为：天庆十年四月二十二日(947)—天历十一年十月二十七日(957)，共计11年。

“天历”年号典出自《论语·尧曰》：

> 咨！尔舜！**天之历**数在尔躬，允执其中。四海困穷，天禄永终。

天历原本是以节气为制历的重要法则，是一种依据地球围绕太阳运行的周期制定出来的历法。这也是天历对夏历革命的一个方面。但天历对夏历构成，既有继承，也有借用。《论语》中的这段话原是尧让位于舜时说的话，意思是说天命已经落在舜的身上，因此要走正确的道路，不能有所懈怠。村上天皇以“天历”为年号，是希望能够在天皇的位置上尽职尽责，做出一番事业来。

村上天皇的第二个年号是“天德”。年号的撰定者或为菅原文时。使用时间为：天历十一年(957)十月二十七日—天德五年二月十六日(961)，共计5年。

“天德”年号典出自：

1.《易经·乾》：

> 飞龙在天，乃位乎**天德**。

2.《春秋繁露·人副天数》：

> **天德**施，地德化，人德义。

在这两部中国古代典籍中，天德，指天的德性。意思是说：命里有天德贵人星的人，会一生顺利，荣华富贵。

村上天皇以“天德”为年号，是希望自己能够有天德，进而得到上天的帮助，来辅佐他治理国家，取得更大的成就。

村上天皇的第三个年号是“应和”。年号的撰定者为文章博士菅原文时。使用时间为:天德五年二月十六日(961年3月5日)—应和四年七月十日(964年8月19日),共计4年。

“应和”年号典出自:

1.《左传·昭公二十八年》:

心能制义曰度,德正**应和**曰莫,照临四方曰明,勤施无私曰类。

2.《晋书·律历志》:

董巴议曰:“……天曰作时,地曰作昌,人曰作乐,鸟兽万物莫不**应和**,故颛顼圣人为历宗也。”

在这两部中国典籍中,应和,是指反应和谐。村上天皇改元应和,是希望君臣一心,上下齐手把国家治理好。村上天皇取这个年号也是针对前代朱雀天皇“将门、纯友之乱”。天德四年(960),皇宫内发生大火,造成了重大损失。而次年的辛酉革命,对村上天皇的改革起到了精神上的鼓舞作用,于是才有了改元之举。

村上天皇的第四个年号是“康保”。年号的撰定者为大江维时。使用时间为:应和天四年(964年)七月十日—康保五年(968年)八月十三日(一说是8月15日),共计5年。

“康保”年号典出自《尚书·康诰》:

王曰:“呜呼!封。汝念哉!今民将在祇遹乃文考,绍闻衣德言,往敷求于殷先哲王,用保乂民。汝丕远惟商耇成人,宅心知训。别求闻由古先哲王,用**康保**民,弘于天若。德裕乃身,不废在王命。”

在村上天皇执政后期的康宝元年(964),日本发生了严重的旱灾,时干支为甲子,两件事接连发生,村上天皇有一种不祥的感觉。取年号为“康保”,希望上天庇佑,躲过不祥之灾,使自己和百姓能够有一个好的前景。

第六十三代天皇:冷泉天皇

冷泉(れいぜい)天皇为日本第六十三代天皇。其生卒年月为:950年6月12日(天历四年五月二十四日)—1011年11月21日(宽弘八年十月二十四日),享年62岁。在位时间为:967年11月15日(康宝四年十月十一日)—969年9月27日(安和二年八月十三日),在位时间2年。

冷泉天皇名宪平,为村上天皇第二皇子,其母为右大臣藤原师辅长女、中宫藤原安子,是圆融天皇的同母兄。

冷泉天皇的后妃子女主要有:中宫昌子内亲王[①],有养子永平亲王;女御(后赠皇太后,摄政藤原伊尹之女)藤原怀子,生子师贞亲王(即后来的花山天皇),生女宗子内亲王、尊子内亲王;女御(后赠皇太后)藤原超子(藤原家长之女),生子居贞亲王(即后来的三条天皇)、为尊亲王、敦道亲王,生女光子内亲王;女御藤原忯子(右大臣藤原师辅之女),无子女;养子有永平亲王,为昌子内亲王的养子,实为村上天皇第十皇子,生母是宣耀殿女御藤原芳子(大纳言藤原师尹之女),后为四品兵部卿。此外,还有犹子清仁亲王、昭登亲王[②]。

---

① 朱雀天皇独生女,母亲是保明亲王(醍醐天皇皇太子)长女熙子女王。

② 犹子:在日本明治时代以前,犹子是一种社会风俗,即自己与别人的儿子结为父子关系。犹子与养子不同的是,犹子仅仅是一种契约关系,不必更改自己原本的姓氏,但是享有继承权。按现代的观点解释,犹子是一种“非血缘关系的指定继承人”。

康保四年十月十一日(967年11月15日),年仅17岁的冷泉天皇即位。但他在做太子时就患有严重的精神病,举止行为时常出现一些怪诞的事情。而藤原氏正好借冷泉天皇的愚弱来掌握摄关大权,藤原师辅的哥哥藤原时赖以右大臣的身份担任"关白万机",后又升至太政大臣。从此,关白从一个临时设置的职务成了朝廷的常设最高官职。

因疾病缠身,天皇急欲立太子以让位。藤原氏给冷泉天皇施加压力,于安和元年(968)立其易于操纵的守平亲王为皇太子(后来的圆融天皇),并乘机发动"安和之变",清除了朝廷中的异己力量,确立了藤原氏的独裁体制,一时藤原氏家族的代表人物藤原北家唯我独尊,权倾天下,成为权力最大的获益者。

安和二年八月十三日(969年9月27日),冷泉天皇让位给弟弟守平亲王,即圆融天皇。冷泉天皇退位后,在冷泉院又疯疯癫癫地活了40多年,于宽弘八年(1011)驾崩。

冷泉上皇驾崩后,葬于樱本陵,陵墓为圆丘形,中世之时该陵墓一度墓址不明,明治二十二年(1889)确认为现在的墓址,位于今京都市左京区鹿谷法然院町。

冷泉天皇的年号只有一个名为"安和",使用时间为:康保五年八月十三日(968年9月10日)—安和三年三月二十五日(970年5月3日),共计3年。

"安和"年号典出自:

1.《礼记·乐记》:

是故治世之音**安**以乐,其政**和**。

2.《晏子春秋·问上三》:

未免乎危乱之理,而欲伐**安和**之国,不可,不若修政而待其君之乱也。

3.《汉书·杜延年传》：

延年为人安和，备于诸事，久典朝政，上任信之，出即奉驾，入给事中，居九卿位十余年。

在这三部中国古代典籍中，"安和"之意为：安定和平；安定和睦；安详平和；平安，安好。冷泉天皇取"安和"为年号，主要是因为他从小体弱多病，成年后又一直病魔缠身，改元"安和"，是希望自己把身体养好，能够使国家、社会安定，各方面有一个圆满的局面出现。

第六十四代天皇：圆融天皇

圆融（えんゆう）天皇为日本第六十四代天皇。其生卒年月为：959年4月12日（天德三年三月二日）—991年3月1日（正历二年二月十二日），享年33岁。在位时间为：969年11月5日（安和二年八月二十三日）—984年9月24日（永观二年八月二十七日），在位时间达15年。

圆融天皇名守平，为村上天皇第五皇子，冷泉天皇的同母弟，其母为右大臣藤原师辅长女藤原安子。后妃子女主要有：中宫藤原媓子（关白藤原兼通长女），无子女；中宫藤原遵子（关白藤原赖忠长女），无子女；女御藤原诠子（关白藤原兼家次女），生子怀仁亲王，是圆融天皇的独生子，即一条天皇。一条天皇即位时年仅6岁，诠子以国母权威干预政事，为藤原道长一门的崛起起到了重要的作用；诠子是日本历史上第一位女院，院号东三条院。此外，还有女御尊子内亲王（冷泉天皇第二皇女），无子女；更衣中将御息所（藤原怀忠之女），无子女。

安和二年八月二十三日（969年11月5日），11岁的圆融天皇即位，由于年幼，大权由藤原时赖把持，他以摄政的名义总揽朝政，完全控制了国家的实际权力。此时，藤原氏已经把其他外姓家族政敌排斥殆尽。在圆融天皇在位的15年，藤原氏内部一族的权力之争贯穿始终。

天禄元年五月十八日(970年6月24日)，藤原实赖去世，由他侄子(其弟藤原师辅的儿子)藤原伊尹任摄政。后藤原伊尹也卧床不起，他的两个弟弟藤原兼通、藤原兼家展开争权夺利的斗争。在这场争斗中，最终藤原兼家在贞元三年(978)八月把次女藤原诠子送入圆融天皇后宫，诠子在天元三年(980)六月一日在父亲兼家的东三条邸生下圆融天皇第一皇子怀仁亲王。由此才把藤原赖忠打败，独霸了朝廷大权。

永观二年(984)八月二十七日，26岁的圆融天皇为了躲避藤原氏内部的争斗，决定让位给冷泉上皇的儿子。于是，师贞亲王继位为花山天皇。宽和元年(985)八月，圆融上皇出家为僧，法名金刚法。正历二年二月十二日(991年3月1日)，圆融上皇崩于圆融寺，享年33岁。

圆融天皇驾崩后，葬于后村上陵，陵墓为圆丘形，在仁和寺西约600米处，后世该陵墓一度墓址不明，明治二十二年(1889)六月确认为现在的墓址，位于今京都市右京区宇多野福王子町。

圆融天皇的年号有5个，具体如下：

圆融天皇的第一个年号为"天禄"。年号的撰定者据说为文章博士藤原后生。使用时间为：安和三年三月二十五日(970年5月3日)—天禄四年十二月二十日(974年1月16日)，共计4年。

"天禄"年号典出自：

1.《尚书·大禹谟》：

四海困穷，**天禄**永终。

2.《后汉书·桓帝纪赞》：

桓自宗支，越跻**天禄**。

3.《周书·宣帝纪》:

帝王之量,未肃而成;**天禄**之期,不谋已至。

4.《孟子·万章下》:

弗与共天位也,弗与治天职也,弗与食**天禄**也。

5. 唐·李复言《续玄怪录·定婚店》:

此人命当食**天禄**,因子而食邑,庸可煞乎?

6.《后汉书·灵帝纪》:

复修玉堂殿,铸铜人四,黄钟四,及**天禄**、虾蟆。

李贤注:**天禄**,兽也。

在这几部中国典籍中,1、2、3例子中的“天禄”意为“天赐的福禄”,后也常指帝位;4、5例子中的“天禄”意为“俸禄”;6例子中的“天禄”意为“传说中兽名”,汉代多以石雕其形以为饰。圆融天皇以此为年号,希望能够得到上天的赐福,获得吉祥的征兆以求得心理上的安慰。当然,这仅仅是圆融天皇的一种想法而已,在他在位的15年中,朝廷中的内部斗争不断,他并没有过上安稳的生活,年号最终只是一种希冀罢了。

圆融天皇的第二个年号是“天延”。年号的撰定者不明。使用时间为:天禄四年十二月二十日(974年1月16日)—天延四年七月十三日(976年8月11日),共计4年。

“天延”年号虽然不是直接出自于中国典籍,但圆融天皇取“天延”的含义却包含在如下的中国典籍中:

1.《楚辞·天问》:

延年不死,寿何所止?

2. 三国·魏·阮籍《咏怀》诗之五十五：

人言愿**延**年，延年欲焉之？

3.《汉书·郊祀志下》：

登之罘，浮大海，用事八神**延**年。

颜师古注：**延**年，即上所谓迎年者。

在这三部中国典籍中，1、2例子中的“天延”意为“延长寿命”；3例子中的“天延”意为“迎年”，祈祷以求丰年。圆融天皇以此为年号，是因为自己身体不好，希望能够延长寿命。但事与愿违，他在33岁就去世了。

圆融天皇的第三个年号是“贞元”。年号的撰定者不明。使用时间为：天历四年七月十三日(976年8月11日)—贞元三年十一月二十九日(978年12月31日)，共计3年。

“贞元”年号典出自：

1.《易·乾》：

元亨利**贞**。

高亨注：乾，卦名，天也。**元**，善也。亨，美也。利，利物也。**贞**，正也。天有善、美、利物、贞正之德……《文言》谓君子亦有此德。

2. 南朝·梁·江淹《五侍中为南蛮校尉诏》：

侍中领秘书监骁骑将军奂，秉心**贞元**，志局开亮，绩誉之美，在公屡彰。

在这两部中国典籍中，“贞元”表示“纯正”之意。古人有时也以“元亨利贞”喻春夏秋冬，借指时令的周而复始和天道人事的转换。圆融天皇以“贞元”为年号，表明虽然国家大权把持在藤原氏手中，但自己是正宗的国家元首，无论政权如何更迭，作为天皇其地位是不能撼动的。在这三年中，由于火灾、地震的连续发生，当时人们的心中不免产生了一些恐惧。面对这种复杂的局面，连圆融天皇自己也有些惶恐。虽以“贞元”为年号，强调自己的正统性，但圆融天皇心中的焦虑还是不自觉地流露了出来。

圆融天皇的第四个年号是“天元”。年号撰定者不明。使用时间为：贞元三年十一月二十九日（978年12月31日；另有4月13日、4月15日、10月19日、5月7日之说）—天元六年四月十五日（983年5月29日），共计6年。

在中国古代历法中，天元是四柱中的天干。天元的推算方法，主要通过日干与其余三干的五行生克合化以及十神的衡量，对所主之事作出强弱损益、命之贵贱的判断。圆融天皇在位的几年中，曾经出现过一些天象变异之事，一度引起人们的恐慌。圆融天皇以此为年号，是希望在命运的变幻中，能够找到一个精神支柱，进而走出运势的低谷。

圆融天皇的第五个年号是“永观”。年号撰定者为藤原资忠。使用时间为：天元六年四月十五日（983年5月29日）—永观三年四月二十七日（985年5月19日），共计3年。

“永观”年号典出自：

1.《尚书·洛诰》：

王伻殷乃承叙万年，其**永观**朕子怀德。

2.《毛诗·周颂·有瞽》：

我客戾止，**永观**厥成。

在这两部中国典籍中，“永观”意为“长期、永久地欣赏”之意。圆融天皇以“永观”为年号，含义比较复杂，似乎有很多不便表达的感情。圆融天皇即位时年仅11岁,退位时也不过26岁。对一个人而言,20多岁还是青年,圆融天皇其实是不甘心退出政治舞台的,“永观”年号正是反映了他的这一心态。

第六十五代天皇:花山天皇

花山(かざん)天皇为日本第六十五代天皇。其生卒年月为:968年11月29日(安和元年十月二十六日)—1008年3月17日(宽弘五年二月八日),享年41岁。在位时间为:984年11月5日(永观二年十月十日)—986年8月1日(宽和二年六月二十三日),在位时间2年。

花山天皇名师贞,也被称为花山院和花山法皇。为冷泉天皇第一皇子,是三条天皇的异母兄,花山源氏之祖。其母为摄政太政大臣藤原伊尹之女、女御藤原怀子。花山天皇的后妃子女有:女御藤原忯子(太政大臣藤原为光之女),无子女;女御藤原姚子(大纳言藤原朝光之女),无子女;女御藤原諟子(关白太政大臣藤原赖忠之女),无子女;女御婉子女王(一品式部卿为平亲王之女,后再嫁藤原实资),无子女。由于花山天皇与正式的后妃之间没有儿子,出家后反而同时宠爱乳母的女儿中务及其女儿平平子,并使其母生下清人亲王和两位皇女,又使其女生下昭登亲王和两位皇女;此外,还与其他女人生下深观、觉源。

在藤原氏的大力扶持下,永观二年(984),17岁的花山天皇登基。他知道自己势单力薄,不久便立圆融上皇的儿子怀仁亲王为太子。为了巩固自己的地位,花山天皇重用舅父藤原义怀和乳母之子藤原惟成,掌握朝廷大权,希望广开言路,推行改革方针:鼓励中层贵族参政,抑制豪强,进行货币整顿。藤原义怀和藤原惟成的改革措施,遭到藤原兼家的消极抵制,引起猜忌和不满,花山天皇的改革最后不了了之。

花山天皇是个风流才子，身后留下大量的和歌作品，《拾遗抄》、《拾遗和歌集》中收录有他的和歌。他不但好色，而且有些行为不可理喻。他心爱的女人藤原忯子因病去世，感情受挫后心灰意懒，有出家修行的意愿。花山天皇这个想法被藤原兼家得知后，叫人鼓动如簧之舌，劝他说如果能够出家修行，便可以和心爱的女人灵魂相会。花山天皇于是糊里糊涂地在宽和二年(986)六月二十三日在元庆寺剃度为僧。同时，藤原兼家在宫中安排怀仁太子的践祚仪式，等到花山天皇察觉木已成舟，感觉受骗为时已晚。随后圆融上皇的儿子怀仁亲王即位，即一条天皇。

花山天皇退位之后，在元庆寺的青灯黄卷之中又度过了凄楚的22个春秋，于宽弘五年(1008)圆寂。花山天皇驾崩后，葬于纸屋川上陵，陵墓为方丘形，后世之时该陵墓一度墓址不明，幕府末年在法音寺以北找到其遗址并加以修葺，庆应元年(1865)竣工，明治二十八年(1895)统一称为现在的陵号，墓址位于今京都市北区衣笠北高桥町。

花山天皇的年号只有一个为“宽和”，年号的撰定者不明。使用时间为：永观三年四月二十七日(985年5月19日)—宽永三年四月五日(987年5月5日)，共计2年。

“宽和”年号典出自：

1.《汉书·韩信传》：

为人**宽和**自守，以温颜逊辞承上接下，无所失意，保身固宠，不能有所建明。

2. 唐·韩愈《顺宗实录五》：

皇太子某，睿哲温文，**宽和**慈惠。

在这两部中国典籍中，“宽和”是指“宽厚、温和”之意。花山天皇以此为年号,希望自己执政能够“宽和”一些,不要出现人为的失政。但他在位仅两年,行为却有些怪诞,未能看出其“宽和”的一面。

第六十六代天皇:一条天皇

一条(いちじょう)天皇为日本第六十六代天皇。其生卒年月为:980年7月15日(天元三年六月一日)—1011年7月25日(宽弘八年六月二十二日),享年32岁。在位时间为:986年8月1日(宽和二年六月二十三日)—1011年7月16日(宽弘八年六月十三日),在位时间达25年。

一条天皇名怀仁,为圆融天皇的独生子,其母为藤原兼家之女藤原诠子。一条天皇的后妃子女主要有:皇后藤原定子(关白藤原道隆之女),生子敦康亲王,生女修子内亲王、媄子内亲王;中宫藤原彰子(左大臣藤原道长之女),生子敦成亲王(即后来的后一条天皇)、敦良亲王(即后来的后朱雀天皇);女御藤原义子,无子女;女御藤原元子,无子女;女御藤原尊子(关白藤原道谦之女,后为藤原通任之室),无子女;御匣殿藤原道隆四女(皇后定子的同母妹),无子女。

还是在花山天皇的永观二年(984)时,年仅5岁的怀仁就被立为了皇太子。宽和二年六月二十三日(986年8月1日),由于花山天皇放弃皇位而出家,于是时年7岁的皇太子即位,是为一条天皇。还有另外一种说法是,藤原兼家为了让外孙早点即位,在鼓动花山天皇有了出家的念头之后,在宫中马上安排了怀仁太子的践祚仪式,花山天皇察觉到受骗后,已经形成了客观事实。一条天皇即位之后,他立冷泉天皇的皇子居贞亲王(即后来的三条天皇)为皇太子,藤原兼家仍然担任摄政(之后为关白)。

藤原兼家死后,长男藤原道隆等官僚外戚继续担任摄政与关白之职,为了能够长期专权下去,他还让女儿定子入宫做了一条天皇的皇后。长德元年(995),藤原道隆因病去世,继任的关白是其弟道兼。但道兼任职7天后便去世了,之后道隆之子伊周与道隆、道兼之弟道长争权夺利,在这场斗争中道长取得了胜利,掌握朝中的实权。为了巩固自己的政治地位,藤原道长将女儿彰子也送入了皇宫之中,成为与皇后定子地位相等的中宫皇后,开创了一帝二后的先例,在日本历史上尚属首次。

一条天皇在位之时,由于他的软弱无力,这一时期也是外戚藤原道隆、藤原道长兄弟与藤原氏家族权势达到顶峰的时代。因为有了两位皇后,女性的地位有了一点点提高,服侍皇后定子的清少纳言与服侍中宫彰子的紫式部、和泉式部等人,以宫廷生活为中心,创作了《源氏物语》等日本文学名著,使平安时期的女流文学得到发展。一条天皇本人也颇有文学功底,对文学艺术也表现出相当的关心,为后世留下了《本朝文粹》等诗文。一条天皇对音乐也很有造诣,擅长吹笛。此外,他为人谦和好学,受到了很多人的仰慕,是古代日本天皇中比较有才华的一位。

宽弘八年六月十三日(1011年7月16日),一条天皇因病让位于堂兄居贞亲王,同月二十二日(1011年7月25日),一条天皇驾崩。

一条天皇驾崩后,葬于圆融寺北陵,陵墓为圆丘形,与堀河天皇的陵墓处于同一区域,位于今京都市右京区竜安寺。

一条天皇的年号有6个,具体如下:

一条天皇的第一个年号为"永延"。年号的撰定者不明。使用时间为:宽和三年四月五日(987年5月5日)—永延三年八月八日(989年9月10日),共计3年。

"永延"年号典出自:

1.《后汉书·马融传》：

丰千亿之子孙，历万载而**永延**。

2.《隋书·音乐志》：

周庭有列，汤孙**永延**。

在这两部中国古代典籍中，“永延”是希望家业绵长，子孙后代能够永远延续下去，表达的是对后世的一种美好祝福。一条天皇选择“永延”为年号，是说自己在7岁时就已经即天皇之位，后面的路还很漫长，希望子孙后代能够永远延续帝业，保持皇室江山永固。

一条天皇的第二个年号是“永祚”。年号的撰定者中纳言大江维时。使用时间为：永延三年八月八日（989年9月10日）—永祚二年十一月七日（990年11月26日），共计2年。

“永祚”年号典出自：

1.《诗经·大雅·既醉》：

君子万年，**永**锡**祚**胤。

2.《晋书·乐志上·正旦大会行礼歌》：

穆穆天子，光临万国。多士盈朝，莫匪俊德。……保兹**永祚**，与天比崇。

3.《旧唐书·王方庆传》：

当思答极施之洪慈，保无疆之**永祚**。

在上面三部中国典籍的记载中，《诗经》中的例子是“永锡祚胤”的略写。按《尔雅·释古》所说：“永，长也；永，远也。”按《说文解字》所说：“祚，传也；祚，福也。”可见“永祚”一词，似有

“永远传流，万世不竭”的意思。

在2、3例子中，“永祚”亦意为“国运长久”。一条天皇以“永祚”为年号，是因为在他即位的这几年中，发生了一系列地震等灾异，因此他希望自己的统治能够像所取的年号那样，能够长久下去。

一条天皇第三个年号是“正历”。年号撰定者不明。使用时间为：永祚二年十一月七日（990年11月26日）—正历六年二月二十二日（995年3月25日），共计6年。

“正历”年号典出自：

1.《汉书·武帝纪》：

夏五月，**正历**，以正月为岁首。

2. 汉·贾逵《条奏左氏长义》：

陛下通天然之明，建大圣之本，改元**正历**。

在这两部中国典籍中，“正历”为改订历法之意。改元的原因据说是因发生飓风等自然灾害，一条天皇遂下令改元了。

一条天皇第四个年号为“长德”。年号的撰定者为中纳言大江维时。使用时间为：正历六年二月二日（995年3月25日）—长德五年一月十三日（999年2月1日），共计5年。

“长德”年号典出自：

1.《管子·中匡》：

公曰：“请问为身。”对曰：“道血气以求长年、长心、**长德**，此为身也。”

郭沫若等集校引于省吾曰：

“长”，宜读为养……“长心**长德**”，即养心养德。

2. 汉·扬雄《城门校尉箴》:

唐虞**长德**,而四海永怀;秦恢长城,而天下畔乖。

3. 南朝·梁·任昉《文选·为褚咨议蓁让代兄袭封表》:

世载承家,允膺**长德**。

在这三部中国典籍中,1的例子意谓"修养德行";2的例子意为"盛德";3的例子意为"年长而有德"。

在一条天皇统治的这几年中,也是日本政治史上动荡最大的时期。在改元前后,有相当长时间疫病在全国流行;同时关白藤原道隆过世,掀起了政治斗争风波。不久之后,内大臣藤原伊周、中纳言藤原隆家兄弟发动政变,史称"长德之变"。这场政变对国家政治冲击较大,一度引起社会的骚动。针对这种情况,一条天皇改元长德,是想加强"德行修养",以度过社会危机。

一条天皇第五个年号是"长保"。年号的撰定者为文章博士大江匡衡。使用时间为:长德五年一月十三日(999年2月1日)—长保六年七月二十日(1004年8月8日),使用时间为6年。

"长保"年号典出自《国语·周语中·刘康公论鲁大夫俭与侈》:

定王八年,使刘康公聘于鲁……归,王问鲁大夫孰贤?对曰:"……若本固而功成,施遍而民阜,乃可以**长保**民矣,其何事不彻?"

在长保二年(1000)二月二十五日,一条天皇同时册立藤原定子和藤原彰子为皇后与中宫,开创了日本历史上前所未有的"一帝二后"制度。一条天皇以"长保"为年号,希望自己的"齐人之福"能够长期保持下去,年号反映了他当时的心情。

一条天皇第六个年号是"宽弘"。撰定者为式部权大辅大江匡衡。使用时间为：长保六年七月二十日(1004年8月8日)—宽弘九年十二月二十五日(1013年2月8日)，使用时间为9年。

“宽弘”年号典出自：

1.《汉书·元帝本纪·赞》：

……**宽弘**尽下，出于恭俭，号令温雅，有古之风烈。

2.《后汉书·第五伦传》：

体晏晏之姿，以**宽弘**临下。

在这两部中国典籍中，“宽弘”意为“宽大恢弘”，引申为政治上宽松的氛围。宽弘二年(1005)，藤原伊周被封为准大臣(大臣之下、大纳言之上的待遇)，首开了这一方面的先例。此时也是王朝宫廷文学最盛的时期，以“好文之贤皇”著称的一条天皇，以他的宫廷为中心聚集了许多文学家，如著名的才女紫式部、和泉式部等人，而男性官员也不甘示弱，亦多文笔优秀的文人雅士。一条天皇以此为年号，表明自己的统治非常宽弘，所以才出现了文化昌盛的局面。

第四章 第三系天皇

在日本历史上，从一条天皇之后便开始了第三系天皇时代。外戚藤原氏掌握朝廷大权后，天皇权力式微，始终无法真正掌握权力。除了藤原氏、平氏、丰臣氏三个时期是关白摄政外，其余时期的国家大权都是掌握在幕府将军手里，外人很难染指朝廷的权力。但名义上天皇还是日本的最高统治者。

由于皇权旁落，历代天皇中也有一些既不甘心做外戚或幕府政权的傀儡、并且也有一定实力夺取权力的天皇，后醍醐天皇即是最有代表性的人物。

继后嵯峨天皇之后，他的两个儿子后深草天皇跟龟山天皇相继即位，权力的争斗出现了白热化。从那时起，天皇开始分为两个皇统：即后深草一系的持明院统跟龟山一系的大觉寺统。这两派各不相让，围绕皇位继承问题持续展开了激烈的争斗。

针对这种复杂的情况，控制日本实权、对皇位继承拥有说一不二的镰仓幕府采取不偏不倚的政策，他们制定了“两统迭立”方案，亦即两统交替即位。按照这一方案，文保二年(1318)是大觉寺统的后醍醐天皇即位。后醍醐天皇即位后，为了巩固自己的权力，立即重用所亲信的勤王派大臣，与镰仓幕府展开了坚决的斗争。在后醍醐天皇的号召之下，各地勤王军纷纷举起了征讨幕府的大旗，与幕府势力进行了长期的斗争。后来，投靠后醍醐天皇的幕府武将足利尊氏倒戈，给予镰仓幕府致命一击，正庆二年(1333)五月，镰仓幕府终于走向了灭亡。

经过一系列的政治、军事抗争之后，后醍醐天皇将政权牢牢地握在自己手中，他取中国汉光武帝刘秀消灭王莽、复兴汉室之意，将年号改为“建武”，史称“建武中兴”。由于广大武士阶层为天皇立下了汗马功劳，而建武新政权却对他们采取了防范的政策，在一些重要的问题上也没有照顾到他们的利益，遂引起各地武士的不满。建武二年(1335)七月，足利尊氏为了扩大自己的权势，奏请天皇封他为征夷大将军。后醍醐天皇洞悉了他的野心，没有批准他的要求，足利尊氏愤然离京。次年五月，足利尊氏的军队在凑川大败朝廷的新田义贞和楠木正成的军队，乘势攻入了京都。同年八月，足利尊氏拥持明院统丰仁亲王为光明天皇。同年十二月，后醍醐天皇逃入吉野山，并在此宣布再次即位，称为“南朝”。为了显示自己的正统性，他称京都方面的北朝为“伪朝”。从此之后，日本历史进入长达50多年的“南北朝时代”。

在南北朝时代，虽然北朝的持明院统居住在首都京都，但象征天皇神权的“三神器”——八咫镜、八尺琼勾玉和天丛云剑却在南朝大觉寺统手里。幕府虽然拥立北朝，但北朝因没有“三神器”，所以不能算是日本的“正统”。这种情况一直持续到1392年，在将军足利义满的调停下，南朝的后龟山天皇将所谓的“三神器”交予北朝的后小松天皇，而自己进入京都大觉寺当了上皇，日本在名义上实现了统一。由于有了调停之功，足利义满并没有兑现自己的诺言，实行“两统迭立”的方案。等到大觉寺统后龟山天皇的后代们发现上了当，为时已经晚了。于是从后小松天皇开始，日本历代的天皇均为持明院统的嫡系后代，而大觉寺统的皇族们从此再也无缘染指皇位。

第六十七代天皇:三条天皇

三条(さんじょう)天皇为日本第六十七代天皇。其生卒年月为:976年2月5日(天延四年一月三日)—1017年6月5日(宽仁元年五月九日),享年42岁。在位时间为:1011年7月16日(宽弘八年六月十三日)—1016年3月10日(长和五年一月二十九日),在位时间5年。

三条天皇名居贞,为冷泉天皇第二皇子,花山天皇的异母弟,其母为摄政太政大臣藤原兼家长女、赠皇太后的藤原超子。后妃子女主要有:皇后藤原娍子(赠右大臣藤原济时长女),生子敦明亲王(小一条院)、敦仪亲王、敦平亲王、师明亲王,生女当子内亲王、禔子内亲王;中宫藤原妍子(左大臣藤原道长次女),生女祯子内亲王(后朱雀天皇皇后、后三条天皇之母;尚侍藤原绥子(摄政藤原兼家三女),无子女;女御藤原原子(摄政藤原道隆次女),无子女。

村上天皇在位二十多年,曾励精图治,一度出现了"天历之治"的政治局面。村上天皇之后,天皇之位由他的两个儿子冷泉天皇和圆融天皇的后代轮流继承。一条天皇之后是冷泉天皇的儿子继位,即三条天皇。他即位时已经36岁,具有了一些政治上的经验,因此与把持朝政的藤原道长关系紧张。

三条天皇长于和歌创作,其作品收录在《后拾遗和歌集》、《新古今和歌集》、《词花和歌集》等和歌作品集中。

即位前,三条天皇已有数名妃子,其中的皇后藤原娍子已有六个子女,即位之后由于迫于藤原道长的压力,不得已又立藤原道长的女儿藤原妍子为中宫。三条天皇为此长期抑郁寡欢,另外他还患有严重的眼疾,双眼近乎失明,就连走路也成了困难之事。藤原道长为了让外孙敦成亲王即位,以眼疾为由急不可耐地逼迫三条天皇退位。应永二十三年(1016),三条天皇以立娍子所生的敦明亲王为下一代太子作为交换条件，离开了他认为并不值得留恋的皇位。长和五年(1016)二月十三日，三条天皇被奉上“太上天皇”的尊号。宽仁元年(1017)四月二十九日，三条天皇出家，法名金刚净。同年五月九日，在三条院驾崩。太子敦成亲王继承皇位，是为后一条天皇。三条天皇死后，敦明亲王慑于藤原道长的威势，主动放弃了个人的地位。藤原道长为了避免嫌疑，给了他一个“小一条院”的尊号，以示和“一条院”有所区别。

三条天皇驾崩后，葬于北山陵，陵墓为圆丘形，后世之时该陵墓一度墓址不明，幕府末年确定其墓址并加以修葺，明治二十二年(1889)称为现在的陵号，位于今京都市北区衣笠西尊上院町。

三条天皇的年号只有一个为“长和”，年号的撰定者为文章博士菅原宣义、大江通直。使用时间为：宽弘九年十二月二十五日(1013年2月8日)—长和六年四月二十三日(1017年5月21日)，共计6年。

“长和”年号典出自《礼记·冠义》：

> 凡人之所以为人者，礼义也。……君臣正，父子亲，**长幼和**，而后礼义立。

在这部中国典籍中，“长和”意为“长幼和睦”和“长期和睦”之意，三条天皇以此为年号，是希望在统治阶级和皇族内部不要出现争权夺利和血腥争斗的事情，能够保持长期和睦，维护国家政权的稳定才是最重要的事。

第六十八代天皇:后一条天皇

后一条(ごいちじょう)天皇为日本第六十八代天皇。其生卒年月为:1008年10月12日(宽弘五年九月十一日)—1036年5月15日(长元九年四月十七日),享年29岁。在位时间为:1016年3月18日(长和五年二月七日)—1036年5月15日(长元九年四月十七日),在位时间达21年。

后一条天皇名敦成,为一条天皇第二皇子,其母为藤原道长之女、中宫藤原彰子。后一条天皇的中宫是摄政藤原道长之女藤原威子,生女章子内亲王(二条院),为后冷泉天皇中宫;生女馨子内亲王(西院皇后),为后三条天皇中宫。后一条天皇与威子之间仅生有两名内亲王,没有皇子。

在藤原道长的强势高压下,敦明亲王主动辞去了太子之位,藤原道长立后一条天皇的同母弟敦良亲王为太子,打破以往的继承惯例,冷泉天皇一系被排除在皇统之外。

后一条天皇9岁即位,藤原道长为了长期掌控权力,把女儿威子送入后宫。威子是后一条天皇生母的胞妹,是后一条天皇的姨母,现在又成了他的中宫,年龄整整比他大了9岁。这样后一条天皇既是藤原道长的外孙,又是他的女婿,被他牢牢地控制着人身自由,没有一点自主权。

后一条天皇在位21年,前几年由藤原道长执政,后期由他的儿子藤原赖通掌权。藤原道长的三个女儿分别为太皇太后、皇太后和皇后。万寿四年(1027)藤原道长去世,他的儿子藤原赖通任关白。长元九年(1036),年轻的后一条天皇驾崩。依据其遗诏,朝廷秘不发丧,在举行让位给弟弟敦良亲王(后朱雀天皇)的仪式后,才正式公布天皇驾崩的消息。

后一条天皇驾崩后,葬于菩提树院陵,陵墓为圆丘形,与后冷泉天皇皇后章子内亲王的陵墓处于同一区域,后世之时该陵墓一度墓址不明，幕府末年确定其墓址，明治二十二年(1889)统一称为现在的陵号，位于今京都市左京区吉田神乐冈町。

后一条天皇的年号有四个，具体如下：

第一个年号为“宽仁”。年号的撰定者为式部大辅藤原广业。使用时间为：长和六年四月二十三日(1017年5月21日)—宽仁五年二月二日(1021年3月17日)，共计5年。

“宽仁”年号典出自：

1.《书·仲虺之诰》：

克**宽**克**仁**，彰信兆民。

孔传：言汤**宽仁**之德明信于天下。

2.《汉书·韩信传》：

陛下**宽仁**，诸侯虽有叛亡，而后归，辄复故位号，不诛也。

3.《会稽记》：

宽仁佑云云。

在这几部中国典籍中，“宽仁”是指“宽厚仁慈”之意。后一条天皇即位时年仅9岁，取这个年号是希望自己以后在执政的过程中“宽仁”地对待他人，同时也希望他人、特别是藤原道长也能够“宽仁”地对待自己。

后一条天皇第二个年号是“治安”。年号的撰定者为参议藤原广业、文章博士三善(善滋)为政。使用时间为：宽仁五年二月二日(1021年3月17日)—治安四年七月十三日(1024年8月23日)，共计4年。

“治安”年号典出自：

1.《管子·形势解》:

生养万物,地之则也;**治安**百姓,主之则也。

2.《史记·孝文本纪》:

古者殷周有国,**治安**皆千余岁。

3.《汉书·贾谊传》:

臣窃惟事势,可为痛哭者一,可为流涕者二,可为长太息者六,……陛下何不壹令臣得孰数之于前,因陈**治安**之策,试详择焉。

在这三部中国典籍中,“治安”意为“治理国家(百姓)使之安定”,也谓治理与安定两种政治措施。1021年恰逢辛酉年,后一条天皇因遇到辛酉革令而改元,取年号为“治安”,是希望国家、百姓能够安定,并进而过上安定的生活。

后一条天皇第三个年号是“万寿”。年号撰定者为文章博士三善(善滋)为政。使用时间为:治安四年七月十三日(1024年8月23日)—万寿五年七月二十五日(1028年8月18日),共计5年。

“万寿”年号典出自:

1.《诗经·小雅·南山有台》:

南山有桑,北山有杨。乐只君子,邦家之光;乐只君子,**万寿**无疆。

2. 晋·潘岳《闲居赋》:

称**万寿**以献觞,咸一惧而一喜。

在这两部中国典籍中,“万寿”表示“长寿”之意,为祝福之词。1024年是甲子年，后一条天皇因遇到甲子革令而改元万寿。同时，因自己身体多病，取"万寿"为年号有希望自己长寿之意。可惜事与愿违，后一条天皇还是在不到30岁的时候就英年早逝了。

后一条天皇第四个年号是"长元"。年号撰定者为文章博士三善(善滋)为政。使用时间为：万寿五年七月二十五日(1028年8月18日)—长元十年四月二十一日(1037年5月9日)，共计10年。

"长元"年号典出自《太公·六韬》：

> 天之为天，元为天长矣，地久矣。**长**久在其**元**，万物在其间。各得其利，谓之泰平。

在这部典籍中，"长元"意为"事物的长久发展在于其根元"。在后一条天皇执政末期，疫病、旱灾严重，民不聊生，改元"长元"即是希望能够保障国本，让百姓安居乐业，不使国家的元气受到损害。

第六十九代天皇：后朱雀天皇

后朱雀(ごすざく)天皇为日本第六十九代天皇。其生卒年月为：1009年12月14日(宽弘六年十一月二十五日)—1045年2月7日(宽德二年一月十八日)，享年37岁。在位时间为：1036年5月15日(长元九年四月十七日)—1045年2月5日(宽德二年一月十六日)，在位时间9年。

后朱雀天皇名敦良，为一条天皇第三皇子，其母为藤原道长之女、中宫藤原彰子，后一条天皇是其同母兄。后妃子女主要有：皇后祯子内亲王(三条天皇第三皇女)，生子尊仁亲王(即后来的后三条天皇)，生女良子内亲王、娟子内亲王；中宫藤原嫄子(敦康亲王之女、关白藤原赖通养女),生女祐子内亲王、禖子内亲王;尚侍藤原嬉子(赠皇太后、摄政藤原道长六女),生子亲仁亲王(即后来的后冷泉天皇);女御藤原生子(内大臣藤原教通长女),无子女;女御藤原延子(权大纳言藤原赖宗次女、条子内亲王养女),生女正子内亲王(押小路斋院)。

长和五年二月七日(1016年3月18日),后一条天皇即位,当时原本以敦明亲王为皇太子,但敦明亲王迫于藤原道长的压力,在宽仁元年(1017)辞去皇太子之位。其后在藤原氏家族的操控下,便以敦良亲王为皇太子。宽仁五年(1021),娶藤原道长六女、即姨母藤原嬉子为东宫妃。万寿二年(1025),藤原嬉子生下期待已久的第一王子亲仁(即后来的后冷泉天皇),然而嬉子却因产后失调,两天后便过世了。之后他又娶道长孙女、堂妹祯子内亲王为妃,生第二王子尊仁(即后来的后三条天皇)等一男二女。他的兄长后一条天皇没有生育皇子便去世了,此后便由他在28岁时继承了皇位。

即位后,后朱雀天皇首先迎娶关白藤原赖通的养女藤原嫄子入宫,并立为中宫。其后又陆续将藤原教通之女藤原生子、藤原赖宗之女藤原延子等藤原氏之女迎入后宫,但这些女性都没有生下皇子。宽德二年一月十六日(1045年2月5日),后朱雀天皇在病危之际,决心让位给亲仁亲王(后冷泉天皇),并立尊仁亲王为下一任皇太子。两天后出家,法名精进行。同日在东三条第驾崩。

后朱雀天皇驾崩后,葬于圆乘寺陵,在竜安寺内。陵墓为圆丘形,位于今京都市右京区竜安寺朱山,与后冷泉天皇、后三条天皇的陵墓东西并列在一起,三个陵墓处于同一区域。其后该陵墓一度遗址不明,幕府末年确定其现在的位置。

后朱雀天皇的年号有三个,具体如下:

第一个年号为“长历”,年号的撰定者为大学头藤原义忠。使用时间为:长元十年四月二十一日(1037年5月9日)—长历四年十一月十日(1040年12月16日),共计4年。

“长历”年号典出自:

1. 沈约《上言宜校勘谱籍》:

又诏书甲子,不与**长历**相应。

2.《晋书·杜预传》:

预身不跨马,射不穿札,而每任大事,辄居将率之列。……又作盟会图、春秋**长历**,备成一家之学,比老乃成。

两部典籍中“长历”的意思是:依历法推算,列出千百年间年月朔闰的历书。“长历”也有长长久久的意思,后朱雀天皇改元“长历”,自然也是希望无论是个人身体,还是国家的统治秩序,都能够长长久久下去。

后朱雀天皇的第二个年号为“长久”。年号的撰定者为式部权大辅大江举周。使用时间为:长历四年十一月十日(1040年12月16日)—长久五年十一月二十四日(1044年12月16日),共计5年。

“长久”年号典出自:

1.《道德经·第七章》:

天**长**地**久**。天地所以能长且久者,以其不自生,故能长生。

2.《庄子·在宥》:

敢问治身,奈何而可以**长久**?

3.《国语·越语下》:

其君臣上下皆知其资财之不足支**长久**也。

4. 曹操《秋胡行　其二》：

天地何长久，人道居之短。

在这四部典籍中，“长久”的意思是“时间很长”、“持久”、“长寿”之意。在这几年中，由于发生旱灾，后朱雀天皇改元“长久”，也是希望和“长历”一样，能够长寿和长久下去。

后朱雀天皇的第三个年号为“宽德”。年号的撰定者为文章博士平定亲、式部权大辅大江举周。使用时间为：长久五年十一月二十四日（1044年12月16日）—宽德三年四月十四日（1046年5月22日），共计3年。

“宽德”年号典出自《后汉书·杜林传》：

大汉初兴，详览失得，故破矩为圆，斫雕为朴，蠲除苛政，更立疏网，海内欢欣，人怀宽德。

在这部典籍中，“宽德”意为“宽厚的德政”。后朱雀天皇以此为年号，是希望自己能够像中国古代的帝王那样，以“宽德”的方式，来处理国政和对待百姓，表达了他的政治理念。

第七十代天皇：后冷泉天皇

后冷泉（ごれいぜい）天皇为日本第七十代天皇。其生卒年月为：1025年8月28日（万寿二年八月三日）—1068年5月22日（治历四年四月十九日），享年44岁。在位时间为：1045年2月5日（宽德二年一月十六日）—1068年5月22日（治历四年四月十九日），在位时间达23年。

后冷泉天皇名亲仁，为后朱雀天皇的皇长子，其母为藤原道长六女藤原嬉子。后冷泉天皇出生二天后，生母因感染赤斑疮（麻疹的一种）而去世，后冷泉天皇即位后追赠母亲为皇太后；紫式部的女儿大式三位（藤原贤子）是他的乳母。后冷泉天皇是日本历代天皇中唯一三后并立的天皇。虽然之后的鸟羽天皇、二条天皇与后堀河天皇也都有三名皇后或中宫，但三位皇后在位的时间相互交错，后冷泉天皇则三后并存。章子内亲王入宫最早，为中宫。她是后一条天皇的第一皇女，深得父母的疼爱，与妹妹馨子内亲王分居飞香舍的东西两侧，但无子女。中宫皇后藤原宽子于永承五年（1050）入宫，为关白藤原赖通长女，永承六年（1051）二月被立为皇后。皇后藤原欢子为关白藤原教通第三女，永承六年（1051）二月叙准三宫，给年官、年爵，封千户，别称“小野皇太后”。永承四年（1049）生下一位皇子，但皇子在出生当日即夭折了，除此外后冷泉天皇并无其他子女。

后冷泉天皇在长历元年（1037）八月十七日12岁时被立为皇太子，宽德二年（1045）四月八日21岁时即天皇位。

后冷泉天皇在位时，并无太多的政绩，国家的一切大政方针都操纵在藤原氏手中。治历四年（1068）四月十七日，在后冷泉天皇逝世前夕，女御藤原欢子被立为皇后，藤原宽子改称中宫，中宫章子为皇太后。改号两天之后，后冷泉天皇在高阳院逝世。

由于后冷泉天皇死后没有皇子继位，于是由异母弟尊仁亲王即位为后三条天皇。而后冷泉天皇之母祯子内亲王是三条天皇第三皇女、后朱雀天皇的皇后，后三条天皇与藤原氏没有直接的外戚关系，再加上自从后冷泉天皇的生母藤原嬉子去世后，宫中所有的藤原氏女子就没有生下能够即位的皇子，藤原氏的势力因之逐渐衰退。

后冷泉天皇驾崩后，葬于圆教寺陵，陵墓为圆丘形，位于今京都市右京区竜安寺朱山町。与后朱雀天皇陵墓、后三条天皇陵墓东西并列在一起，三个陵墓处于同一区域。中世之时该陵墓一度遗址不明，幕府末年确定其现在的位置。

后冷泉天皇的年号有四个,具体如下:

后冷泉天皇的第一个年号为“永承”。年号的撰定者为文章博士平定亲。使用时间为:宽德三年四月十四日(1046年5月22日)—永承八年一月十一日(1053年2月2日),共计8年。

“永承”年号典出自《宋书·礼志》:

> 次纳征版文:“皇帝曰:咨某官某姓之女,有母仪之德,窈窕之姿,如山如河,宜奉宗庙,**永承**天祚。”

在《宋书》中,“永承”即指“永远继承”之意,按其内容所说,是指永远承受天意,按照上天的意志行事。后冷泉天皇改元永承,是希望永远能够承受天意,按照上天的意志去做事情。

后冷泉天皇的第二个年号为“天喜”。年号的撰定者为右中弁平定亲。使用时间为:永承八年一月十一日(1053年2月2日)—天喜六年八月二十九日(1058年9月19日),共计6年。

“天喜”年号典出自《抱朴子》:

> 人主有道,则嘉祥并臻,此则**天喜**也。

天喜之意为:星相术士的四柱神煞之一,日支和月建相合,如正月逢亥日,二月逢戌日,是为吉日,谓之天喜。

在后冷泉天皇即位的这几年中,由于出现了一些天变怪异之事,遂改元为“天喜”。希望能够得到上天的眷顾,帮助自己躲过灾难,能够有一个太平的日子。

后冷泉天皇的第三个年号为“康平”。年号的撰定者为文章博士藤原实范。使用时间为:天喜六年八月二十九日(1058年9月19日)—康平八年八月二日(1065年9月4日),共计8年。

“康平”年号典出自《后汉书·梁统传》:

文帝宽惠柔克，遭世**康平**，唯除省肉刑、相坐之法，它皆率由，无革旧章。

在这部中国典籍中，“康平”意为“健康、平安、顺利”之意。天喜六年，皇宫太极殿发生火灾，皇室的财产受到损失。后冷泉天皇以此为年号，意在希望自己能够“康平”，继而躲过一切灾祸。

后冷泉天皇的第四个年号为“治历”。年号的撰定者为式部大辅藤原实纲。使用时间为：康平八年八月二日（1065年9月4日）—治历五年四月十三日（1069年5月6日），共计5年。

“治历”年号典出自：

1.《尚书·正义》：

汤武革命，顺于天而应于人，君子以**治历**明时。然则改正治历，自武王始矣。

2.《周易》：

君子以**治历**明时。

在这两部中国典籍中，“治历”意为“制定历法，研究历法”，通过制定、研究历法来趋利避害。在后冷泉天皇后期，旱灾、火灾等灾害不断。在灾难面前，天皇也束手无策，于是想通过改元以祈求国泰民安。

第七十一代天皇：后三条天皇

后三条（ごさんじょう）天皇为日本第七十一代天皇。其生卒年月为：1034年9月3日（长元七年七月十八日）—1073年6月15日（延久五年五月七日），享年40岁。在位时间为：1068年

5月22日(治历四年四月十九日)—1073年1月18日(延久四年十二月八日),在位时间4年。

后三条天皇名尊仁,为后朱雀天皇第二皇子,其母为三条天皇第三皇女、皇后藤原祯子内亲王(阳明门院),后冷泉天皇的异母弟。后三条天皇的后妃子女主要有:中宫馨子内亲王(西院皇后,后一条天皇第二皇女),无子女;东宫妃(赠皇太后)藤原茂子(藤原公成女、藤原能信养女),生子贞仁亲王(即后来的白河天皇),生女聪子内亲王、俊子内亲王、佳子内亲王、笃子内亲王;女御源基子(源基平女),生子实仁亲王、辅仁亲王;女御藤原昭子(藤原赖宗女),无子女。

治历四年(1068),在蛰居东宫24年之后,后冷泉天皇驾崩,后三条天皇随后即位。在宇多天皇之后,后三条天皇是170年间唯一和藤原氏没有直接血统关系的天皇。由于后三条天皇自幼就和生母生活在一起,母子俩备受藤原氏的欺压,日子过得苦不堪言,在被立为太子后的二十多年里,他谨小慎微,地位也并不稳固,随时有被废掉的可能。由于有了这些曲折的经历,后三条天皇独立处理政务以后,再也不愿充当藤原氏家族的傀儡,他要奋发图强,致力于恢复已中断一个世纪的天皇亲政。首先,他改革宫廷的礼仪制度;其次,减少宫廷费用;第三,没收未经天皇颁发地契的土地;第四,打破门阀限制,起用地位较低的中下层贵族参与朝政,扩大政权统治的基础。在后三条天皇一系列大刀阔斧的改革下,藤原氏独霸朝廷的局面得到了改变。延久元年(1069),后三条天皇又着手整顿庄园,在中下层官员的大力支持下,准备对藤原赖通的庄园加以限制。但碍于摄关政治的成例,后三条天皇还不能随意贯彻自己的旨意,何况他还有几个藤原家出来的妻室,他的一系列想法并没有得到施行。即位4年之后,后三条天皇让位给太子贞仁亲王,即白河天皇。次年(延久五年)五月七日,后三条天皇在大炊御门殿驾崩。

后三条天皇驾崩后，葬于圆宗寺陵，陵墓为圆丘形，位于今京都市右京区竜安寺朱山。与后朱雀天皇、后冷泉天皇的陵墓东西并列在一起，三个陵墓处于同一区域。

后三条天皇的年号只有一个为“延久”，年号的撰定者为式部大辅藤原实纲。使用时间为：治历五年四月十三日(1069年5月6日)—延久六年八月二十三日(1074年9月16日)，共计6年。

“延久”年号典出自《尚书·君奭》：

我以道惟安，行宁王之德，谋欲**延久**。

《尚书》中的这句话，意指有道德才能使国运长久。后三条天皇以此为年号，意在国内实行道德教化，进而使国家达到一种理想的发展形势。

第七十二代天皇：白河天皇

白河(しらかわ)天皇为日本第七十二代天皇。其生卒年月为：1053年6月7日(天喜元年六月十九日)—1129年7月24日(大治四年七月七日)，享年77岁。在位时间为：1073年1月18日(延久四年十二月八日)—1087年1月3日(应德三年十一月二十六日)，在位时间达14年。

白河天皇名贞仁，为后三条天皇的长子，其母为藤原茂子(藤原公成之女、藤原能信养女)。后妃子女主要有：中宫藤原贤子(源显房之女、藤原师实养女)，生子敦文亲王、善仁亲王(即后来的堀河天皇)，生女媞子内亲王、令子内亲王、禛子内亲王；女御藤原道子(藤原能长之女)，生女善子内亲王；典侍藤原经子(藤原经平之女)，生子觉行法亲王；典侍源师子(源显房之女)，生子觉法法亲王；典侍源赖子(源赖纲之女)，生女宫子内亲王；典侍藤原季实之女，名不详，生女恂子内亲王；典侍春日殿藤原师兼之女，名不详，生子圣惠法亲王；典侍源政长之女，名不详，生子行庆；典侍备前源有宗之女，名不详，生子圆行；典侍源显房之女，名不详，生子静证；典侍祇园女御（原为源惟清或源仲宗之妻？此存一说），无子女；典侍祇园女御之妹（后为平忠盛之妻），生子平清盛；典侍廊御方（藤原通季之女、后为藤原实能之妻），无子女；典侍宇礼志岐（贺茂重助之女），无子女；典侍伊波比乎（贺茂重助之女），无子女。

白河天皇在治历四年（1068）其父后三条天皇即位后不久即被立为亲王，次年的延久元年（1069）被立为太子，延久四年（1072）其父让位于他。白河天皇即位后，由于藤原氏家族势力已经削弱，他有了掌握实权的机会。为了掌握实权，他采取以退为进的策略，宣布在应德三年十一月二十六日（1087年1月3日）退位，让位给儿子堀河天皇，自己做了上皇。白河天皇退位后，不甘心大权旁落，继续听政，并开创了院政制度。退位不久，白河上皇（法皇）始兴院政，设立“院厅”，依靠自己的亲信武士不断加强个人势力。此后国家大政均出自上皇院厅，号称“院宣”，权威大过天皇圣旨。从此日本出现了院厅和朝廷两大政治结构，直至建久三年（1192）镰仓幕府建立，这100余年就是所谓的院政时代。

白河天皇开启了院政制度，通过这一项制度逐步夺回了自平安中期天皇旁落的权力。他的强悍虽然有助于摆脱藤原旧贵族的操控，但院厅的创设不但激化了新旧贵族间的矛盾，而且最终导致了平、源两大武士集团的崛起。意想不到的是，白河天皇由于陷入了武士集团的要挟，天皇制度反而更加衰落了，因此他是平安时代后期政治混乱的始作俑者。

永长元年（1096），白河上皇出家做了“法皇”。但他既不受戒，也不起法号，依旧牢牢抓住权柄不放，一直到77岁去世。在经历了儿子堀河天皇、孙子鸟羽天皇、重孙（一说是他的私生子）崇德天皇三朝，白河上皇始终保持院厅的“垂帘听政”制度。

白河天皇驾崩后，葬于成菩提院陵，埋葬其火化后的遗骨，陵墓为方丘形，位于今京都市伏见区竹田净菩提院町。

白河天皇的年号有四个，具体如下：

白河天皇的第一个年号为“承保”。年号的撰定者为文章博士藤原正家。使用时间为：延久六年八月二十三日（1074年9月16日）—承保四年十一月十七日（1077年12月5日），共计4年。

“承保”年号典出自《尚书·洛诰》：

> 周公拜手稽首曰：“王命予来**承保**乃文祖受命民；越乃光烈考武王弘朕恭。……”

在这部典籍中，“承保”意为承天保民。白河天皇以“承保”为年号，希望自己能够秉承天意，保民而强国。

白河天皇的第二个年号是“承历”。年号的撰定者为文章博士藤原正家、式部大辅藤原实纲。使用时间为：承保四年十一月十七日（1077年12月5日）—承历五年二月十日（1081年3月22日），共计5年。

“承历”年号典出自《维城典训》：

> 圣人者以懿德永**承历**，崇高则天，博厚仪地。

在这部中国典籍中，“承历”意为“承天之历”，意为按照天意行事。白河天皇以此为年号，认为自己虽然在政治上有了一些改革，但都是按照天意行事，因此上天会眷顾他的。

白河天皇的第三个年号是“永保”。年号的撰定者为文章博士藤原行家。使用时间为：承历五年二月十日（1081年3月22日）—永保四年二月七日（1084年3月15日），共计4年。

“永保”年号典出自：

1.《尚书·仲虺之诰》:

……慎厥终,惟其始;殖有礼,复昏暴。钦崇天道,**永保**天命。

2.《尚书·梓材》:

……惟曰:欲至于万年惟王,子子孙孙**永保**民。

在《尚书》这部典籍中,"永保"之意是非常明确的。时为辛酉改元,白河天皇以此为年号,是希望能够进一步获得上天的眷顾,以期国泰民安。

白河天皇的第四个年号是"应德"。年号的撰定者为文章博士藤原有纲。使用时间为:永保四年二月七日(1084年3月15日)—应德四年四月七日(1087年5月11日),共计4年。

"应德"年号典出自:

1. 班固《白虎通·封禅》

天下太平,符瑞所以来至者,以为王者承天统理,调和阴阳,阴阳和,万物序,休气充塞,故符瑞并臻,皆**应德**而至。

2.《后汉书·陆康传》:

万姓从化,灵物**应德**。

3. 晋·郭璞《山海经图赞·白虎赞》:

应德而扰,止我交境。

在这三部中国典籍中,"应德"是指应验帝王的德政。时因甲子革令,白河天皇以此为年号进行改元,是想让上天看一下经过若干次的政治变动,自己的所谓"德政"能否获得上天的认可,于是便把年号改为"应德"。

第七十三代天皇:堀河天皇

堀河(ほりかわ)天皇为日本第七十三代天皇。其生卒年月为:1079年8月8日(承历三年七月九日)—1107年8月9日(嘉承二年七月十九日),享年29岁。在位时间为:1087年1月3日(应德三年十一月二十六日)—1107年8月9日(嘉承二年七月十九日),在位时间达21年。

堀河天皇名善仁,是白河上皇的次子,其母为中宫藤原贤子(源显房之女、藤原师实养女)。主要后妃子女有:中宫笃子内亲王(后三条天皇第四皇女),无子女;女御(赠皇太后)藤原苡子(藤原实季之女),生子宗仁亲王(即后来的鸟羽天皇);典侍仁子女王(康资王之女),生子悰子内亲王;典侍藤原宗子(藤原隆宗之女、后嫁藤原家保为妻),生子宽晓;典侍藤原时经女,名不详,生子最云法亲王;生母未详的皇女有怀子内亲王、喜子内亲王。

应德三年(1086),8岁的堀河天皇即位。由于他还年幼,名义上有藤原师实为他摄政,实际上是白河上皇操纵一切实权。堀河天皇温文尔雅,性情随和,不太专权。当臣下向他请示政事时,他为了表示尊重白河天皇,则以“一切照白河上皇指示办”为辞。即使这样,白河上皇仍然对堀河天皇不放心。他为了有效控制天皇,甚至把自己的妹妹笃子送到宫内,让13岁的堀河天皇娶了32岁的亲姑妈。笃子与堀河天皇并没有生育儿女。皇妃藤原苡子在康和五年(1103)为天皇生下了皇子宗仁亲王,白河上皇激动万分,立即封为太子。

随着年龄的增长,堀河天皇与白河法皇的冲突日益增多。摄政藤原师实站在了天皇一边,对法皇的专制大为不满,但又无可奈何。嘉承二年(1107),在位21年的堀河天皇病逝,年仅29岁。

堀河天皇驾崩后，葬于后圆教寺陵，陵墓为圆丘形，位于今京都市右京区竜安寺朱山，一条天皇陵墓的西侧。

堀河天皇的年号有7个，是日本古代使用年号较多的天皇之一，具体情况如下：

堀河天皇的第一个年号为“宽治”。年号的撰定者为右大弁大江匡房。使用时间为：应德四年四月七日（1087年5月11日）—宽治八年十二月十五日（1095年1月23日），共计8年。

“宽治”年号典出自《礼记·祭法》：

> 汤以**宽治**民而除其虐，谓放桀于南巢也。

在这部典籍中，“宽治”意为“宽松的政治环境”，是说商汤以宽松的方式治理国家，并且以宽和的心态对待臣民。堀河天皇以此为年号，表明他要以商汤为榜样，以宽弘的心态对待他的国民。

堀河天皇的第二个年号为“嘉保”。年号的撰定者为权中纳言大江匡房。使用时间为：宽治八年十二月十五日（1095年1月23日）—嘉保三年十二月十七日（1097年1月3日），共计3年。

“嘉保”年号典出自《史记·秦始皇本纪》：

> 皇帝休烈，平一宇内，德惠修长。……黔首修絜，人乐同则，**嘉保**太平。

在这部中国典籍中，“嘉保”的含义是“很好的保佑”。在这几年之中，日本各地瘟疫流行，堀河天皇以此为年号，表明他希望国家能够摆脱灾难，得到很好的保佑，各个方面都能够平安顺利。

堀河天皇的第三个年号为“永长”。年号的撰定者为权中纳言大江匡房。使用时间为：嘉保三年十二月十七日（1097年1

月3日)—永长二年十一月二十一日(1097年12月27日),共计2年。

“永长”年号典出自《后汉书·光武帝纪下》:

古者封建诸侯,以藩屏京师。周封八百,同姓诸姬并为建国,夹辅王室,尊事天子,享国**永长**,为后世法。

在这部典籍中,“永长”的含义是“国家能够永远存在下去”。在这两年中,日本发生了一系列灾变和地震,堀河天皇以此为年号希望国民能够战胜灾难,国家能够度过危机,进而使国运永昌。

堀河天皇的第四个年号为“承德”。年号的撰定者为文章博士藤原敦基。使用时间为:永长二年十一月二十一日(1097年12月27日)—承德三年八月二十八日(1099年9月15日),共计3年。

“承德”年号典出自《易经·蛊》:

象曰:干父用誉,**承**以**德**也。

在这部典籍中,“承德”的含义是“后人能继承前人之志,完成他们未竟之德业”。在这几年中,日本频发地震、洪水、飓风灾难,损失极为惨重。在这种情况下,堀河天皇希望自己能够克服困难,继承前人的遗志,把国家治理好。

堀河天皇的第五个年号为“康和”。年号的撰定者为式部大辅藤原正家。使用时间为:承德三年八月二十八日(1099年9月15日)—康和六年二月十日(1104年3月8日),共计6年。

“康和”年号典出自崔寔《政论》:

四海**康和**,天下周乐。

在这部典籍中,“康和”的含义是“健康、和乐”。承德三年,春天发生地震,夏天发生疾疫。在这种情况下,堀河天皇希望自己和百姓能够健康、和乐,上下一心,度过困难时期。

堀河天皇的第六个年号为“长治”。年号的撰定者为文章博士菅原在良、藤原俊信。使用时间为:康和六年二月十日(1104年3月8日)—长治三年四月九日(1106年5月13日),共计3年。

“长治”年号典出自《汉书·贾谊传》:

> 建久安之势,成**长治**之业,以承祖庙,以奉六亲,至孝也。

在这部典籍中,“长治”的含义是“长治久安”。在承德、康和年间,日本发生过一些灾变。在这种情况下,堀河天皇希望国家能够长治久安,不要因灾变而使国家发生严重的危机。

堀河天皇的第七个年号为“嘉承”。年号的撰定者为文章博士菅原在良。使用时间为:长治三年四月九日(1106年5月13日)—嘉承三年八月三日(1108年9月9日),共计3年。

“嘉承”年号典出自《汉书·礼乐志·安世房中歌》:

> 皇皇鸿明,荡侯休德。**嘉承**天和,伊乐厥福。在乐不荒,惟民之则。

在这部典籍中,“嘉承”的意思是“顺利、愉快地继承”。时因天变,堀河天皇遂改元“嘉承”,以希望自己能够顺利、愉快地继承祖业,把自己的皇位保持下去。可惜事与愿违,他还没有等到这一天,就英年早逝了。

第七十四代天皇:鸟羽天皇

鸟羽(とば)天皇为日本第七十四代天皇。其生卒年月为:1103年2月24日(康和五年一月十六日)—1156年7月20日(宝元元年七月二日),享年54岁。在位时间为:1107年8月9日(嘉承二年七月十九日)—1123年2月25日(保安四年一月二十八日),在位时间达16年。

鸟羽天皇名宗仁,为堀河天皇的皇长子,其母为大纳言藤原季实之女、赠皇太后的藤原苡子。后妃子女主要有:皇后藤原泰子(藤原公实之女),无子女;皇后藤原得子(藤原长实之女),生子体仁亲王(即后来的近卫天皇),生女睿子内亲王、暲子内亲王、姝子内亲王;中宫藤原璋子(藤原公实之女),生子显仁亲王(即后来的崇德天皇)、雅仁亲王(即后来的后白河天皇)、通仁亲王、君仁亲王、觉性法亲王(原名本仁亲王)、禧子内亲王、统子内亲王;宫人纪家子,生子道慧法亲王、觉快法亲王,生女阿夜御前;宫人三条局(藤原家政之女),生女妍子内亲王;宫人春日局(藤原实能之女),生女颂子内亲王;女御藤壶女御,生子最忠法亲王、道果法亲王、僧真誉;宫人藤原氏,生女高松宫。

鸟羽天皇出生十天后其母藤原苡子就去世了,由于没有母亲照顾,鸟羽天皇一直由祖父白河法皇养育,因此受白河法皇的影响很大。出生7个月后,鸟羽天皇就被立为太子。5岁即位后,因年龄小,国家政务全部由白河法皇管理。永久五年(1117)时,16岁的鸟羽天皇娶白河法皇的养女藤原璋子为中宫。一年之后,藤原璋子生下了一个儿子,即后来的显仁亲王(后为崇德天皇)。此时的鸟羽天皇已经逐渐懂事,他觉得这个孩子有些可疑,因为传言藤原璋子是白河法皇的地下情人,那么这个孩子可能是白河法皇与藤原璋子所生。鸟羽天皇为了自己的地位,仍与璋子维持着夫妻关系,以求不为白河法皇所废。保安四年(1123)一月二十三日,在白河法皇的主持下,鸟羽天皇禅位给了与待贤门院所生的长子、5岁的显仁亲王。显仁亲王虽然继位成为了崇德天皇,但权柄还是握在白河法皇的手里,他只不过是一个傀儡天皇而已。

白河法皇死后,由于没有人能够对鸟羽天皇进行约束,大治四年(1129)他开设院政。鸟羽天皇一反白河法皇的政策,将被白河法皇疏远的藤原忠实的女儿泰子(高阳院)迎入宫中,加强个人的势力,以巩固自己的院政。失去白河法皇这一保护伞的藤原璋子失宠了,鸟羽上皇因宠爱藤原得子,遂迫使崇德天皇让位给得子的儿子近卫天皇。因御人有术,鸟羽天皇掌握着崇德、近卫、后白河三代天皇的实权,前后共计28年。康治元年(1142),鸟羽天皇在东大寺受戒,成为了法皇。在他死后,崇德上皇和后白河天皇因权力之争矛盾激化,冲突全面爆发,导致了保元之乱。

在鸟羽上皇晚年,他已经预感到国家会出现动乱,曾对源氏、平氏武士集团做出过警告,但他们之间的矛盾已经达到了不可调和的地步。宝元元年(1156)七月二日,鸟羽法皇在安乐寿院的御所内病逝。按照其遗嘱,病逝当日即入殓,第三日即葬于安乐院御塔中,即安乐寿院陵。陵墓为方形,位于京都市伏见区竹田内畑町安乐寿院旧址内。该陵墓曾被误认为是近卫天皇的陵墓,元治元年(1864)修葺时得以改正。

鸟羽天皇的年号有五个,具体如下:

鸟羽天皇的第一个年号为“天仁”。年号的撰定者为大宰权帅大江匡房。使用时间为:嘉承三年八月三日(1108年9月9日)—天仁三年七月十三日(1110年7月31日),共计3年。

“天仁”年号典出自潘安仁《文选·赠答二·为贾谧作赠陆机》:

大晋统**天**,**仁**风遐扬。

在这部典籍中,“天仁”意为“国家有了大一统,才会有仁德的风气传扬”。鸟羽天皇以此为年号,意在针对当时的一些乱象,希望国家稳定,从而使国家有一种仁德的风气。

鸟羽天皇的第二个年号为“天永”。年号的撰定者为大宰权帅大江匡房。使用时间为:天仁三年七月十三日(1110年7月31日)—天永四年七月十三日(1113年8月25日),共计4年。

“天永”年号典出自《尚书·召诰》:

> 欲王以小民受**天永**命。

在这部典籍中,“天永”意为“天意永存”。在鸟羽天皇即位的第三年,因彗星出现,他感觉天象异常,遂改元天永,期望能够顺应天意,维护自己的统治。

鸟羽天皇的第三个年号为“永久”。年号的撰定者为大宰权帅大江匡房。使用时间为:天永四年七月十三日(1113年8月25日)—永久六年四月三日(1118年4月25日),共计6年。

“永久”年号典出自:

1.《毛诗·小雅·南有嘉鱼之什》

> 吉甫燕喜,既多受祉。来归自镐,我行**永久**。

2.《蔡邕议》:

> 其设不战之计,守御之固者,皆社稷之臣,**永久**之策。

在这两部典籍中,“永久”即“长久”之意。由于这些年日本一直出现天变、怪异、疾疫、兵戈之事,鸟羽天皇于是改元以求得自己和国家能够长久。取这个年号是为了求得心理上的安慰,并没有什么实际效果。

鸟羽天皇的第四个年号为“元永”。年号的撰定者为式部大辅菅原在良。使用时间为:永久六年四月三日(1118年4月25日)—元永三年四月十日(1120年5月9日),共计3年。

“元永”年号并不是完全出自于中国典籍,但却包含了儒家思想于其中。强调的是“只有固定住国家的根本,统治者的地位才能永远稳固”。由于天变、疾疫持续流行,鸟羽天皇似乎也感受到了危机。改年号为“元永”,也是他真实想法的流露。

鸟羽天皇的第五个年号为“保安”。年号的撰定者为文章博士三善为康。使用时间为:元永三年四月十日(1120年5月9日)—保安五年四月三日(1124年5月18日),共计5年。

“保安”年号典出自《汉书·王莽传上》:

> 辅翼汉室,**保安**孝平皇帝之幼嗣,遂寄托之义,隆治平之化。

在这部典籍中,“保安”谓对人或事物加以保护,使之安全或稳定不乱。鸟羽天皇即位以来,厄运不断。改元保安,是希望能够使个人和国家保持安全和稳定的状态。

第七十五代天皇:崇德天皇

崇德(すとく)天皇为日本第七十五代天皇。其生卒年月为:1119年7月7日(元永二年五月二十八日)—1164年9月14日(长宽二年八月二十六日),享年46岁。在位时间为:1123年3月18日(保安四年二月十九日)—1142年1月5日(永治元年十二月七日),在位时间18年。

崇德天皇名显仁,为鸟羽天皇长子,母亲为藤原公实之女、中宫璋子(待贤门院)。日本古书《古事谈》认为崇德天皇实际为白河法皇与待贤门院之子,今存疑。其后妃子女主要有:中宫藤原圣子(藤原忠通之女),无子女;兵卫佐局(源行宗义之女)，生子重仁亲王；三河权守(源师经女)，生子觉惠(元性)。

大治四年(1129)，白河法皇去世，政治格局出现了新变化。由于没有了法皇的羁绊，鸟羽天皇开始了自己的院政时代。他照搬其祖父那一套，把失去白河天皇保护的崇德天皇控制在手上。保延五年(1139)，他把自己与藤原得子所生的儿子体仁亲王送给崇德天皇做养子，3个月后立为太子。永治元年(1141)，崇德天皇被迫让位于其弟、3岁的体仁亲王为近卫天皇，失去了监护年幼天皇的资格。鸟羽法皇与崇德天皇的矛盾日益激化，保元元年(1156)的“保元之乱”就是这一矛盾的结果。

保安四年(1123)二月十九日崇德天皇正式即位，大治四年(1129)，关白藤原忠通的长女圣子(皇嘉门院)进入宫中。翌年(1130)藤原圣子被册立为中宫，但她却没有生育。保延六年(1140)9月2日，崇德天皇的女房兵卫佐局为天皇生下了第一皇子重仁亲王，引起了圣子和父亲藤原忠通的不快，这就是为什么忠通在后来的保元之乱中敌视崇德上皇和重仁亲王的原因。

鸟羽法皇在开设院政期间，宠幸藤原得子(美福门院)，在永治元年(1141)十二月七日胁迫崇德天皇退位，由得子所生的体仁亲王即位，是为近卫天皇。据《愚管抄》记载：体仁亲王被崇德天皇的中宫藤原圣子育为养子，称皇太子，但让位诏书中却称作皇太弟。由于继位的是异母弟，崇德天皇认为未来开设院政是不可能的事，因此对此事耿耿于怀。崇德上皇被迁往鸟羽田中殿居住，人称新院。

崇德天皇自在位以来频繁举办和歌的歌会，退位成为上皇之后更是完全沉迷在了和歌的世界里，撰写了《久安百首》《词花和歌集》等歌集。

久寿二年(1155)七月二十三日，体弱多病的近卫天皇驾崩，朝廷召开会议讨论继位的人选。本来确定由重仁亲王为新君，但由于藤原忠通的极力反对，决定改立美福门院的另一个养子守仁亲王继位。但是守仁亲王年幼，最终由守仁亲王的生父雅仁亲王登上皇位,是为后白河天皇。崇德上皇建立院政的愿望彻底破灭。

保元元年(1156)五月,鸟羽法皇病倒,七月二日申时驾崩。崇德上皇在其临终前曾前往探望,但被法皇身边的宠臣藤原惟方逐出,崇德上皇愤怒地返回鸟羽田中殿。鸟羽法皇的驾崩使崇德上皇和后白河天皇之间的矛盾激化,京都风传崇德上皇将要勾结藤原赖长等人谋反,因此后白河天皇在七月八日下令没收赖长及其父亲藤原忠实的庄园;同时派藏人高阶俊成和武士源义朝闯入藤原赖长的官邸。次日,崇德上皇和藤原赖长纠集了自己的势力藤原教长、平家弘、源为义、平忠正、源为朝等部下,在鸟羽田中殿集结。崇德上皇方面的势力较为弱小,因此平清盛等人投入了后白河天皇的阵营,重仁亲王乳母池禅尼的儿子平赖盛也投奔了天皇阵营。后白河天皇于11日黎明时分袭击了崇德上皇居住的鸟羽北殿,崇德上皇逃出御所。

七月十三日,崇德上皇逃入仁和寺,投奔同母弟觉性法亲王。但觉性却将其逮捕,关押在宽遍法务的旧房里,由源重成看押。二十三日,崇德天皇在数十名武士的押解下乘船流放赞岐国(今香川县),时人称之为赞岐院。天皇和上皇被流放外地,自764年藤原仲麻吕之乱淳仁天皇流放淡路以来,这是首次。从此之后,崇德上皇再也没有回到京都。据《保元物语》记载,崇德上皇到达赞岐国之后,过着软禁的生活。其间他投注于佛教信仰之中,愿往生极乐世界。历时3年,抄写了《华严经》等5部大经(有用墨抄写和用血抄写两种不同版本的说法),恳求朝廷将佛经送往京都纳于寺中,希望借此赎罪。但后白河天皇怀疑他是在诅咒自己,拒绝接受并退了回去。崇德上皇对后白河天皇恨之入骨,他说"活着已没有意义",从此不理发不剪指甲,"变成天狗的模样"。据《国史略》载:崇德上皇发愿"愿为大魔王,扰乱天下。以五部大乘经,回向恶道"。自此不食不休,8年后在赞岐国愤懑而死,死状犹如夜叉。死后乱世相仍不止，世间以为是祟，为日本三大恶妖怪之一。一说是被三木近安暗杀。

崇德上皇的死讯传到京都之后，后白河上皇不给他行国葬。安元二年(1176)，建春门院、高松院、六条院、九条院相继死去，而这些都是与后白河法皇和藤原忠通亲近的人。从次年开始，日本大事不断，如延历寺强拆、安元大火、鹿谷阴谋事件等，朝野上下全无宁日。朝廷认为是赞岐院和藤原赖长的怨灵作祟，因此在8月3日谥赞岐院为崇德天皇，同时追赠藤原赖长正一位太政大臣的官位。

朝廷的这些做法，似乎并未平息崇德的怨气，于是一场朝廷的灭顶之灾——“平氏专权”降临了。日本从此陷入了长达700年的战乱中，明治天皇即位，遣使到赞岐，将崇德天皇之灵迎回京都并创建白峰神宫供奉，日本才算迎来短暂的和平。

在日本，人们畏惧崇德上皇的咒怨，称其为“日本国大魔缘”和“祸祟神”，传说中崇德上皇的形象是金色的大鸢，酷似佛教中的护法神，手执钢杵，身插双翅，率众天狗镇守白峰。不管是在神道、鬼道还是世俗信仰中，崇德上皇在日本都占有重要的位置，延续近千年的咒怨使他与崇道天皇(早良亲王)一起成为最令日本君臣和平民敬畏的邪神。

崇德天皇驾崩后，葬于白峰陵，陵墓为方丘形，约有2.4米高，陵前设有庙堂，位于今香川县坂出市青海町。

崇德天皇的年号有六个，具体如下：

崇德天皇的第一个年号为“天治”。年号的撰定者为式部大辅藤原敦光。使用时间为：保安五年四月三日(1124年5月18日)—天治三年一月二十二日(1126年2月15日)，共计3年。

“天治”年号典出自《易·纬》：

帝者德配天地，天子者继**天治**物。

在这部典籍中,“天治”意为“以天意治理万物”。崇德天皇认为,自己能够登上皇位乃是天意,因此要按天意来治理国家。这是崇德天皇刚即位时的想法,而后来的宫廷斗争已使他的思想完全发生了改变,当然也就不存在什么天意了。

崇德天皇的第二个年号为“大治”。年号的撰定者为式部大辅藤原敦光。使用时间为:天治三年一月二十二日(1126年2月15日)—大治六年一月二十九日(1131年2月28日),共计6年。

“大治”年号典出自:

1.《周礼·地官·司市》:

市师涖焉,而听**大治**大讼。

2.《礼记·礼器》:

是故圣人南面而立,而天下**大治**。

3.《河图挺佐辅》:

黄帝修德立义,天下**大治**。

在这三部中国古典文献中,前两个例子的“大治”,是指“需要治理的重大事物”;后一个例子中的“大治”是指“政治修明,局势安定”。时崇德天皇身患疱疮,疼痛难忍,此病不除,将为身体大患。由身体的情况,他想到了国家的状况,于是改元希望身体和国家都能够达到大治。

崇德天皇的第三个年号为“天承”。年号的撰定者为式部大辅藤原敦光。使用时间为:大治六年一月二十九日(1131年2月28日)—天承二年八月十一日(1132年9月21日),共计2年。

“天承”年号典出自《汉书·匡衡传》:

臣又闻圣王之自为动静周旋,奉**天承**亲,临朝享臣,物有节文，以章人伦。

在这部典籍中，“天承”意为“秉承上天旨意”。在天治年间，日本连续出现旱灾和天变之事，影响民心的安定，崇德天皇由此改元，意在表现自己的所作所为是按照天意行事，以安天下之心。

崇德天皇的第四个年号为“长承”。年号的撰定者为式部大辅藤原敦光。使用时间为：天承二年八月十一日（1132年9月21日）—长承四年四月二十七日（1135年6月10日），共计4年。

“长承”年号典出自《史记·秦始皇本纪》：

常职既定，后嗣循业，**长承**圣治，群臣嘉德。

在这部典籍中，“长承”意为“长期地继承下去”。天承年间，疾疫流行，百姓生活极端艰辛。崇德天皇遂改元，希望能够继承圣人之治。同时，也希望百姓和国家能够克服困难，一起度过难关。

崇德天皇的第五个年号为“保延”。年号的撰定者为文章博士藤原显业。使用时间为：长承四年四月二十七日（1135年6月10日）—保延七年七月十日（1141年8月13日），共计7年。

“保延”年号典出自《文选·鲁灵光殿赋并序》：

永安宁以祉福，长与大汉而久存，实至尊之所御，**保延**寿而宜子孙。

在这部典籍中，“保延”意为“保持延续”。时饥馑、疫疠、洪水等自然灾害继续肆虐日本，百姓财产遭受极大损失。崇德天皇因此而改元，希望延续上天的眷顾，共同度过国家的危机。

崇德天皇的第六个年号为“永治”。年号的撰定者为权中纳言藤原实光、文章博士藤原永范。使用时间为:保延七年七月十日(1141年8月13日)—永治二年四月二十八日(1142年5月25日),共计2年。

"永治"年号典出自:

1. 曹丕《典论》:

礼乐兴于上,颂声作于下。时成王年二十二,享国三十年,世**永治**长。

2.《晋书·武帝纪》:

见土地之广,谓万叶而无虞;睹天下之安,谓千年而**永治**。

在这两部典籍中,"永治"的含义是"永远安定"。永治元年(1141),时为辛酉年,因有"辛酉革命"之说,故改元"永治"。同时,崇德天皇也希望通过他的努力,使天下达到永远安定。

第七十六代天皇:近卫天皇

近卫(このえ)天皇为日本第七十六代天皇。其生卒年月为:1139年6月16日(保延五年五月十八日)—1155年8月22日(久寿二年七月二十三日),享年17岁。在位时间为:1142年1月5日(永治元年十二月七日)—1155年8月22日(久寿二年七月二十三日),在位时间达14年。

近卫天皇名体仁,为鸟羽天皇的第九皇子,其生母是美福门院藤原得子(藤原长实之女)。皇后为藤原多子(右大臣藤原公能之女、左大臣藤原赖长养女),无子女;中宫藤原呈子(太政大臣藤原伊通之女、摄政关白太政大臣藤原忠通养女),无子女。

近卫天皇在保延五年五月十八日(1139年6月16日)出生后,时鸟羽天皇已经退位,成为法皇。在残酷的宫廷斗争中,他一生下来就注定成了宫廷斗争的工具。他出生两个月即被封为亲王，三个月时被立为皇太弟。永治元年十二月七日(1142年1月5日)，鸟羽法皇胁迫崇德天皇退位，让当时年仅两岁多的近卫天皇即位。

近卫天皇即位，由于年幼，所有政务都由鸟羽法皇管理。近卫天皇自幼体弱多病，15岁的时候又一度失明，曾向藤原忠通提出退位。久寿二年(1155)17岁的近卫天皇便因体弱多病而去世了，而且他也没有子嗣。

近卫天皇去世后，崇德上皇提出让自己复位，或由自己的儿子重仁亲王即位。但遭到了鸟羽法皇和藤原通宪的反对，最后崇德上皇的弟弟雅仁亲王被拥上皇位，是为后白河天皇。一系列的宫廷内斗，为后来的“保元之乱”埋下了伏笔。近卫天皇的皇后藤原多子在近卫天皇逝世后隐居，不过问朝政。后来二条天皇不顾后白河上皇的反对，将藤原多子立为自己的皇后，时人称之为“二代之后”。

近卫天皇驾崩后，葬于安乐寿院南陵，陵墓为多宝塔形，高23.1米，后虽遭遇两次火灾，但都幸免于难。庆长元年(1596)因地震，陵墓倒塌，十年后修复，位于今京都市伏见区竹田内畑町。

近卫天皇的年号有5个，具体如下：

近卫天皇的第一个年号为“康治”。年号的撰定者为文章博士藤原永范。使用时间为：永治二年四月二十八日(1142年5月25日)—康治三年二月二十三日(1144年3月28日)，共计3年。

“康治”年号典出自《宋书·后废帝纪》：

> 闰月戊戌，诏曰：……思弘丰耗之制，以惇约素之风，庶傦蓄拯民，以**康治**道。

在这部典籍中，“康治”意为“统治顺利”。近卫天皇以此为年号,意在表示自己虽幼年即位,但希望能够“统治顺利”。

近卫天皇的第二个年号为“天养”。年号的撰定者为文章博士藤原茂明。使用时间为:康治三年二月二十三日(1144年3月28日)—天养二年七月二十二日(1145年8月12日),共计2年。

“天养”年号典出自《后汉书·郎顗襄楷列传》:

> 此天之意也,人之庆也,仁之本也,俭之要也,焉有应**天养**人,为仁为俭,而不降福者乎?

在这部典籍中,“天养”为“上天眷顾、抚养”之意。康治三年为甲子年,近卫天皇以甲子革令为契机,由是改元。

近卫天皇的第三个年号为“久安”。年号的撰定者为文章博士藤原永范。使用时间为:天养二年七月二十二日(1145年8月12日)—久安七年一月二十六日(1151年2月14日),共计7年。

“久安”年号典出自《晋书·刘颂传》:

> 宜承大勋之籍,及陛下圣明之时,开启土宇,使同姓必王,建**久安**于万载,垂长世于无穷。

在这部典籍中,“久安”意为“长久平安”。近卫天皇以此为年号,表达了他个人的愿望。此外,天养二年七月二十二日(1145年8月12日)日本出现了哈雷彗星,近卫天皇由于这个原因而改元仁平。

近卫天皇的第四个年号为“仁平”。年号的撰定者为文章博士藤原永范。使用时间为:久安七年一月二十六日(1151年2月14日)—仁平四年十月二十八日(1154年12月4日),共计4年。

“仁平”年号典出自《后汉书·孔奋传》:

> 奋既立节,治贵**仁平**,太守梁统深相敬待,不以官属礼

之,常迎于大门,引入见母。

在这部典籍中,“仁平”意为“仁爱平和”。近卫天皇以此为年号,表达了他个人的执政理念,希望以年号为警策,不忘国家的灾难。还有一个原因是:久安七年一月二十六日(1151年2月14日),日本发生了严重的风灾和水灾,厄运不断,因而改元以祈求度过危机。

近卫天皇的第五个年号为“久寿”。年号的撰定者为文章博士藤原永范。使用时间为:仁平四年十月二十八日(1154年12月4日)—久寿三年四月二十七日(1156年5月18日),共计4年。

“久寿”年号典出自《抱朴子·内篇·释滞》:

> 然其事在于少思寡欲,其业在于全身**久寿**,非争竞之丑,无伤俗之负,亦何罪乎?

在这部典籍中,“久寿”有“长寿”之意。近卫天皇从小体弱多病,又由于鸟羽法皇的政治干扰,他几乎没有做什么重要的事情。因身体欠安,加之国家厄运连连,因而改元。

第七十七代天皇:后白河天皇

后白河(ごしらかわ)天皇为日本第七十七代天皇。其生卒年月为:1127年10月18日(大治二年九月十一日)—1192年4月26日(建久三年三月十三日),享年66岁。在位时间为:1155年8月23日(久寿二年七月二十四日)—1158年9月5日(保元三年八月十一日),在位时间3年。

后白河天皇名雅仁,为鸟羽天皇第四皇子,其母为藤原公实之女藤原彰子。主要后妃子女有:亲王妃(赠皇太后)源懿子(藤原经实之女、源有仁养女),生第一皇子守仁亲王(即后来的二条天皇）；中宫藤原忻子（德大寺公能之女），无子女；皇后平滋子（平时信之女），生子宪仁亲王（即后来的高仓天皇）；女御藤原琮子（三条公教之女），无子女；女御藤原成子（藤原季成之女），生子守觉法亲王、以仁王，生女亮子内亲王、好子内亲王、式子内亲王、休子内亲王；宫人坊门局（平信重之女），名不详，生子圆惠法亲王、定惠法亲王、僧恒惠；宫人坊门殿（德大寺公能女），名不详，生女惇子内亲王；宫人三条局（仁操女），名不详，生子道法法亲王、僧真祯；宫人丹波局（纪孝资之女），名不详，生子静惠法亲王、承仁法亲王；宫人右卫门佐（藤原资隆女），名不详，生一子，其名不详；宫人大宫局（中纳言藤原伊实之女），名不详，无子女；宫人近卫局（权大纳言藤原公保之女），名不详，无子女；宫人御子姬军（平清盛之女），名不详，无子女；宫人高阶荣子（法印澄云之女），生女觐子内亲王。

久寿二年（1155），近卫天皇突然因病去世，因为他无子女，皇位继承成为皇室内部的重大问题，宫廷内部发生了激烈的斗争。而极为蹊跷的是，当时两位太上天皇——即近卫的父亲鸟羽法皇和近卫天皇的兄长崇德上皇还都在人世，这样斗争就显得进一步复杂化了。两位太上天皇都有各自的如意算盘：鸟羽法皇主张以儿子雅仁亲王继位，崇德上皇希望自己复位或是传给自己的儿子重仁亲王。鸟羽法皇占了上风，雅仁亲王得以即位，成为日本第七十七代天皇——后白河天皇。但后白河天皇的即位却引起崇德上皇的不满，保元元年（1156）鸟羽法皇死后，他悍然发动叛乱，失败后跑到仁和寺当了和尚，后被流放到赞岐。长宽二年（1164），崇德上皇在凄凉、穷困中郁郁而终。

保元之乱后，后白河天皇尽力强化政权，推行保元新制和庄园整理等措施，以巩固自己的统治。保元三年（1158）八月十一日，后白河天皇让位给守仁亲王（二条天皇），开始实行院政。以后的二条天皇、六条天皇、高仓天皇、安德天皇和后鸟羽天皇等五代天皇都由后白河上皇院政操控政权。

在后白河法皇把持政权期间，日本历史上发生了平治之乱、鹿谷阴谋事件、治承政变，平氏掌握了朝廷的大权。但在平清盛病死后，后白河法皇又重新夺回了政权。寿永二年(1183)八月，在没有天皇神器的情况下，由后白河上皇主持立4岁的尊成亲王践祚，即位为天皇，是为后鸟羽天皇。

寿永三年(1184)，后白河法皇讨灭木曾义仲。至此，源赖朝势力成为天下征讨平家的唯一主力。文治元年(1185)春，源义经在坛之浦之战中将平家消灭。平氏灭亡后，源赖朝与源义经不和。文治五年(1189)，后白河法皇允许源赖朝率军远征陆奥，消灭保护义经的藤原泰衡集团，进而确立全国武家政治体制。文治六年(1190)，源赖朝上京会见了后白河法皇，在获得法皇的首肯后，任朝廷权大纳言(相当于太政官副职)、右近卫大将军等职，假以法皇名义控制各地军政大权。建久三年(1192)3月13日，后白河法皇驾崩，源赖朝遂任征夷大将军，建立日本历史上第一个武士政权镰仓幕府，而后白河天皇执政的期间正是皇室权力开始没落时，至此后白河法皇院政结束。

后白河天皇笃信佛教，退位后出家成为法皇，被后人比作中国历史上的梁武帝。

后白河天皇驾崩后，葬于法住寺陵，陵墓为方形，位于今京都市东山区三十三间堂。该陵墓又被称为后白河院法华堂、莲华王院法华堂、法住持寺法华堂，里面安放着后白河法皇的法体坐像。

后白河天皇的年号只有一个为“保元”，年号的撰定者为式部大辅藤原永范。使用时间为：久寿三年四月二十七日(1156年5月18日)—保元四年四月二十日(1159年5月9日)，共计4年。

“保元”年号典出自《颜氏家训·文章》：

> 加以砂砾所伤，惨于矛戟，讽刺之祸，速乎风尘，深宜防虑，以**保元**吉。

在这部典籍中,“保元”为“保护本元”之意。后白河天皇以“保元”为年号,是希望能够保住自己和国家的元气,避免遭到意外的损害。

第七十八代天皇:二条天皇

二条(にじょう)天皇为日本第七十八代天皇。其生卒年月为:1143年7月31日(康治二年六月十八日)—1165年9月5日(永万元年七月二十八日),享年23岁。在位时间为:1158年9月5日(保元三年八月十一日)—1165年8月3日(永万元年六月二十五日),在位时间7年。

二条天皇名守仁,为后白河天皇长子,其母为藤原经实之女、源有仁养女、赠皇太后藤原懿子;后妃子女主要有:中宫姝子内亲王(鸟羽天皇之女),无子女;中宫藤原育子(藤原实能之女、藤原忠通养女),无子女;皇后藤原多子(藤原公能之女、藤原赖长养女、原近卫天皇皇后),无子女;宫人督殿(源忠房之女、后为藤原成亲之室),无子女;宫人春日殿(中原师元之女),生女僐子内亲王;宫人右马助(源光成之女),名不详,生子尊惠法亲王;宫人大藏大辅(伊岐致远之女),名不详,生子顺仁亲王(即后来的六条天皇);宫人源忠房女,名不详,生子真惠。

二条天皇出生后不久,生母源懿子因难产而死,他被祖父鸟羽法皇收养,由法皇的宠妃美福门院养育。近卫天皇即位后,他和重仁亲王(崇德上皇的长子)同为美福门院的养子。仁平元年(1151)十月,他跟随伯父觉性法亲王出家,称孙王,时年9岁。两年后近卫天皇病重,关白藤原忠通奏请鸟羽法皇,让孙王还俗,准备立为太子。

二条天皇被立为皇太子后,后白河天皇自己退居上皇地位,开后白河院政。久寿二年(1155)七月二十三日,近卫天皇驾崩。经过一系列的宫廷斗争后,八月四日孙王回到仁和寺,九月二十三日取名守仁，封为亲王，同日立为太子。

保元三年（1158），在接受后白河天皇的让位后，守仁亲王即位，是为二条天皇，时年16岁。平治元年（1159），源义朝、藤原信赖等决定趁平清盛一族前往熊野神宫参拜之际，发动武装政变，后白河上皇和二条天皇遭到软禁。16岁的二条天皇长相酷似女生，遂男扮女装由藤原氏保护逃出皇宫，获得了重新发展的机会。经过一系列的军事斗争，平清盛一方依靠京都六波罗大本营的军队，控制并掌握了朝廷大权。受此重创，天皇制从此走向没落，代之而起的是武士专权时代，平氏政权实际上是从天皇制走向幕府制的过渡政权。

经过这次大规模的动乱，天皇与武士的地位发生了根本的逆转，此后天皇成了武士争权夺利的一件活道具。二条天皇亲政后，为了表示自己具有独立性，他不顾上皇的坚决反对，娶了近卫天皇的寡后藤原多子为妻，出现了日本历史上没有先例的两个天皇娶一个皇后的怪事。事实上，二条天皇这样做只是试图借此巩固自己的势力而已。

当时日本朝廷的政治为所谓的“二头政治”，即由二条天皇和后白河上皇共同执掌朝政，互相制约，达到政治上的平衡，但两派勾心斗角，严重对立。此后，二条天皇大刀阔斧地进行改革，对僧兵和神社庄园进行整治，沿袭了藤原通宪的一些积极的政策。长宽三年（1165）二月，在亲政派重臣太政大臣藤原伊通逝世后，二条天皇也病重。六月他让位给儿子顺仁亲王，并于七月在押小路东洞院驾崩。

二条天皇驾崩后，葬于香隆寺陵，陵墓为中央直径高17.5米的圆丘形，在今京都市北区平野八丁柳町。

二条天皇的年号有五个，具体如下：

二条天皇的第一个年号为“平治”。年号的撰定者为文章博士藤原俊经。使用时间为：保元四年四月二十日（1159年5月9日）—平治二年一月十日（1160年2月18日），共计2年。

"平治"年号典出自《史记·夏本纪》:

> 东渐于海,西被于流沙,朔、南暨,声教讫于四海。于是帝锡禹玄圭,以告成功于天下。天下于是太**平治**。

在这部典籍中,"平治"意为"国家治理太平"。二条天皇以此为年号,是希望自己的统治能够像年号寓意表现的那样,使日本出现一个繁荣、太平的政治局面。

二条天皇的第二个年号为"永历"。年号的撰定者为式部大辅藤原永范。使用时间为:平治二年一月十日(1160年2月18日)—永历二年九月四日(1161年9月24日),共计2年。

"永历"年号典出自《后汉书·文苑·边让传》:

> 驰淳化于黎元,**永历**世而太平。

在这两部典籍中,"永历"的意思是"永久处于平和之世"。二条天皇以此为年号,是希望自己在位时能够处于长期的平和之世。当然,这都是二条天皇的一厢情愿,综其一生来看,这些他期盼的平和之世从来没有出现过。

二条天皇的第三个年号为"应保"。年号的撰定者为参议藤原资长。使用时间为:永历二年九月四日(1161年9月24日)—应保三年三月二十九日(1163年5月4日),共计3年。

"应保"年号典出自《尚书·康诰》:

> 已!汝惟小子,乃服惟弘王,**应保**殷民。

在这部典籍中,"应保"是说"在服从统治者的条件下,顺应天命,让众民安乐,让百姓振作"。在永历年间,日本疱疮流行,百姓深受其苦,于是二条天皇决定改元,期望躲过灾难,让百姓尽快过上正常的生活。

二条天皇的第四个年号为“长宽”。年号的撰定者为藤原范兼。使用时间为:应保三年三月二十九日(1163年5月4日)—长宽三年六月五日(1165年7月14日),共计3年。

“长宽”年号典出自《维城典训》:

> **长**之,**宽**之,施其功博矣。

在这部典籍中,“长宽”意为“各个方面”。时日本疱疮仍然持续,而朝廷对此束手无策,二条天皇改元长宽,希望能够在各个方面采取措施,来抚平百姓内心的创伤,以使灾难尽快结束,社会秩序恢复到正常的状态。

二条天皇的第五个年号为“永万”。年号的撰定者为左少弁藤原俊经。使用时间为:长宽三年六月五日(1165年7月14日)—永万二年八月二十七日(1166年9月23日),共计2年。

“永万”年号典出自《汉书·王褒传》:

> 遵游自然之势,恬淡无为之场,休征自至,寿考无疆,雍容垂拱,永**永万**年,何必偃印诎信若彭祖,呴嘘呼吸如侨、松,眇然绝俗离世哉。

在这部典籍中,“永万”意为“时间长久”。在日本历代天皇中,二条天皇是寿命较短的一位。他出生不久生母便去世了,虽然十六岁即位为天皇,但二十多岁便去世了。或许是童年的不幸,以及成年之后的病弱,他比一般人更加能够体会到人生的不易,故取“永万”为年号以表达心中的一种期盼。

第七十九代天皇:六条天皇

六条(ろくじょう)天皇为日本第七十九代天皇。其生卒年月为:1164年12月28日(长宽二年十一月十四日)—1176年8月23日(安元二年七月十七日),只活了13岁。在位时间为:1165年8月3日(永万元年六月二十五日)—1168年4月9日(仁安三年二月十九日),在位时间3年。

六条天皇名顺仁,为二条天皇次子(因皇长子大僧都尊惠出身不明之处较多,故在很多情况下他被认为是六条天皇的皇长子)。其生母为大藏大辅伊岐致远之女(关于六条天皇生母,日本史籍中记载不一,今从通行说法),因生母身份不高,故以其父中宫藤原育子为母后。

六条天皇两岁时被立为太子,不久即位为天皇,是日本历史上年龄最小的天皇。据说在他即位时,因中途哭闹而差点没有完成即位典礼。由于年幼,他无法行使天皇的权力,朝廷大事仍由祖父后白河上皇处理,实行所谓的院政。经过保元、平治之乱事件后,后白河上皇深刻感觉到了军队的重要性,他开始注重和依靠崭露头角的武士集团,让他们倚重自己。为了利用在平治之乱中打败源氏的平氏集团,后白河上皇提拔平清盛为太政大臣,替自己掌管军队。平清盛为了获得后白河上皇的信任,把养女送给后白河上皇为妃,以巩固个人的势力。平清盛的养女所生的儿子宪仁亲王后被立为太子,即后来的高仓天皇。通过这种外戚关系,平氏取代了藤原家族的政治势力,成了势焰熏天的新外戚贵族。此后,平氏又凭借军事力量,施展权术,安插亲信,进一步对皇室和贵族加以控制,使后白河上皇在日后为此付出沉重的代价。六条天皇虽然是后白河上皇的孙子,但毕竟隔了一代,不能从法理上继承皇位,后白河上皇仍然希望自己的儿子加冕为天皇。仁安三年(1168),后白河法皇迫不及待地将5岁的六条天皇赶到一边，让8岁的宪仁亲王继位，这就是高仓天皇。而5岁的六条上皇于8年后去世，年仅13岁。由于六条天皇尚未成年，因此无后妃子女。

六条天皇驾崩后，葬于清闲寺陵，陵墓为圆丘形，直径约为7米，与高仓天皇陵为同一墓地，位于今京都市东山区清闲寺歌ノ中山町。

六条天皇的年号只有一个为"仁安"，年号的撰定者为文章博士藤原成光。使用时间为：永万二年八月二十七日(1166年9月23日)—仁安四年四月八日(1169年5月6日)，共计4年。

"仁安"年号典出自《毛诗正义·周颂·昊天有成命》：

行其宽**仁安**静之政，以定天下，得至于太平。

在这部典籍中，"仁安"为"仁和安定"之意。六条天皇幼年即位，以"仁安"为年号，在位三年多便黯然退位，13岁就去世了，可见"仁安"的年号并没有给他带来好运。

第八十代天皇：高仓天皇

高仓(たかくら)天皇为日本第八十代天皇。其生卒年月为：1161年9月23日(应保元年九月三日)—1181年2月6日(治承五年一月十四日)，享年21岁。在位时间为：1168年3月30日(仁安三年二月十九日)—1180年3月18日(治承四年二月二十一日)，在位时间达12年。

高仓天皇名宪仁，为后白河天皇第四皇子，也是安德天皇、后鸟羽天皇以及后高仓院的父亲，其母为皇太后平滋子(建春门院)。高仓天皇后妃子女主要有：中宫平德子(平清盛之女)，生皇长子言仁亲王(即后来的安德天皇)；典侍藤原殖子(坊门信隆之女)，生子守贞亲王(后高仓院)、尊成亲王(即后来的后鸟羽天皇);准三后近卫通子(近卫基实之女、言仁亲王准母[①]。),无子女;典侍堀河丰子(堀河赖定之女),生女洁子内亲王;掌侍平范子(平义辅之女),生子惟明亲王;宫人藤原公子(藤原公重之女、高仓天皇乳母),生女功子内亲王;宫人藤原氏(藤原成范之女),生女范子内亲王(贺茂斋院、土御门天皇准母)。

高仓天皇的母亲平滋子,是后白河天皇让位给二条天皇之后的宠妃。由于平滋子天生聪明而美貌,故深得后白河上皇的宠幸。当时二条天皇试图亲政,与后白河上皇之间发生冲突,朝廷的公卿亦分为支持二条天皇的亲政派和支持后白河上皇的院政派。应保元年(1161),宪仁亲王出生。二条天皇发现上皇阴谋立宪仁为太子,于是将院政派的平时忠、平教盛、藤原信隆等人罢免了官职,并废止了上皇的院政。

永万二年(1165),二条天皇传位给自己的儿子顺仁亲王(六条天皇)后驾崩。由于六条天皇生母地位不高,因此导致政局不稳,随后院政派势力再次抬头,后白河上皇趁机册立宪仁亲王为皇太子。仁安三年(1668),在后白河上皇的坚持下,六条天皇被迫禅位给了宪仁亲王,这便是高仓天皇。高仓天皇年幼,朝政皆掌握在父亲后白河法皇手里。平清盛因在将高仓天皇拥上皇位中扮演着重要的角色,其家族的势力越来越大,平重盛夫妻分别成为了高仓天皇的乳父和乳母。承安元年(1171),平清盛的17岁女儿平德子成为了11岁高仓天皇的中宫。治承二年(1178),在平德子生下第一皇子言仁亲王(安德天皇)后,这位皇子马上被立为太子,平家的势力达到全盛。其

① 准母是在天皇的生母死后,指定其他女性成为天皇的母亲,一般由先帝的嫡妻或天皇姑母、叔母等女性担任。和养母不同的是,准母不需要对天皇尽养育之责,更有些天皇在指定准母时早已成人,因为准母只是在宫中例行仪式上所需的一个象征。

家族权倾一时，富可敌国，直追藤原氏。但平氏不知收敛，骄奢淫逸、恣意妄为引起朝野的不满，也令后白河法皇寝食难安，他们的矛盾日益尖锐起来。次年，发生了鹿谷阴谋事件，平清盛趁机发动政变，夺取了大权，废止了后白河法皇的院政，并幽禁了法皇，不许他再过问朝政之事，而是由自己实行军事独裁统治。

治承四年(1180)，高仓天皇逊位给了言仁亲王，成为了上皇，而高仓上皇本人则开始院政。在院政期间，日本发生了以仁王、源赖政举兵讨伐平家的事件，事态一度有所扩大，源赖朝、源义仲等源氏族人纷纷起兵反对平家。为了能够有效地控制朝政，掌握军队的统帅权，平清盛一度将首都迁往平家的据点福原，不久又迁回平安京。次年(1181年)，高仓上皇驾崩于六波罗的池殿。

在日本古典小说中，高仓天皇被描写成肤色白皙而且容貌俊美，深受公卿大臣们的羡慕。此外，高仓天皇还是个善良而多情的人，他与葵姬、小督局的爱情故事脍炙人口，在《平家物语》中都有所记载。

高仓天皇驾崩后，葬于后清闲寺陵，陵墓为方丘形，明治二十九年(1896)确定了现在的陵号，在今京都市东山区清闲寺歌ノ中山町。

高仓天皇的年号有四个，具体如下：

高仓天皇的第一个年号为“嘉应”。年号的撰定者为权中纳言藤原资长。使用时间为：仁安四年四月八日(1169年5月6日)—嘉应三年四月二十一日(1171年5月27日)，共计3年。

“嘉应”年号典出自《汉书·王褒传》：

> 天下殷富，数有**嘉应**。

在这部典籍中，“嘉应”在古时候有祥瑞的意思。高仓天皇以此为年号,希望能够有祥瑞出现,以使自己在即位之初即出现好的兆头。

高仓天皇的第二个年号为"承安"。年号的撰定者为权中纳言藤原资长。使用时间为:嘉应三年四月二十一日(1171年5月27日)—承安五年七月二十八日(1175年8月16日),共计5年。

"承安"年号典出自:

1.《尚书注疏·洛诰》:

王今命我来,居臣位;**承安**汝文德之祖,文王所受命之民。

2.《论衡·自然》:

舜禹**承安**继治,任贤使能。

在这两部典籍中,"承安"犹"承平"之意。高仓天皇即位后,出现了一系列的天变之象,他以此为年号,是希望能够平安度日,无论是自己还是国家,都能够逢凶化吉,度过危难。

高仓天皇的第三个年号为"安元"。年号的撰定者为右大弁藤原俊经。使用时间为:承安五年七月二十八日(1175年8月16日)—安元三年八月四日(1177年8月29日),共计3年。

"安元"年号典出自《汉书·萧望之传》:

其于为民除害,**安元**元而已。

在这部典籍中,"安元"意为"安抚百姓"之意。时疱疮依然在日本流行,百姓深受其苦,高仓天皇因此而改元,意在安抚百姓,以便在精神上减轻他们的痛苦。

高仓天皇的第四个年号为"治承"。年号的撰定者为文章博士藤原光范。使用时间为:安元三年八月四日(1177年8月29日)—治承五年七月十四日(1181年8月25日),共计5年。

“治承”年号典出自《河图挺佐辅》：

治武明文德，**治承**天精。

在这部典籍中，“治承”意为“治理承平之世”。高仓天皇即位后大权一直旁落，内心极度苦闷，故改元治承，希望能够摆脱寄人篱下的状态，把国家治理得更好一些。但事与愿违，他还是在20多岁时便去世了。

第八十一代天皇：安德天皇

安德（あんとく）天皇为日本第八十一代天皇。其生卒年月为：1178年12月22日（治承二年十一月十二日）—1185年4月25日（寿永四年三月二十四日），只活了8岁。在位时间为：1180年5月18日（治承四年四月二十二日）—1185年4月25日（寿永四年三月二十四日），在位时间5年。

安德天皇名言仁，为高仓天皇的长子，其母为平清盛之女德子。由于安德天皇8岁即去世，因此没有后妃子女。他是继清宁天皇、六条天皇之后第三位未婚的男性天皇。

安德天皇的外祖父是权倾一时的平清盛。由于有了强势外祖父的这层关系，在他还不到1岁的时候就被立为太子，3岁即位。在宫廷的争权夺利中，其祖父后白河法皇因失败被拘禁，朝政大权完全控制在平清盛的手里。平氏政权兼有贵族和武士的双重性质，但后来平清盛成为了最大的庄园主，其贵族色彩日见增多，因此也就不能代表支持他的武士阶级了。

由于平清盛作风强势，盛气凌人，遂引起各地豪强、军阀对他的不满，纷纷起兵拥护天皇。治承四年（1180），被平清盛剥夺亲王地位的后白河法皇次子以仁王组织力量征讨平氏，但因缺乏经验和组织不周，最后兵败身亡。同时，在伊豆流放的源赖朝也趁机举兵发难，讨伐平氏家族。关东的源氏旧部闻风来附，讨伐平氏的队伍迅速扩大起来。为了打败平氏，源赖朝还建立起由家臣、主君在内的御家人制度。

在这种日益严峻的形势下，平清盛不得不与后白河法皇讲和，允许他重开院政。平清盛企图利用皇家权威，与源氏决一死战。但不巧的是，平清盛却于次年病死了。在群龙无首的情况下，平氏家族的势力更加衰落。寿永二年(1183)，平氏家族的势力被赶出京都，而高仓上皇也在这年死去了。就在同一年，平氏准备挟持安德天皇和后白河法皇以及天皇的神器逃往西部，但后白河法皇却乘机逃脱。返回京都后，他立即发布追剿平氏的命令。这一年八月，在没有天皇神器的情况下，由后白河上皇主持仪式，立4岁的尊成亲王即位，是为后鸟羽天皇。

在平息内部纷争后，源赖朝的军队于元历元年(1184)开始西征平氏，并在次年(1185)三月二十四日与平氏军队决战于坛浦。在这场战役中，平氏遭重创后全军覆没。平清盛之妻平时子在危机关头，怀抱安德天皇投海自尽。时安德天皇年仅8岁，有传说认为当时安德天皇与其胞弟守贞亲王调包，实际落海的是守贞亲王，安德天皇躲过这次劫难后以守贞亲王的身份存活于世。类似的说法，日本学术界也莫衷一是，因为许多内容已无法查证。

坛浦决战的次日，安德天皇的遗体被渔民打捞上来，葬于阿弥陀寺陵，陵墓为圆丘形，位于今山口县下关市阿弥陀寺町赤间神宫内。除此之外，在鸟取、山口、高知、佐贺、熊本、长崎等地，还有关于安德天皇陵墓的传说。

安德天皇的年号有两个，具体如下：

安德天皇的第一个年号为“养和”。年号的撰定者为文章博士藤原敦周。使用时间为：治承五年七月十四日(1181年8月25日)—养和二年五月二十七日(1182年6月29日)，共计2年。

“养和”年号典出自《后汉书·台佟传》：

佟曰："佟幸得保终性命，存神养和。如明使君奉宣诏书，夕惕庶事，反不苦邪？"

在这部典籍中，"养和"意为"保养身心"。和，指人体元气。安德天皇即位不久发生了源平合战，他本人体弱多病，内心也极度苦闷，故改元希望能够保养身心，度过人生的艰难之时。但事与愿违，他还是在未成年时便去世了。

安德天皇的第二个年号为"寿永"。年号的撰定者为式部大辅藤原俊经。使用时间为：养和（或治承六年）二年五月二十七日（1182年6月29日）—寿永三年（治承八年）四月十六日（1184年5月27日），共计3年。

"寿永"年号典出自《诗经·周颂·载见》：

率见昭考，以孝以享，以介眉寿。永言保之，思皇多祜。

在这部典籍中，"寿永"为"长寿"之意。时建造佛像风气盛行，中国工匠陈和卿开始在镰仓建造大佛。安德天皇虽然年幼，但因是傀儡天皇，故希望自己能够长寿，以期度过危难，安享天年。

第八十二代天皇：后鸟羽天皇

后鸟羽（ごとば）天皇为日本第八十二代天皇。其生卒年月为：1180年8月6日（治承四年七月十四日）—1239年3月28日（延应元年二月二十二日），享年60岁。在位时间为：1183年9月8日（寿永二年八月二十日）—1198年2月18日（建久九年一月十一日），在位时间15年。

后鸟羽天皇名尊成，是高仓天皇第四皇子，后白河天皇之孙，也是守贞亲王的同母弟和安德天皇的异母弟，其母为七条院殖子(坊门信隆之女)。后鸟羽天皇的后妃子女主要有:中宫九条任子(宜秋门院,九条兼实之女),生女升子内亲王(顺德天皇准母);女院源在子(法胜寺执行能圆之女、源通亲养女),生子为仁亲王(即后来的土御门天皇);女院藤原(高仓)重子(高仓范季之女),生子守成亲王(即后来的顺德天皇)、雅成亲王、尊快入道亲王;后宫藤原氏(坊门信清之女),生子道助入道亲王、赖仁亲王,生女礼子内亲王;后宫源氏(源信康之女),生女肃子内亲王;更衣某氏(法眼显清之女),生子道觉入道亲王;后宫藤原氏(藤原定能之女),生子尊圆法亲王、行超;典侍藤原氏(名不详,或许与坊门局为同一人),生子道守;后宫某氏龟菊(刑部丞某女),无子女;后宫某氏滝,名不详,生子觉仁法亲王;后宫某氏石,名不详,生女熙子内亲王;后宫某氏,名不详,生子觉誉、道缘、道伊;此外,还有生母不明的皇子、皇女各一人。

寿永二年(1183)7月25日,源赖朝和源义经的堂兄弟、武将木曾义仲的军队迫近京都,平氏挟持安德天皇携带三神器西逃。不久以后,木曾义仲进入京都。在木曾义仲和源行家的请求下,后白河法皇决定另立新的天皇。当时高仓天皇的皇子安德天皇、次子守贞亲王被平氏带走,第三子惟明亲王虽然留在京都,但地位不够高,不能继承大位;因此选定了第四皇子、4岁的尊成亲王继承天皇之位,即后鸟羽天皇。

根据日本皇室的习俗,在拥有三神器状态下即位的新任天皇才具有合法性。但三神器被平氏带走,因此后鸟羽天皇成为第一位在没有接受三神器状态下即位的天皇。祖父后白河法皇担任太上天皇,开设院政。这一时期还是日本历史上首次出现了两天皇并立的局面。

后白河法皇的院政直到建久三年(1192)他去世后才宣告终结。在此之后,朝政由关白九条兼实执掌。执政期间,兼实授予源赖朝“征夷大将军”的称号,他的女儿九条任子是后鸟羽天皇的中宫,但未生皇子。建久六年(1195),源通亲的养女源在子为天皇诞下一子(即后来的土御门天皇)之后,次年京都发生了政变,九条任子被废,其父兼实也被罢官。

建久九年(1198)一月十一日,后鸟羽天皇禅位给儿子为仁亲王,是为土御门天皇。在此之后,后鸟羽上皇开设院政,辅佐了土御门、顺德、仲恭三代天皇。在此期间,他积极对院政进行改革,试图将镰仓幕府控制在自己手里。正治元年(1199)源赖朝死后,其子源赖家继承幕府将军职位;源赖家后因涉嫌参与政变被废黜,其弟源千幡被上皇赐名"实朝",立为了镰仓幕府第三代将军。在源实朝担任将军的时期,朝廷和幕府之间的关系十分亲睦。但实朝被其侄子源公晓暗杀后,朝廷和幕府的关系开始出现了恶化。

承久元年(1219),内里守护源赖茂率西面武士哗变,包括仁寿殿在内的许多宫殿被烧毁,但哗变最终被镇压了下去。此后,因向全国征收宫殿重建费用之事,朝廷和幕府发生矛盾,他们的关系急剧恶化。

承久三年(1221)五月十四日,后鸟羽上皇下令讨伐时任幕府执权的北条义时,并召集畿内、近国的武士讨伐幕府,史称"承久之乱"。北条义时不甘心被讨伐,于是率军反击,朝廷军队大败。同年的七月九日,北条义时的儿子北条泰时率19万大军攻入京城,将后鸟羽上皇流放隐岐岛,顺德上皇流放左渡岛,土御门上皇流放土佐国,终于为父亲报仇雪恨。与此同时,北条泰时废黜了顺德上皇的儿子仲恭天皇,拥立后鸟羽上皇的哥哥守贞亲王的儿子茂仁王为新的天皇,是为后堀河天皇;而守贞亲王则以太上天皇的身份执掌院政,参与国政,是为后高仓院。

后鸟羽上皇在流放隐岐岛之前出家,此后的18年间,他以创作和歌慰藉心灵,以吃斋念佛安度余生。延应元年(1239)二月二十日,后鸟羽上皇在隐歧岛逝世。同年五月,谥显德院。四条天皇逝世后,后高仓院一脉断绝,以后其孙后嵯峨天皇即位,于仁治三年(1242)七月改其院号为后鸟羽院。

后鸟羽天皇擅长创作和歌，是日本中世屈指可数的歌人。他曾创作有大量著名和歌，在位和执政期间曾多次举办和歌歌会。在流放隐岐岛期间，所作的和歌内容更为深沉，艺术上也更加成熟。后鸟羽上皇在蹴鞠及琵琶、笙、笛的演奏方面，也颇具才华；此外，相扑、射艺也是行家。他还喜欢打造武士刀，所打造的武士刀刀身上都有十六瓣的菊纹，这就是日本天皇家家纹的由来。

后鸟羽上皇驾崩后，遗体就地火化，骨灰安放在山城大原的西林院（一说是胜林院），于仁治二年（1241）安置在大原的法华堂，亦称“大原陵”，陵墓为石造十三重塔，位于京都市左京区大原胜林院町。

后鸟羽天皇的年号有三个，具体如下：

后鸟羽天皇的第一个年号为“元历”。年号的撰定者为文章博士藤原光范。使用时间为：寿永三年（或治承八年）四月十六日（1184年5月27日）—元历二年八月十四日（1185年9月9日），共计2年。

“元历”年号典出自《尚书·考灵耀》：

> 天地开辟，**元历**纪名，月首甲子冬至，日月若悬壁，五星若编珠。

在这部典籍中，“元历”意为“新历”。后鸟羽天皇4岁初即位，文章博士藤原光范替天皇取“元历”为年号，有“万象更新”之意。

后鸟羽天皇的第二个年号为“文治”。年号的撰定者为左大弁藤原兼光。使用时间为：元历二年八月十四日（1185年9月9日）—文治六年四月十一日（1190年5月16日），共计6年。

“文治”年号典出自《礼记·祭法》：

汤以宽治民而除其虐，文王以**文治**，武王以武功去民之灾；此皆有功烈于民者也。

在这部典籍中，“文治”为“以文化、道德治理国家”。时地震、兵戈之事不断，后鸟羽天皇经常处于一种惶惶不可终日的状态，于是遂决定改元，以期能够有好的兆头出现。

后鸟羽天皇的第三个年号为“建久”。年号的撰定者为文章博士藤原光辅。使用时间为：文治六年四月十一日（1190年5月16日）—建久十年四月二十七日（1199年5月23日），共计10年。

“建久”年号典出自《晋书·刘颂传》：

宜承大勋之籍，及陛下圣明之时，开启土宇，使同姓必王，**建久**安于万载，垂长世于无穷。

在这部典籍中，“建久”为“建国长久”之意。时京都发生政变，后鸟羽天皇对时局充满了忧虑，于是决定改元“建久”，取其中寓意，以获得心理上的安慰。

第八十三代天皇：土御门天皇

土御门（つちみかど）天皇为日本第八十三代天皇。其生卒年月为：1195年1月3日（建久六年十一月一日；一说是十二月二日）—1231年11月6日（宽喜三年十月十一日），享年37岁。在位时间为：1198年2月18日（建久九年一月十一日）—1210年12月12日（承元四年十一月二十五日），在位时间达12年。

土御门天皇名为仁，是后鸟羽天皇的皇长子，其母亲是承明门院源在子（源通亲养女，实为法胜寺执行法印能圆之女）。土御门天皇的后妃子女主要有：中宫藤原丽子（藤原赖实之女），无子女；典侍源通子（源通宗之女），生子仁助法亲王、静仁法亲王、邦仁王（即后来的后嵯峨天皇），生女春子女王、觉子内亲王；宫人高阶氏（高阶仲资之女），生子道仁法亲王，生一皇女，名不详；宫人源氏（源贞光之女），名不详，生女秀子女王；宫人某氏（法桥觉安之女），名不详，生子尊守法亲王；宫人源氏（法印寻惠之女），生子尊助法亲王；宫人藤原氏（藤原定胜之女），生子道圆法亲王，生女信子女王；宫人源氏（源有雅之女），生女曦子内亲王；宫人藤原氏（藤原圆誉之女），生子最仁法亲王；宫人藤原氏（藤原范光之女），生女知子女王；宫人藤原氏（藤原兼尊之女），生子增仁；宫人源氏（源证遍之女），生女谆子内亲王；宫人某氏（法桥云显之女），名不详，生女是子女王。此外，生母不明的皇子有怀尊、寂惠，以及一位不知名的皇女。

建久六年（1195）的秋冬之际，亲幕派九条兼实的女儿任子和反幕派土御门通亲的养女在子同时怀孕。八月十三日，任子诞下了一位皇女，即后来的升子内亲王。稍迟在子生下一位皇子，即为仁亲王，也就是后来继位的土御门天皇。

建久七年（1196）一月，土御门通亲借助于后鸟羽天皇之力发动了一次成功的政变，九条兼实的亲幕派被击败。建久九年（1198）正月，后鸟羽天皇逊位。在逊位之前，根据他的决定，皇位的继统自为仁、长仁和守成三人中选出。卜筮的结果以为仁为最吉，于是建久九年一月十一日（1198年2月18日），为仁亲王践位，是为土御门天皇。土御门天皇虽然即位，但朝廷大权仍然掌握在后鸟羽上皇手中，他对土御门天皇并不放心。承元四年十一月二十五日（1210年12月12日），土御门天皇被迫退位，让位于异母弟顺德天皇。同年12月5日（12月22日），土御门天皇成为了上皇。

承久三年（1221）发生了“承久之乱”，土御门上皇与此并无关系，但因受到牵连，先是被流放至土佐国，后又流放至阿波国。宽喜三年（1231）十月，土御门上皇出家，同月十一日在阿波国板野郡池谷崩御，随后在附近的里浦火葬。天福元年(1233年)十二月，其骨灰移葬至山城国金原陵，陵墓为八角丘形，位于今京都府长冈京市金ヶ原。

土御门天皇长于诗歌，有《土御门院御百首》《土御门院御集》《和汉兼作集》等。

一说是日莲宗的开山之祖日莲，便是土御门天皇的后代。

土御门天皇的年号有五个，具体如下：

土御门天皇的第一个年号为“正治”。年号的撰定者为大学头菅原在茂。使用时间为：建久十年四月二十七日(1199年5月23日)—正治三年二月十三日(1201年3月19日)，共计3年。

“正治”年号典出自：

1.《庄子·渔父》：

天子、诸侯、大夫、庶人，此四者自**正**，**治**之美也；四者离位而乱莫大焉。

2.《周礼·地官·乡师》：

大军旅会同，**正治**其徒役，与其辇辇，戮其犯命者。

在这两部典籍中，“正治”为“治理、整治”之意。土御门天皇以此为年号，其目的已不言而喻。改元“正治”，是他极为迫切的一种想法吧！

土御门天皇的第二个年号为“建仁”。年号的撰定者为文章博士藤原宗业。使用时间为：正治三年二月十三日(1201年3月19日)—建仁四年二月二十日(1204年3月23日)，共计4年。

“建仁”年号典出自《文选·圣主得贤臣颂》：

夫竭智附贤者，必**建仁**策。索人求士者、必树伯迹。

策注曰：为人君当竭尽智力，托付贤臣，必立仁惠之策，贤臣归之。

在这部典籍中，“建仁”为“建立仁爱”之意。建仁二年(1202)，源赖家于京都创建仁寺，邀请后来成为日本佛教临济宗创始人的荣西为开山。时因辛酉革命，并且朝廷大规模推崇佛教，目的如年号“建仁”所示，希望能够建立一个仁爱和谐的社会。

土御门天皇的第三个年号为“元久”。年号的撰定者为参议藤原亲经。使用时间为：建仁四年二月二十日(1204年3月23日)—元久三年四月二十七日(1206年6月5日)，共计3年。

“元久”年号典出自《毛诗正义·大雅·文王》：

但文王自于国内建**元久**矣，无故更复改元。

在这部典籍中，“元久”为“国祚永存”之意。元久二年(1205)，《新古今和歌集》成书，北条义时就任镰仓幕府之第二代执权。时因甲子革令，故无论是天皇，还是镰仓幕府的将军，他们都希望能够“国祚永存”，故而改元。

土御门天皇的第四个年号为“建永”。年号的撰定者为民部卿藤原范光、式部大辅菅原在高。使用时间为：元久三年四月二十七日(1206年6月5日)—建永二年十月十五日(1207年11月16日)，共计2年。

“建永”年号典出自曹植《文选·与杨德祖书》：

吾虽德薄、位为蕃侯；犹庶几戮力上国、流惠下民。**建永**世之业、留金石之功；岂徒以翰墨为勋绩、辞赋为君子哉！

在这部典籍中，“建永”为“建立永久功业”之意。建永二年(承元元年，1207年)，日本发生了“承元法难”，且当时仍然疱疮流行，社会危机重重，在这种情况下土御门天皇还想“建永”，似乎令人感到有些意外了。

土御门天皇的第五个年号为“承元”。年号的撰定者为权中纳言藤原资实。使用时间为：建永二年十月十五日（1207年11月16日）—承元五年三月九日（1211年4月23日），共计5年。

“承元”年号典出自《通典·告礼》：

古者祭以首时，荐用仲月。近代相**承**，**元**日奏祥瑞，二月然后告于庙。

在这部典籍中，“承元”为“承接新的开端”，即“除旧迎新”之意。由于疱疮、洪水灾难不断，百姓生活极为困苦，因此改元以祈求出现新的气象。

第八十四代天皇：顺德天皇

顺德（じゅんとく）天皇为日本第八十四代天皇。其生卒年月为：建久八年（1197）九月十日—仁治三年（1242）九月二十日，享年46岁。在位时间为：1210年12月12日（承元四年十一月二十五日）—1221年5月13日（承久三年四月二十日），在位达11年。

顺德天皇名守成，为后鸟羽天皇第三皇子，其生母是从三位藤原范季子女藤原重子。顺德天皇的后妃子女主要有：中宫藤原立子（藤原良经之女），生子怀成亲王（仲恭天皇），生女谛子内亲王；典侍藤原氏（藤原范光之女），名不详，生子彦成王、善统亲王；后宫藤原位子（藤原信清之女），生女秾子内亲王；后宫藤原氏（藤原清季之女），生子尊觉法亲王、觉惠法亲王、忠成王；后宫源氏（源公雅之女），名不详，生子义尹；生母不详的有皇子某人，名不详，皇女有庆子女王、忠子女王。

建久九年(1198)正月,顺德天皇之父后鸟羽天皇逊位,守成亲王与其两位兄长为仁、长仁亲王同为皇位的候补。但是守成亲王在卜筮中败北,由为仁亲王继位为土御门天皇。正治二年(1200)四月十五日,长兄土御门天皇立当年4岁的守成亲王为皇太弟。建仁二年(1202)十月二十一日,皇太弟师傅土御门通亲病逝,太政大臣大炊御门赖实四日后成为皇太弟的继任师傅。赖实的女儿丽子是时乃土御门天皇的中宫,守成亲王有了掌握院政的父亲后鸟羽上皇有力的后援。年轻的守成亲王才智丰富、活泼明朗,并且政治观点也相当接近于父亲后鸟羽上皇打倒幕府、回复皇权的政治诉求。在后鸟羽上皇院政的影响下,土御门天皇被迫让位。承元四年(1210)十一月二十五日,14岁的守成亲王继位,是为顺德天皇。

在此后的时间里,后鸟羽上皇积极准备以打倒镰仓幕府。承久三年(1221),顺德天皇参加了后鸟羽上皇的倒幕活动,为了便于征讨北条义时,他让位给年幼的儿子仲恭天皇。承久之乱爆发后,朝廷倒幕军战败,自此被幕府所控制,后鸟羽上皇、顺德上皇、土御门上皇被幕府流放。顺德上皇被流放到佐渡,在那里居住了21年,于仁治三年(1242)去世。

顺德天皇驾崩后,火葬于佐渡岛,位于新潟县佐渡郡真野町大字真野。后骨灰迁回京都大原陵,陵墓为圆丘形,在今京都府左京区大原胜林院町。

从政之余,顺德天皇喜欢诗歌创作,其和歌水平较高,诗风平淡典雅,其作品《顺德院御集》《顺德院御百首》等流传至今。

顺德天皇的年号有三个,具体如下:

顺德天皇的第一个年号为“建历”。年号的撰定者为权中纳言藤原资实。使用时间为:承元五年三月九日(1211年4月23日)—建历三年十二月六日(1214年1月18日),共计3年。

“建历”年号典出自《后汉书·汉安论历》:

> 太史令虞恭、治历宗䜣等议："建历之本，必先立元，元正然后定日法，法定然后度周天以定分至。"

在这部典籍中，"建历"为"制定历法"之意，引申为"建立事业的基础"。顺德天皇以此为年号，其用意已经表达得非常清楚，就是希望能够清除幕府的势力，建立自己的事业基础。

顺德天皇的第二个年号为"建保"。年号的撰定者为式部大辅藤原宗业。使用时间为：建历三年十二月六日（1214年1月18日）—建保七年四月十二日（1219年5月27日），共计7年。

"建保"年号典出自《尚书·多士》：

> 自成汤至于帝乙，罔不明德恤祀；亦惟天丕建，保乂有殷。

在这部典籍中，"建保"为"上天保佑"之意。时日本发生了一系列的灾异，人心浮动，顺德天皇以此为年号，意在希望能够得到上天的保佑，从而取得倒幕成功。

顺德天皇的第三个年号为"承久"。年号的撰定者为大藏卿菅原为长。使用时间为：建保七年四月十二日（1219年5月27日）—承久四年四月十三日（1222年5月25日），共计4年。

"承久"年号典出自《诗纬》：

> 周起自后稷，历世相承久。

在这部典籍中，"承久"为"传承永久"之意。时连续三年遭受自然灾害，百姓深受其苦，连统治者也感受到了其中的危机。顺德天皇遂改元"承久"，以期国家能够度过危机。

第八十五代天皇:仲恭天皇

仲恭(ちゅうきょう)天皇为日本第八十五代天皇。其生卒年月为:建保六年十月十日(1218年10月30日)—天福二年五月二十日(1234年6月18日),享年17岁。在位时间为:1221年5月13日(承久三年四月二十日)—1221年7月29日(承久三年七月九日),在位时间仅77天。

仲恭天皇名怀成,为顺德天皇第一皇子,其母为摄政九条藤原良经的女儿一条院藤原立子。其妃为右京大夫局(性庆之女),生女义子内亲王(和德门院)。

仲恭天皇出生之后不久便被立为皇太子,3岁多便即位为天皇。正治元年(1199)正月十三日,源赖朝突然发病死亡。两年之后的正月期间发生了梶原景时的流放事件,接着是比企能员被北条时政所杀的"比企能员之变"。而镰仓幕府的二代将军源赖家在流放伊豆后不久,也被政敌暗杀。此外,还有和田义盛事件等等,一系列血腥的阴谋与内斗次第发生,令人毛骨悚然,连统治阶级内部的人都感到无法适应。

在一次次争权夺利的争斗中,镰仓幕府武家政权的归属问题已经日渐明朗,而在京都一心要讨灭幕府、恢复皇权的后鸟羽上皇和顺德天皇眼里,这一切却被看成是幕府日渐衰退、弱化的表征。

为了进一步夺取政权,在后鸟羽上皇与顺德天皇父子的谋划下,才出生的皇子怀成于建保六年(1218)十月二十一日被加封为亲王,五日后再封为皇太子。承久元年(1219)正月,在听闻镰仓幕府第三代将军源实朝暗杀事件以后,后鸟羽、顺德父子加快了倒幕计划的准备工作。与此同时,京都与镰仓的关系也迅速恶化。

承久三年(1221)四月二十日,朝廷正式决定倒幕。到了五月，顺德天皇让位于4岁的怀成亲王，是为仲恭天皇。时仲恭天皇年仅3岁，在他登基后不久，京都随即被幕府的军队占领，无辜的幼天皇被从至尊的宝座上赶了下来。因仲恭天皇在位只有77天，而且从未举行过所谓的仪式，所以不被列入正统，而被称为“九条废帝”。

“承久之乱”发生时，日本的阶级构成形势发生了变化，在幕府面临危机的形势下，以关东武士为代表的武士阶级表现出了精诚团结的精神。与此相反的是，后鸟羽上皇在向全国发布了讨伐幕府执政北条义时的敕令后，响应者寥寥无几。承久三年(1221)六月十五日，幕府的军队进入京都，后鸟羽上皇手下的1700名皇室军队很快作鸟兽散。在迫不得已的情况下，他只好撤销讨伐命令，“承久之乱”以皇室的失败而告终。

北条氏军队攻占京都后，他们将对皇室的不满迁怒于年幼的仲恭天皇，于是强迫仲恭天皇退位，立高仓天皇10岁的孙子即位，是为后堀河天皇。

在日本特殊的政治环境下，幕府虽然势力强大，但无法废除或取代天皇制度。在当时的日本人看来，天皇不但是世俗的统治者，同时又具有宗教意义上的权威。而在平民百姓的思想中，天皇的地位是神圣不可替代的。幕府虽然能够废黜某个天皇，但却不能废除天皇制，更不能建立新王朝。所以从古至今，日本的皇室一直是由一家来维持，时间长达上千年，号称“万世一系”。

仲恭天皇退位后，因其年幼，退位不久即随其母藤原立子迁往西七条御所居住。文历元年(即天福二年，1234)五月二十日，仲恭天皇驾崩。直到明治三年(1870)七月，追赠了他“仲恭天皇”的谥号后，才得以挤进125名天皇系列。仲恭天皇驾崩后，葬于九条陵，陵墓为圆丘形，在今京都市伏见区深草本寺山町。

仲恭天皇在位时间极短，他没有自己的年号。

第八十六代天皇:后堀河天皇

后堀河(ごほりかわ)天皇为日本镰仓时代的第八十六代天皇。其生卒年月为:建历二年二月十八日(1212年3月22日)—天福二年八月六日(1234年8月31日),享年23岁。在位时间为:1221年7月29日(承久三年七月九日)—1232年11月7日(贞永元年十月四日),在位时间达11年。

后堀河天皇名茂仁,为高仓天皇第二皇子守贞亲王的第三皇子,其母为前权中纳言藤原基家之女藤原陈子(北白河院),准母为其母同母姐邦子内亲王(安嘉门院)。他也是安德天皇之弟、后鸟羽天皇之兄。后堀河天皇的后妃子女主要有:皇后藤原有子,无子女;中宫藤原长子,无子女;中宫藤原竴子,生皇长子秀仁亲王(即后来的四条天皇)、第二皇子,名不详,出生不久后去世,生女暤子内亲王;典侍别当典侍(藤原家行之女),生女晖子内亲王、体子内亲王;典侍大纳言局(藤原兼良之女),生女昱子内亲王。

后堀河天皇初为十乐院仁庆僧正的弟子,“承久之乱”后,后鸟羽、顺德两位上皇在攻打京都的幕府军时吃了败仗,不得已表示降伏。随后按照幕府的安排,后鸟羽上皇被流放于隐岐,顺德上皇流放于佐渡。后来幕府调查发现,土御门上皇原本没有涉足讨伐他们的计划,因此不在幕府的惩罚之列。但土御门上皇甘愿与父亲和弟弟共同赴难,于是被送往了土佐。当时仲恭天皇年纪尚幼,也没有参与讨幕的谋划,但为了回避后鸟羽上皇的血统,也在承久三年(1221)七月九日被废。同日,茂仁王践位,是为后堀河天皇。其父行助法亲王改称后高仓院以行院政,参与了一些朝政之事。行助法亲王原是高仓天皇第二皇子守贞亲王,他一生数度沉浮,览阅世故百态。在平家仓皇逃离京都的时候,他以皇太弟的身份跟随异母兄安德天皇同甘共苦。坛浦战役中，他为源氏所获，解归京都。建历二年(1212)，行助法亲王出家。

在承久之乱中，法亲王的同母弟后鸟羽上皇失败，于是被幕府流配隐岐，他因此被幕府请出来主持院政。幕府认为，法亲王应该能够辅助现在的天皇，支持比较中庸的为政之道。时年42岁的法亲王不愿意与这些人为伍，他数度辞任而没有获准，于是接受幕府的恳请开始主持院政。

后堀河天皇即位时年仅10岁，少不更事，国家大权都掌握在外戚手中，重要的大政方针均不出自自己手中。在这种政治环境下，后堀河天皇遂萌生了退意。贞永元年(1232)十月四日，他让位于只有两岁的皇子秀仁亲王(即后来的四条天皇)，随后担任院政之职。又过了两年，年仅23岁的后堀河天皇在仙洞御所的持明院殿驾崩，并土葬于泉涌寺旁的观音寺陵。陵墓为圆丘形，其后有些荒芜，幕府末年对此进行了修葺，该陵墓位于今京都市东山区今熊野泉山町泉涌寺内。

后堀河天皇的年号有六个，具体如下：

后堀河天皇的第一个年号为“贞应”。年号的撰定者为大藏卿藤原为长。使用时间为：承久四年四月十三日(1222年5月25日)—贞应三年十一月二十日(1224年12月31日)，共计3年。

“贞应”年号典出自《易经·中孚》：

> 中孚以利**贞**，乃**应**乎天也。

在这部典籍中，“贞应”为“呼应八卦之词”。因后堀河天皇即位，故按惯例进行改元。这个年号并没有特殊的寓意，仅是一般的改元而已。

后堀河天皇的第二个年号为“元仁”。年号的撰定者为式部大辅藤原为长。使用时间为：贞应三年十一月二十日(1224年12月31日)—元仁二年四月二十日(1225年5月28日)，共计

2年。

“元仁”年号典出自《易经》:

> 元亨利贞,正义曰:**元仁**也。

在这部典籍中,“元仁”为“起始之仁”之意。因天变等原因,后堀河天皇决定改元,并以“元仁”为年号,反映出当时他的一种心境。

后堀河天皇的第三个年号为“嘉禄”。年号的撰定者为式部大辅藤原为长。使用时间为:元仁二年四月二十日(1225年5月28日)—嘉禄三年十二月十日(1228年1月18日),共计3年。

“嘉禄”年号典出自《博物志》:

> 陛下摛显先帝之光耀,以承皇天之**嘉禄**,钦奉仲春之吉辰。

在这部典籍中,“嘉禄”意为“优厚的俸禄”。时疫病流行,百姓深受其苦,于是改元以祈求好运。为了扩大经济来源,满足统治者的物质需求,倭寇约此时开始骚扰、侵略宋朝。中日之间最早发生的武装摩擦,也是开始于这一时期。

后堀河天皇的第四个年号为“安贞”。年号的撰定者为文章博士藤原资高。使用时间为:嘉禄三年十二月十日(1228年1月18日)—安贞三年三月五日(1229年3月31日),共计3年。

“安贞”年号典出自《易经·坤》:

> **安贞**之吉,应地无疆。

在这部典籍中,“安贞”为“静而正”之意。时日本疱疮流行,瘟疫肆虐,社会动荡加剧,统治者为此而改元,其寓意已包含于其中了。

后堀河天皇的第五个年号为“宽喜”。年号的撰定者为式部大辅藤原为长。使用时间为:安贞三年三月五日(1229年3月31日)—宽喜四年四月二日(1232年4月23日),共计4年。

“宽喜”年号典出自《后魏书》:

> 仁兴温泉,**宽**兴**喜**乐。

在这部典籍中,“宽喜”为“宽松而喜悦”之意。时因发生天变,民心浮动,朝廷遂决定改元,以期出现新的社会气象。

后堀河天皇的第六个年号为“贞永”。年号的撰定者为大藏卿藤原为长。使用时间为:宽喜四年四月二日(1232年4月23日)—贞永二年四月十五日(1233年5月25日),共计2年。

“贞永”年号典出自《周易注疏》:

> 利在永贞,**永**长也,**贞**正也。

在这部典籍中,“贞永”为“长久、永远”之意。时日本发生饥馑,民不聊生。后堀河天皇改元“贞永”,旨在希望能够度过灾难,使自己的统治能够长期维持下去。

补说(五)

守贞亲王

守贞(もりさだ)亲王为镰仓前期的皇族,其生卒年月为:治承三年二月二十八日(1179年4月16日)—贞应二年五月十四日(1223年6月14日),享年45岁。

守贞亲王为高仓天皇第二皇子,其母为坊门信隆之女坊门殖子。他是安德天皇的异母弟、后鸟羽天皇的同母兄。其妃和子女主要有:妃藤原陈子(藤原基家之女),生了尊性法亲王、道深法亲王、茂仁王(后堀河天皇),生女利子内亲王、能子内亲王、本子内亲王、邦子内亲王;此外,还有生母不详的皇女有子内亲王。

寿永二年(1183),平家撤离京都之时,守贞亲王被当作皇太子,同安德天皇一起被带往西国;文治元年(1185)平家灭亡后,守贞亲王被救出,送回京都;文治五年(1189)十一月十九日,元服加冠,为三品之职。后来娶藤原基家之女陈子(即后来的北白河院)为妃,以持明院为御所是为日本天皇派系持明院统的始祖;建历二年(1212)三月二十六日,守贞亲王出家,改名"行助",人称行助入道亲王;承久三年(1221),发生承久之乱时,行助入道亲王唯一一位没有出家的儿子茂仁王被立为后堀河天皇,行助入道亲王则被尊为太上天皇(法皇)、治天之君,开设院政,代理天皇行使政务,人称持明院宫、持明院法皇或广濑院。贞应二年(1223)五月十四日病逝,追赠后高仓院的院号。

第八十七代天皇:四条天皇

四条(しじょう)天皇为日本第八十七代天皇。其生卒年月为:宽喜三年(1231)二月十二日—仁治三年(1242)一月九日,只活了12岁。在位时间为:1232年11月17日(贞永元年十月四日)—1242年2月10日(仁治三年一月九日),在位时间达10年。

四条天皇名秀仁,为后堀河天皇第一皇子,其母为藤原道家之女藤原竴子。四条天皇有一女御藤原彦子(藤原教实之女),无皇子、皇女。

宽喜三年(1231)二月十二日,四条天皇在一条室町邸出生。在此之前,后堀河天皇的后妃生的都是女儿,因此皇子的诞生就显得非常重要。由于是皇子,四条天皇便格外受到重视。同年四月十一日,后堀河天皇下诏封皇子为秀仁亲王;也是在同年的十月二十八日,这位亲王又被立为皇太子。从这些举动可以看出，后堀河天皇是有意终止亲政，再行上皇院政的体制。时隔一年之后，在贞永元年(1232)十月四日，后堀河天皇在朝廷为秀仁亲王举行着袴[①]的仪式。随后后堀河天皇逊位，年仅两岁的秀仁亲王继位，是为四条天皇。仁治二年(1241)十二月十三日，四条天皇纳九条彦子为女御。而在中断了十年以后，上皇院政的体制再次存续。由于四条天皇幼年即位，初由其父后堀河上皇辅政，两年后上皇崩御，改由其外祖父九条道家和其舅父西园寺公经代行政务。

仁治三年(1242)一月九日，年幼顽皮的四条天皇在皇宫走廊的地面上撒了许多滑石粉，恶作剧地想看看宫女们滑倒的样子。但他没有想到自己却摔倒了，伤到头部，后来不治而死。同月十九日，他被追号为四条院。关于四条天皇的死亡原因，另一说法是因为脑挫伤所致。四条天皇头部受伤后，还曾到备中保福寺进行祈祷，并封该寺为敕愿寺。

由于四条天皇突然去世，在讨论天皇皇位人选时，一些官员主张由顺德天皇的儿子忠成王接替。当他们往返12天去请示幕府时，却被幕府无情地拒绝。将军北条泰时认为顺德天皇参与了承久之乱，他的后代不配、也不应该再做天皇。在这种情况下，与承久之乱无关的土御门天皇的儿子邦仁亲王继承了皇位，这便是后嵯峨天皇。但往返12天的繁杂请示过程，引起了朝臣们的强烈愤慨，但因实权掌握在幕府手中，他们也无可奈何。从此之后，天皇皇位的选定权便掌握在了幕府手中。

四条天皇驾崩后，葬于月轮陵，陵墓为石造九重塔，位于今京都市东山区今熊野泉山町泉涌寺内。

四条天皇的年号有六个，具体如下：

四条天皇的第一个年号为“天福”。年号的撰定者为大藏

---

① 日本皇室的孩子在幼年，为了祈祷健康成长都会举行这样的传统仪式。

卿藤原为长。使用时间为:贞永二年四月十五日(1233年5月25日)—天福二年十一月五日(1234年11月27日),共计2年。

"天福"年号典出自:

1.《尚书·汤诰》:

政善,**天福**;淫过,天祸之。

2.《左转·襄公二十六年》:

《商颂》有之曰:"不僭不滥,不敢怠皇,命于下国,封建厥福。"此汤所以获**天福**也。

在这两部典籍中,"天福"意为"上天所赐之福"。时四条天皇即位,故改元以纪念。

四条天皇的第二个年号为"文历"。年号的撰定者为权中纳言藤原家光。使用时间为:天福二年十一月五日(1234年11月27日)—文历二年九月十九日(1235年11月1日),共计2年。

"文历"年号典出自:

1. 南朝·宋·颜延年《文选·三月三日曲水诗序》:

皇上以睿**文**承**历**、景属宸居。

2.《旧唐书·职官志》:

观察天**文**,稽定**历**数。

在这部典籍中,"文历"指"账册之类"。四条天皇即位后,朝廷曾做过一些政策调整,希望能够理顺各种复杂的矛盾,但却引起一些人的不满,招致了更多的非议之声,于是决定改元文历。

四条天皇的第三个年号为"嘉祯"。年号的撰定者为前权中纳言藤原赖资。使用时间为：文历二年九月十九日（1235年11月1日）—嘉祯四年十一月二十三日（1238年12月30日），共计4年。

"嘉祯"年号典出自《北齐书·文宣帝纪》：

> 图谍潜蕴，千祀彰明，**嘉祯**幽秘，一朝纷委，以表代德之期，用启兴邦之迹。

在这部典籍中，"嘉祯"意为"吉祥的征兆"。时有天变地异之事，故朝廷决定改元以图吉祥。

四条天皇的第四个年号为"历仁"。年号的撰定者为文章博士藤原经范。使用时间为：嘉祯四年十一月二十三日（1238年12月30日）—历仁二年二月七日（1239年3月13日），共计2年。

"历仁"年号典出自《隋书·音乐志下》：

> 皇明驭**历**，**仁**深海县。

在这部典籍中，"历仁"为"施行仁政"之意。时有天变发生，朝廷遂改元"历仁"，以借此表达政治理念。

四条天皇的第五个年号为"延应"。年号的撰定者为文章博士藤原经范。使用时间为：历仁二年二月七日（1239年3月13日）—延应二年七月十六日（1240年8月5日），共计2年。

"延应"年号典出自西晋·潘岳《文选·为贾谧作赠陆机》：

> 廊庙惟清，俊乂是**延**，擢**应**嘉举。

在这部典籍中，"延应"意为"延续、响应"。时因天变和地震，朝廷希望延续前面的政策，故而改元。

四条天皇的第六个年号为"仁治"。年号的撰定者为文章博士藤原经范。使用时间为:延应二年七月十六日(1240年8月5日)—仁治四年二月二十六日(1243年3月18日),共计4年。

"仁治"年号典出自《新唐书·刑法志》:

> 初即位,有劝以威刑肃天下者,魏徵以为不可,因为上言王政本于仁恩,所以爱民厚俗之意,太宗欣然纳之,遂以宽**仁治**天下,而于刑法尤慎。

在这部典籍中,"仁治"为"以宽厚、仁爱治理天下"之意。时彗星出现、地震、旱灾等连续发生,统治者认为是上天察觉其失德,故降灾异以对其进行警示,所以才改元仁治。

第八十八代天皇:后嵯峨天皇

后嵯峨(ごさが)天皇为日本第八十八代天皇。其生卒年月为:承久二年二月二十六日(1220年4月1日)—文永九年二月十七日(1272年3月17日),享年53岁。在位时间为:1242年2月21日(仁治三年一月二十日)—1246年2月16日(宽元四年一月二十九日),在位时间4年。

后嵯峨天皇名邦仁,为土御门天皇第三皇子,其母为土御门通宗之女源通子。主要后妃子女有:中宫藤原(西园寺)姞子(西园寺实之女),生子久仁亲王(即后来的后深草天皇)、恒仁亲王(即后来的龟山天皇)、雅尊亲王、贞良亲王,生女综子内亲王,另有一女夭逝;女院体子内亲王(后堀河天皇之女),生一皇女,名不详;宫人藤原(西园寺)公子(西园寺公经之女、中宫姞子的叔母),生子慈助法亲王、悦子内亲王;典侍平栋子(平栋基之女),生子宗尊亲王;掌侍藤原博子(藤原孝时之女),生子觉助法亲王,生女怿子内亲王、柳殿;宫人藤原藤子(藤原隆衡之女),生子最助法亲王;宫人藤原氏(藤原公房之女),生子忠助法亲王、性助法亲王；宫人藤原氏（藤原实世之女），生子净助法亲王；宫人藤原氏（藤原能保之女），生子圆助法亲王；宫人藤原氏（藤原俊盛之女），生女恺子内亲王；宫人藤原氏（藤原兼房之女），生子仁惠法亲王；宫人源氏（源通方之女），生一皇子，出生后夭亡；宫人藤原氏（藤原良平之女），无子女；宫人源氏（源赖政曾孙女），生子胜助；宫人藤原氏某，生子高峰显日。

在承久之乱后，后嵯峨天皇因为父亲土御门的牵连，被流放到四国。在这种情况下，他便由藤原通方抚育长大。仁治三年（1242）一月九日，四条天皇去世，在幕府将军北条泰时的推举下，后嵯峨天皇随即继位。在位4年后，后嵯峨天皇让位于其子久仁亲王（后深草天皇）。后深草天皇在位13年后，又让位给其弟龟山天皇。在其子后深草、龟山两代天皇在位期间，后嵯峨天皇仍然执掌院政。在两位皇子中，后嵯峨天皇却偏爱第二皇子龟山，他主持仪式册立世仁亲王（后宇多天皇）为太子，此举遂导致了持明院统和大觉寺统的两统纷争。

后嵯峨天皇笃信佛教，热衷于营建寺庙、佛塔。他还长于创作和歌，建长三年（1251），天皇命藤原为家编撰《续后撰和歌集》；文永二年（1265），又命他编撰《续古今和歌集》。文永五年（1268年）十月五日，后嵯峨上皇出家，法名觉慧。文永九年二月十七日，他在龟山殿内的寿量院驾崩。

后嵯峨上皇驾崩后，葬于嵯峨南陵，陵墓为方形堂状，在今京都市右京区嵯峨天竜寺芒ノ马场町天龙寺内，幕府末年对该陵墓进行了维修。关于其陵墓的位置，日本学术界有不同的说法，明治三十九年（1906）确定了现在陵墓的名字。

后嵯峨天皇的年号只有一个“宽元”。年号的撰定者为文章博士藤原经范。使用时间为：仁治四年二月二十六日（1243年3月18日）—宽元五年二月二十八日（1247年4月5日），共计5年。

“宽元”年号典出自《宋书》：

舜禹之际，五教在宽，元元以平。

在这部典籍中，“宽元”为“宽厚、元和”之意。时后嵯峨天皇即位，按惯例需要改元，于是从中国的典籍中选择了这个年号。

第八十九代天皇：后深草天皇

后深草(ごふかくさ)天皇为日本第八十九代天皇。其生卒年月为：宽元元年(1243年)六月十日—嘉元二年(1304)七月十六日，享年62岁。在位时间为：宽元四年一月二十九日(1246年2月16日)—正元元年十一月二十六日(1259年1月9日)，在位时间达13年。

后深草天皇名久仁，为后嵯峨天皇第三皇子(含出家的皇子则为第四皇子)，其母为太政大臣西园寺实之女西园寺姞子。其后妃子女主要有：中宫西园寺公子(西园寺实之女、母后大宫院之妹)，生女贵子内亲王、皇女某(名不详)、姈子内亲王(后宇多天皇之妃)；女院洞院愔子(洞院实雄之女)，生子熙仁亲王(伏见天皇)、性仁法亲王，生女久子内亲王；准三后西园寺相子(西园寺公相之女)，生女媖子内亲王；妃西园寺成子(西园寺公经之女)，生子常仁亲王、幸仁亲王；宫人三条房子(三条公亲之女)，生子行觉法亲王、久明亲王、增觉法亲王，生女永子内亲王；宫人三善忠子(三善康衡之女)，生子深性法亲王；宫人别当典侍(高仓茂通之女)，生子恒助法亲王；宫人后深草院二条，生皇子某，名不详；还有生母不详的皇子某。

后深草天皇为持明院统之祖，他4岁即位，由其父亲后嵯峨上皇执掌院政。由于对其弟龟山天皇受宠于上皇不满，遂引起父亲的厌恶。在迫不得已的情况下，后深草天皇遵照父亲的皇命，让位于弟弟龟山天皇。因为对皇位落入龟山一系(大觉寺统)不满，后深草天皇积极寻求幕府的支持，其皇子熙仁(即后来的伏见天皇)得以即位,后深草也终于得以执掌院政。

在看到自己的子孙成为了天皇、皇太子、将军之后,后深草上皇感到无比欣慰,在正应三年(1290)二月于龟山殿出家,法号素实。次年在东大寺受戒。永仁六年(1298)七月,胤仁亲王践祚,是为后伏见天皇。正安三年(1301)正月,后二条天皇(后宇多天皇之子)践祚,保持了持明院统的世系。嘉元二年(1304)七月十六日,后深草法皇于富小路殿驾崩。

后深草法皇驾崩后,葬于深草北陵,初名为后深草院法华堂,后改为深草法华堂,陵墓为方形堂,位于今京都市伏见区深草坊町。

后深草天皇的年号有五个,具体如下:

后深草天皇的第一个年号为“宝治”。年号的撰定者为文章博士藤原经范。使用时间为:宽元五年二月二十八日(1247年4月5日)—宝治三年三月十八日(1249年5月2日),共计3年。

“宝治”年号典出自《春秋繁露·通国身》:

> 气之清者为精,人之清者为贤,治身者以积精为**宝**,**治**国者以积贤为道。

在这部典籍中,“宝治”为“治国以集中精力为宝”之意。时后深草天皇即位,故改元宝治。这个年号为新天皇即位所改,属于一般的改元。

后深草天皇的第二个年号为“建长”。年号的撰定者为前权中纳言藤原经光。使用时间为:宝治三年三月十八日(1249年5月2日)—建长八年十月五日(1256年10月24日),共计3年。

“建长”年号典出自《后汉书·段颖传》:

> 故臣奉大汉之威,**建长**久之策,欲绝其本根,不使能殖。

在这部典籍中，“建长”为“建立长久社稷”之意。后深草天皇幼年即位，这个年号为他即位之后的第二个年号，改元建长可以看出他的思想已经包含于其中了。

后深草天皇的第三个年号为“康元”。年号的撰定者为藤原经范。使用时间为：建长八年十月五日(1256年10月24日)—康元二年三月十四日(1257年3月31日)，共计2年。

“康元”年号典出自：

1.《尚书·虞书·益稷谟》：

歌曰：元首明哉，股肱良哉，庶事康哉！

2. 杨炯《唐上骑都尉高君神道碑》：

国步犹阻，黎元未康。将军不拜，使者相望。

阵合星斗，兵符玉璜。歼夷叛逆，刷涤边荒。

在这两部典籍中，“康元”为“身体康健”之意。时后深草天皇因患水痘，取“康元”为年号，意在希望身体健康，能够顺利把身体上的病痛医治好。

后深草天皇的第四个年号为“正嘉”。年号的撰定者为文章博士菅原在章。使用时间为：康元二年三月十四日(1257年3月31日)—正嘉三年三月二十六日(1259年4月20日)，共计3年。

“正嘉”年号典出自《艺文类聚·晋傅玄朝会赋》：

采秦汉之旧仪，肇元正之嘉会。

在这部典籍中，“正嘉”为“正统、美好”之意。时皇宫失火，一度人心惶惶，改元“正嘉”有安定人心之意。

后深草天皇的第五个年号为“正元”。年号的撰定者为式部大辅菅原公良。使用时间为：正嘉三年三月二十六日(1259

年4月20日)—正元二年四月十三日(1260年5月24日),共计2年。

“正元”年号典出自《毛诗·纬》:

> 一如正元,万载相传。
> 注曰:言本正则末理。

在这部典籍中,“正元”为“正统”之意。时日本饥馑、疾疫流行,百姓深受其苦,于是遂改元以示天下,借以安定人心。

第九十代天皇:龟山天皇

龟山(かめやま)天皇为日本第九十代天皇。其生卒年月为:建长元年五月二十七日(1249年7月9日)—嘉元三年九月十五日(1305年10月4日),享年57岁。在位时间为:正元元年十一月二十六日(1259年1月9日)—文永十一年一月二十六日(1274年3月6日),在位时间达15年。

龟山天皇名恒仁,为后嵯峨天皇第七皇子,其母为太政大臣西园寺实之女、大宫院藤原姞子。龟山天皇的后妃子女主要有:皇后藤原佶子(藤原实雄之女),生子知仁亲王、世仁亲王(后宇多天皇),生女眖子内亲王;中宫藤原(西园寺)嬉子(西园寺公相之女),无子女;女御藤原(近卫)位子(近卫基平之女),生子启仁亲王、继仁亲王;女院藤原(西园寺)瑛子(西园寺实兼之女),生子恒明亲王;典侍久我通能之女,名不详,生子性觉法亲王;典侍藤原(三条)实平之女,名不详,生子良助法亲王、圣云法亲王、觉云法亲王,生女九条师教室;典侍藤原(正亲町三条)实任之女,生子守良亲王;典侍藤原(法性寺)雅子(法性寺雅平之女),生女喜子内亲王;典侍平时仲女(帅典侍),生子顺助法亲王、慈道法亲王、行圆法亲王;宫人藤原禖子(藤原实雄之女),生女理子内亲王;宫人贯川(京极院杂仕),生一皇女,名不详,为近卫家基之室;宫人玄驹法师之女,名不详,生子兼良亲王;宫人藤原寿子(藤原景房之女),生子睿云法亲王(定良亲王);宫人三条公亲之女,名不详,生子性惠法亲王;宫人小仓公雄之女,名不详,生子恒云法亲王。

龟山天皇出生后,极受父亲的宠爱。正嘉二年(1258)八月,在被称惨烈的"正嘉饥馑"发生之际,10岁的恒仁亲王被立为太子,次年在兄长后深草天皇因病让位以后即位,是为龟山天皇。他的即位也是后嵯峨天皇和生母大宫院的意思。

文永四年(1267),皇后生下世仁亲王(后宇多天皇)。次年根据后嵯峨院的意向,被立太子。弘长三年(1263)发生了镰仓骚动。文永九年(1272)二月,后嵯峨天皇病逝,龟山天皇与兄长就皇位继承之事产生了严重的矛盾,在镰仓幕府的调节、支持下,龟山天皇让位于皇子世仁亲王(即后宇多天皇),开始了院政生涯。文永二年(1265),元朝忽必烈大帝通过高丽给日本发来国书,要日本称臣纳贡。幕府在做好迎击准备的同时,也向神社进行祈祷。在院政期间,蒙古军队两次来袭。因天气的原因和不熟悉日本国情,元军两次对日本的进攻均以失败告终。与后深草天皇血统(持明院统)不同的是,龟山天皇一系的皇统被称为大觉寺统。正应二年(1289),龟山上皇在南禅寺出家,成为了法皇,法名金刚源。归依禅宗后,龟山法皇逐渐受到禅宗的熏染。但他的好色路人皆知,出家后仍然与众多女性保持关系,并生育有多名子女。

在其孙后二条天皇的嘉元三年九月十五日(1305年10月4日),龟山上皇驾崩,葬于龟山陵,陵墓为方形堂状,中世纪时该陵墓一度荒废,幕府末年进行了修葺,位于今京都市右京区嵯峨天竜寺芒ノ马场町天龙寺内。

龟山天皇的年号有三个,具体如下:

龟山天皇的第一个年号为"文应"。年号的撰定者为文章博士藤原在章。使用时间为:正元二年四月十三日(1260年5月

24日)—文应二年二月二十日(1261年3月22日),共计2年。

“文应”年号典出自《晋书·刘毅传》:

> 龙体既苍,杂以素文,意者大晋之行,戢武兴**文**之**应**也。

在这部典籍中,“文应”为“文化(文艺)兴起响应”之意。时龟山天皇即位,故有改元之事,是为新天皇即位之举,无太多实际意义。

龟山天皇的第二个年号为“弘长”。年号的撰定者不明。使用时间为:文应二年二月二十日(1261年3月22日)—弘长四年二月二十八日(1264年3月27日),共计4年。

“弘长”年号典出自《贞观政要·封建》:

> 思阐治定之规,以**弘长**世之业,万古不易,百虑同归。

在这部典籍中,“弘长”为“光大发扬、弘大长远”之意。时为辛酉(1261年)革命,故改元以为纪念。

龟山天皇的第三个年号为“文永”。年号的撰定者为式部大辅菅原在章。使用时间为:弘长四年二月二十八日(1264年3月27日)—文永十二年四月二十五日(1275年5月22日),共计12年。

“文永”年号典出自《后汉书·荀悦传》:

> 汉四百有六载,拨乱反正,统武兴**文**,**永**惟祖宗之洪业,思光启乎万嗣。

在这部典籍中,“文永”为“文运永昌”之意。时因甲子(1264)革令,故改元以为纪念。

第九十一代天皇:后宇多天皇

后宇多(ごうだ)天皇为日本第九十一代天皇。其生卒年月为:文永四年十二月一日(1267年12月17日)—元亨四年六月二十五日(1324年7月16日),享年58岁。在位时间为:文永十一年一月二十六日(1274年3月6日)—弘安十年十月二十一日(1287年11月27日),在位时间达13年。

后宇多天皇名世仁,为龟山天皇第二子,其母为左大臣藤原实雄之女藤原佶子。后宇多天皇的后妃、子女主要有:后宫源(堀川)基子(堀川具守之女、久我基具养女),生子邦治亲王(后二条亲王);典侍藤原(五辻)忠子(五辻忠继之女、花山院师继养女),生子尊治亲王(即后来的后醍醐天皇)、性圆法亲王、承觉法亲王,生女奖子内亲王;妃妗子内亲王(后深草天皇之女),无子女;后宫瑞子内亲王(宗尊亲王之女),无子女;后宫藤原氏(桥本实俊之女),生子性胜法亲王(良治亲王);后宫抡子女王(宗尊亲王之女),生女禖子内亲王;后宫藤原氏(五辻宗亲之女),生女愉子内亲王;后宫藤原氏(花山院长雅之女),生一皇女,名不详;后宫某氏,父不详,生一皇子,名不详。

按照后嵯峨天皇的意志,文永五年(1268)出生8个月的世仁亲王被立为太子。文永十一年(1274)一月,8岁的世仁亲王即位,由其父龟山上皇执掌院政。在后宇多天皇在位期间,元军和高丽军队来袭日本。他历经了"文永之役"和"弘安之役",即所谓的"元寇入侵"。

建治元年(1275),由于利益的驱使,幕府也加入到有关皇室继承的纠纷中来,他们决定立后深草上皇的儿子熙仁皇子为后宇多天皇的太子。元军败走之后,皇位继承的问题再次凸显了出来。弘安十年(1287),幕府听说龟山上皇将对幕府图谋不轨,便强迫他让位给熙仁皇子,即伏见天皇。此后15年间,持明院统与大觉寺统因皇位的争夺发生了一些纷争，而后宇多上皇深居简出，潜心研究学问，直到自己的儿子即位为后二条天皇后，他才复出主持院政。因后宇多上皇的政治才能和突出政绩，被后人誉为“英主”。德治二年(1307)，因宠妃(姈子内亲王)去世，他才看破红尘，在仁和寺出家为法皇，法号金刚性。德治三年(1308)，因后二条天皇驾崩，他失去了作为天皇之父的实权和地位，在后醍醐天皇即位之前，他脱离了政务。在此期间，他钻研真言密教，还曾经于正和二年(1313)到高野山参诣，并著有《御手印遗告》等书。一直到文保二年(1318)，后宇多上皇的次子后醍醐天皇即位，他觉得红尘世界毕竟比佛门舒服一些，于是重新开始辅政生涯。后宇多上皇的院政经历了后二条、后醍醐天皇两个天皇时代，前后达11年之久。元亨元年(1321)，他派遣吉田定房赴镰仓，在征得幕府的同意后，于十二月九日宣布停止自后白河上皇以来二百余年的院政，由后醍醐天皇亲政。此后他隐居大觉寺，专心研究密宗，直到去世。后来，人们称龟山的一支为大觉寺系统。

元亨四年(1324)六月二十五日，后宇多上皇在大觉寺驾崩，葬于莲华峰寺陵，其生母京极院皇后藤原佶子也安葬于此，陵墓为方形堂，高3.62米，由石造五轮塔构成，位于今京都市右京区北嵯峨朝原山町。

后宇多天皇的年号有两个，具体如下：

后宇多天皇的第一个年号为“建治”。年号的撰定者为文章博士藤原在匡。使用时间为：文永十二年四月二十五日(1275年5月22日)—建治四年二月二十九日(1278年3月23日)，共计4年。

“建治”年号典出自《周礼·春官宗伯》：

大司乐掌成均之法，以**治建**国之学政，而合国之子弟焉。

在这部典籍中,“建治”为“建国家之法度”之意。时后宇多天皇初即位,故而改元,无太多意义。

后宇多天皇的第二个年号为“弘安”。年号的撰定者为从三位藤原茂范。使用时间为:建治四年二月二十九日(1278年3月23日)—弘安十一年四月二十八日(1288年5月29日),共计11年。

“弘安”年号典出自《唐大诏令集·蕃夷·突厥李思摩为可汗制》:

弘安民之道。

在这部典籍中,“弘安”为“发扬安民之道”之意。时疾疫流行,后宇多天皇改元“弘安”为年号,意在安抚百姓,共同战胜疾疫。

第九十二代天皇:伏见天皇

伏见(ふしみ)天皇为日本第九十二代天皇。其生卒年月为:文永二年四月二十三日(1265年5月10日)—文保元年九月三日(1317年10月8日),享年53岁。在位时间为:弘安十年十月二十一日(1287年11月27日)—永仁六年七月二十二日(1298年8月30日),在位时间达11年。

伏见天皇名熙仁,为后深草天皇第二皇子,其母为左大臣藤原实雄之女藤原愔子。伏见天皇的后妃、子女主要有:中宫西园寺(藤原)镣子(西园寺实兼之女),无子女;典侍(准三后)五辻(藤原)经子(五辻经之女),生子胤仁亲王(后伏见天皇);洞院(藤原)季子(藤原实雄之女),生子宽性法亲王、富仁亲王(花园天皇),生女琇子内亲王、延子内亲王;洞院(藤原)英子(藤原公宗之女),生女誉子内亲王;典侍权大纳言局(中院具氏之女),生子尊悟入道亲王;内侍三善衡子(三善俊衡之女),生子尊圆法亲王;内侍正亲町(藤原)守子(正亲町实明之女),生子宽胤法亲王、道熈法亲王;内侍高仓茂通之女,名不详,生子尊熈法亲王;内侍春日局(僧任快之女),生子惠助法亲王;内侍西御方(僧深源之女),生子圣珍法亲王。

建治元年(1275)十一月,10岁的伏见天皇被后宇多天皇立为东宫,弘安十年(1287)十月即位。次年,他立长子胤仁亲王为太子。伏见天皇即位不久,宫中发生谋刺天皇的重大事件。由于事先得到了宫女的密报,伏见天皇仓促间男扮女装逃走,因此才躲过一劫。事后得知,这件事与大觉寺一派势力有瓜葛,更有人说谋刺事件就是受到龟山上皇和后宇多上皇的指使。只有这样才能使后深草上皇的持明院派系统在政治上居于主动地位,后深草上皇才有机会复出主持院政。此时的天皇虽然已经毫无权力了,但毕竟还是日本国民的最高精神权威象征,属于名义上的最高统治者,还是具有一定的吸引力。因此,后嵯峨天皇的两个儿子——后深草天皇和龟山天皇兄弟二人互不相让,对皇位争夺不已。最后在幕府的支持下,后深草上皇决定施行院政。由于没有实权,后深草上皇只能极力迎合幕府的旨意,不敢有自己的个性,他派皇子久明亲王去镰仓加强和幕府之间的联系,凡事都要征求幕府的意见。正应二年(1289),他又立伏见天皇的儿子胤仁亲王为太子。在皇位的继承方面,后深草天皇的一脉又压过了龟山天皇的一脉,占据了统治的主导地位。后深草上皇把自家的事情安排妥当以后,便放心去空门修行了。龟山上皇见后深草上皇占了上风,也故伎重演,以出家为要挟,于是在永仁六年(1298)伏见天皇退位,胤仁太子在伏见天皇退位后,马上继位,是为后伏见天皇。伏见天皇退位后,又实行了三年的院政。在正和二年(1313),伏见天皇出家,法名素融。伏见天皇是书道伏见院流之祖,同时也以京极派的著名歌人而闻名。

文保元年九月三日(1317年10月8日),伏见天皇驾崩,葬于深草北陵,陵墓为方形堂状,位于今京都市伏见区深草坊町。

伏见天皇的年号有两个,具体如下:

伏见天皇的第一个年号为“正应”。年号的撰定者为文章博士藤原在嗣。使用时间为:弘安十一年四月二十八日(1288年5月29日)—正应六年八月五日(1293年9月6日),共计6年。

“正应”年号典出自《毛诗注》:

> 德**正应**利。

在这部典籍中,“正应”为“正好应验”之意。时伏见天皇初登皇位,按例进行改元,于是便有了这个年号,年号并无太多的含义。

伏见天皇的第二个年号为“永仁”。年号的撰定者为大藏卿藤原在嗣。使用时间为:正应六年八月五日(1293年9月6日)—永仁七年四月二十五日(1299年5月25日),共计7年。

“永仁”年号典出自《晋书·乐志·冬至初岁小会歌》:

> 乃宣乃训,配享交泰。**永**载**仁**风,长抚无外。

在这部典籍中,“永仁”为“永远承载仁义”之意。时日本发生天变、地震一系列灾变,故改元以求好运。

第九十三代天皇:后伏见天皇

后伏见(ごふしみ)天皇为日本第九十三代天皇。其生卒年月为:弘安十一年三月三日(1288年4月5日)—建武三年(延元元年)四月六日(1336年5月17日),享年49岁。在位时间为:永仁六年七月二十二日(1298年8月30日)—正安三年一月二十一日(1301年3月2日),在位时间4年。

后伏见天皇名胤仁,是伏见天皇的长子,其母为五辻经之女藤原经子(持明院统)。后妃、子女主要有:女御西园寺宁子(西园寺公衡之女),生子量仁亲王(即后来的光仁天皇)、景仁亲王、丰仁亲王(光明天皇),生女珣子内亲王(后醍醐天皇中宫)、兼子内亲王;治部卿局(法印泰豪之女),生子尊胤法亲王;高阶邦子(高阶邦经之女),生子法守法亲王;正亲町守子(正亲町实明之女),生子承胤法亲王、长助法亲王、亮性法亲王,生女璜子内亲王;对御方(正亲町实明之女),生子尊实亲王、尊道入道亲王,生女觉公女王;右京大夫局,生两位皇女,名不详。

正应二年(1289),出生不久的胤仁亲王被立为太子。永仁六年(1298)因伏见天皇退位,胤仁亲王即位,是为后伏见天皇。三年后,后伏见天皇让位于后二条天皇。原因是,后伏见天皇即位后,他立后宇多上皇的皇子邦治亲王为太子。大觉寺派为了早日让自己系统的皇嗣继位,便对幕府展开公关攻势。当幕府再次施加影响时,后伏见天皇即让位给太子,是为后二条天皇,后伏见天皇开始了5年的院政。后来,后伏见上皇的弟弟花园天皇在位时,他又主持过一段时间的院政,时间约为3年。

元弘元年(1331),后醍醐天皇出兵隐岐,开始讨幕。足利高氏举兵攻陷京都,后醍醐天皇之子光严天皇即位不久也被废。正庆二年(1333)新田义贞攻陷镰仓,北条氏灭亡,镰仓幕府结束,后伏见上皇的院政也就此终结。同年六月二十六日,他在旧仙洞御所的持明院出家,法名理觉。建武三年(1336)四月六日,后伏见上皇驾崩,葬于深草北陵,陵墓为方形堂状,位于今京都市伏见区深草坊町。

后伏见天皇喜爱文学,曾有《新后撰和歌集》等作品传世。

后伏见天皇的年号只有一个“正安”。年号的撰定者为前参议菅原在嗣。使用时间为:永仁七年四月二十五日(1299年5月25日)—正安四年十一月二十一日(1302年12月10日),共计

4年。

“正安”年号典出自南宋·章如愚《群书考索》:

> 宋朝临轩之乐为隆安,饮食为和安,尊号册宝为正安,正冬朝贺为求安,此乐章之名也。

在这部典籍中,“正安”为“取官能守其正,则民能得其安”之意。后伏见天皇即位,按惯例进行改元,于是取“正安”为年号,以表达其政治理想。

第九十四代天皇:后二条天皇

后二条(ごにじょう)天皇为日本第九十四代天皇。其生卒年月为:弘安八年二月二日(1285年3月9日)—德治三年八月五日(1308年9月10日),享年24岁。在位时间为:正安三年一月二十一日(1301年3月2日)—德治三年八月二十五日(1308年9月10日),在位时间7年。

后二条天皇为大觉寺统的后宇多天皇的长子,其母为太政大臣堀川基具养女、西华门院基子,是后醍醐天皇的异母兄。主要后妃、子女有:中宫藤原(德大寺)忻子(德大寺公孝之女),无子女;尚侍藤原(一条)顼子(一条实经之女),无子女;典侍藤原(五辻)宗子(五辻宗亲之女),生子邦良亲王(后醍醐天皇皇太子)、邦省亲王;掌氏平氏(平栋俊之女),名不详,生女嫥子内亲王;宫人藤原氏(三条公泰之女),名不详,生子佑助法亲王、圣尊法亲王,生女荣子内亲王、某名不详皇女;宫人藤原氏(三条公亲之女),名不详,生子尊济法亲王;宫人平氏(平信辅之女),名不详,生女瑒子内亲王;宫人藤原氏(藤原良珍之女),名不详,生女珉子内亲王。

后二条天皇在1岁多时,便被封为亲王。永仁六年(1298)

六月二十七日，在冷泉万里小路殿举行了成人礼；同年八月十日，被持明院统后伏见天皇册立为皇太子。后伏见天皇于正安三年一月二十一日(1031年3月2日)退位后，后二条天皇登基为天皇。他继位后，立伏见上皇的皇子富仁亲王为太子。这样基本形成了后深草天皇的持明院派和龟山天皇的大觉寺派轮流继统的局面。因为两派都想得到幕府的支持，所以都极力讨好幕府。此时，后宇多上皇施行院政。德治二年(1307)，他的宠妃死去，而此时日本许多地区也发生灾荒、瘟疫，致使民不聊生，流离失所。持明院派乘机把天灾人祸的根由归咎于后二条天皇的治国无方，策划更换天皇。次年，后二条天皇因急病在二条高仓皇居夭亡，这场风波才算平息。后二条天皇在位期间，由其父后宇多上皇施行院政。后宇多上皇后来到大觉寺出家，持明院一系的富仁太子登基为花园天皇。后二条天皇喜欢在皇宫中举行诗会，曾撰集《后二条院御集》(原题《愚藻》)。

后二条天皇驾崩后，葬于北白河陵，陵墓为圆丘形，后陵墓几近荒废，幕府末年加以修葺形成现在的规模，该陵墓位于今京都市左京区白河追分町。

后二条天皇的年号有三个，具体如下：

后二条天皇的第一个年号为“乾元”。年号的撰定者不详。使用时间为：正安四年十一月二十一日(1302年12月10日)—乾元二年八月五日(1303年9月16日)，共计2年。

“乾元”年号典出自《易经·乾》：

> 大哉**乾元**，万物资始，乃统天。

在这部典籍中，“乾元”为形容“天子之大德”之意。后二条天皇初即位，按惯例进行改元。改元“乾元”，体现出统治者的一种内心追求。

后二条天皇的第二个年号为“嘉元”。年号的撰定者为前参事菅原在嗣。使用时间为:乾元二年八月五日(1303年9月16日)—嘉元四年十二月十四日(1307年1月18日),共计4年。

"嘉元"年号典出自《艺文类聚·天部上·星》:

> 晋傅玄贺老人星表曰:老人星见,体色光明,嘉占元吉,弘无量之祐,隆克昌之祚,普天同庆,率土合欢。

在这部典籍中,"嘉元"为"美好的根基"之意。时日本出现了被认为是不吉利的彗星,并且发生了严重的旱灾,故改元以强调其统治的合法性,并以此安抚民心。

后二条天皇的第三个年号为"德治"。年号的撰定者为正二位菅原在嗣。使用时间为:嘉元四年十二月十四日(1307年1月18日)—德治三年十月九日(1308年11月22日),共计3年。

"德治"年号典出自:

1.《左传·僖公三十三年》:

> 公曰:"敬,德之聚也;能敬必有德。德以治民,君请用之。"

2.《魏书·邢峦传》:

> 世宗初,峦奏曰:"臣闻昔者明王之以德治天下,莫不重粟帛,轻金宝。"

在这两部典籍中,"德治"是中国古代的治国理念,具体含义如下:第一,所谓的"德治"就是要求执政者以身作则,自己带头修身并且勤于政事,同时充分发挥道德的感化作用,不能滥用暴力。第二,执政者要重视对民众的道德教化作用,"为政以德",德主刑辅。时因天变,故后二条天皇进行改元,以突出自己的执政理念。

第九十五代天皇:花园天皇

花园(はなぞの)天皇为日本第九十五代天皇。其生卒年月为:永仁五年七月二十五日(1297年8月14日)—正平三年十一月十一日(1348年12月2日),享年52岁。在位时间为:延庆元年十一月十六日(1308年12月28日)—文保二年二月二十六日(1318年3月29日),在位时间达10年。

花园天皇名富仁,为伏见天皇第四皇子,其母亲是洞院实雄之女季子(显亲门院),属于持明院统。花园天皇主要的后妃与子女有:妃正亲町(藤原)实子(藤原实明之女),生子源性法亲王(业永亲王)、直仁亲王,生女寿子内亲王(光严天皇之妃)、仪子内亲王、花山院某室,名不详;宫人一条局(正亲町藤原实明之女),生子觉誉法亲王;典侍藤原(叶氏)赖子(藤原赖任之女),生女祝子内亲王,另有一女,名不详。

正安三年(1301)八月十五日,4岁的富仁被封为亲王,同年又被立为大觉寺统的后二条天皇太子。延庆元年(1308),后二条天皇逝世,12岁的富仁亲王即位为天皇。由于年龄太小,不能独立处理国政,前半期由其父伏见上皇、后半期由其兄后伏见上皇实行院政。其父兄对他寄予厚望,从多方面对他进行教育,但花园天皇似乎心不在此,于文保二年(1318)让位给大觉寺统的后醍醐天皇。退位以后,他一方面养育光严天皇,一方面开始信仰禅宗,并达到一种痴迷的程度。建武二年(1335)十一月二十二日,他在法胜寺出家,法名遍行。

据日本史书记载,花园天皇擅长歌道,是京极派重要的成员之一。此外,他还留下被称为《花园院宸记》的日记,敕撰有多人歌集的《玉叶和歌集》。在生活中,他也不乏有读经、念佛等等行为,一般都认为他是很有文人风采的天皇。

正平三年(1348年)十一月十一日,花园天皇驾崩,葬于十乐院上陵,陵墓为圆丘形,处在青莲院和知恩院之间,位于今京都市东山区粟田口三条坊町。

花园天皇的年号有四个,具体如下:

花园天皇的第一个年号为“延庆”。年号的撰定者为权中纳言藤原俊光。使用时间为:德治三年十月九日(1308年11月22日)—延庆四年四月二十八日(1311年5月17日),共计4年。

“延庆”年号典出自《后汉书·马武传》:

> 建武之世,侯者百余,若夫数公者,则与参国议,分均休咎,其余并优以宽科,完其封禄,莫不终以功名**延庆**于后。

在这部典籍中,“延庆”为“喜庆绵长”之意。时花园天皇初即位,故按惯例进行改元。改元“延庆”还有另外一层意思,即希望天皇即位这种喜庆之事能够绵延下去,给国家和百姓带来更多的福气。

花园天皇的第二个年号为“应长”。年号的撰定者为长官菅原在兼。使用时间为:延庆四年四月二十八日(1311年5月17日)—应长二年三月二十日(1312年4月27日),共计2年。

“应长”年号典出自《旧唐书·礼仪志二》:

> 所以**应长**历之规,象中月之度,广综阴阳之数,傍通寒暑之和。

在这部典籍中,“应长”为“符合(适应)长久的历法推算”。时疫病流行,朝廷希望能够根据历法推算,避开瘟疫,以减轻百姓的疾苦。

花园天皇的第三个年号为“正和”。年号的撰定者不明。使用时间为:应长二年三月二十日(1312年4月27日)—正和六年二月三日(1317年3月16日),共计6年。

“正和”年号典出自《旧唐书·音乐志一》：

> 祭天神，奏豫和之乐。地祇，奏顺和。宗庙，奏永和。天地、宗庙登歌，俱奏肃和。皇帝临轩，奏太和。王公出入，奏舒和。皇帝食举及饮酒，奏休和。皇帝受朝，奏政（**正**）**和**。皇太子轩悬出入，奏承和。

在这部典籍中，“正和”的“正”与“政”相同，意为“政通人和”。时因天变地震，花园天皇遂决定改元，期望能够“正和”，借此摆脱国家的危难。

花园天皇的第四个年号为“文保”。年号的撰定者为式部大辅菅原在辅。使用时间为：正和六年二月三日（1317年3月16日）—文保三年四月二十八日（1319年5月18日），共计3年。

“文保”年号典出自《梁书》：

> 姬周基**文**，久**保**二七百。

在这部典籍中，“文保”为“依靠文治可以长保国祚”之意。时日本发生了大地震，灾情严重，民心惶惶，花园天皇遂决定改元，以此表达个人的希望。

日本的南北朝

除了中国在公元420—589年之间出现过南北朝之外，日本历史上也出现过南北朝。

日本的南北朝（なんぼくちょう）发生于1336—1392年，之前为镰仓时代，之后为室町时代。在这段时期里，日本同时出现了南、北两个朝廷、两个天皇，并有各自的承传。即出现了经常说的“天下二分，两统迭立”的时代。由于出现了两个天皇，因而也就出现了两个天皇年号，今按其南北朝的历史，分别叙述。

在消灭了镰仓幕府后，后醍醐天皇进行了第一次王政复古运动，他积极推行自己的新政，在政治上做了一系列改革，史称“建武新政”。由于缺乏政治经验，加之有些改革措施操之过急，他的新政未能满足新兴武士的要求。在新政中，后醍醐天皇仅仅重用京都的公卿贵族，没有兼顾其他各派的诉求。因为这些武士是抵抗蒙古军队的主力，获得战功后，后醍醐天皇没有对他们进行封赏，遂引起了这些人的不满。就在幕府威望大幅下降的同时，其他矛盾也在激化，各地农民也纷纷起来，他们结成党派反抗领主，这些农民俗称“恶党”。在这些反对势力中，倒幕大将足利尊氏由于没有获得更多的权力，对新政尤为不满。虽然被赐予天皇名字中的尊字，但他对此却并未满足，而是有意绕开幕府，以便大权独揽。足利尊氏迫使后醍醐天皇退位，并立持明院统的光明天皇。在权臣足利尊氏的高压下，光明天皇迫于无奈，遂封他为征夷大将军，建立室町幕府，这便是北朝之始。

虽然被迫退位，但后醍醐天皇并不甘心失败，他持着象征天皇权位的三神器，设法逃出足利尊氏的控制，退往大和(今奈良县)的吉野，在那里招兵买马，以期日后东山再起，这便是南朝之始。在这种情况下，日本的南北朝终于形成了，日本史书称之为“一天二帝南北京”。

南北朝格局形成后，经过多次战争，南朝势力开始衰落，在不得已的情况下，南朝天皇终于把三神器交给北朝天皇，南北朝时代遂告结束。

与中国南北朝历史研究的情况相似，在日本历史研究中，南北朝时代是比较有争议的时代。主要争议两个问题。一是“尊氏逆臣论”：受到正统天命文化观的影响，很多研究者认为室町幕府的开创者足利尊氏是日本朝廷的“乱臣贼子”，属于大逆不道的人。二是“南北朝正统论”：在所谓“天无二日，地无二王”的观念中，两统并立的情况出现，其中一方如果是“正统”，另一方则肯定是“伪朝”。这个问题是比较严肃的政治问题,如南朝正统论者就坚持认为,现在的天皇是夺取了南朝皇位的北朝子孙,直到20世纪初日本著名学者幸德秋水教授根据自已的研究成果,提出当时明治天皇的正统性问题时,明治天皇最后作出结论:以南朝天皇为日本的正统,北朝天皇保留名号,但不列入正统。关于南北朝时代的争论,到此告一段落。

在日本南北朝时期,从第九十六代后醍醐天皇到第九十九代后亀山天皇的四代天皇是南朝天皇,他们居住在吉野山。但由于北朝没有象征天皇神权的“三神器”,南朝这四代天皇因此仍是“正统”,是按南朝来记代的。一直到后亀山天皇将“三神器”交给北朝后小松天皇时,他才能算是日本的第一百代天皇。

自藤原氏以来,天皇皇权虽已旁落到摄政关白或是幕府将军手中,但天皇至少还有一点权威,摄政关白或是幕府将军总要给天皇一些面子。但日本历史上最后一个幕府——江户时代德川幕府,却使天皇的政治地位跌落至谷底。后水尾天皇元和元年(1615),幕府公布《禁中并公家诸法度》(以下简称《法度》)十七条。《法度》详细规定了各种法度,限制了天皇和公卿贵族的权力,并对他们的行动有所约束。其中明确规定,天皇“以学问为第一”,不需过问国家大事。有关宫廷官员的任命、天皇公卿的服饰冠带、天皇的出巡等等均需征得幕府的同意。唯一保留天皇权力的条文,只有《法度》中的第八条:天皇有权按“本朝先规”决定年号。从《法度》可以看出,无论是形式上还是实际上,皇室的权力完全被幕府所剥夺。嘉永六年(1853),美国佩里舰队的到来,打开了日本闭锁的国门。日本的历史也随之到了被称为“幕末”的时期。随着倒幕派的烽起和孝明天皇的去世,德川幕府的统治走到了尽头。明治元年(1868)一月,德川幕府末代将军庆喜交出了政权,孝明天皇之子睦仁继承皇位,改年号为“明治”,以效法中国古代的帝王政治。与此同时，明治天皇发布“王政复古”诏书。从此天皇重新回到了政治舞台的中心，皇权进一步扩大。同年十一月，明治天皇将都城由京都迁往江户，并将江户改名为东京，开始了大张旗鼓的资产阶级改革，史称“明治维新”。

经过明治维新以后，日本的综合国力不断加强。日本不再是任由列强欺辱的封建小国，一跃成为帝国主义列强之一。对清朝的甲午战争以及对沙皇俄国的宣战都取得了胜利，使日本人觉得他们不仅可以打败自己的老师，还可以打败欧洲的白种人。这些战争的最后胜利，使日本的野心急速膨胀，最终走上了军国主义道路。昭和元年(1926)，大正天皇病逝，皇太子裕仁登基，改年号为“昭和”。在昭和初期，由于军国主义分子的狂热宣传，日本对中国的侵略扩张开始大规模展开。昭和六年(1931)秋，九一八事变爆发，中国东北三省沦为日本的殖民地。1937年7月7日，日军挑起卢沟桥事变，发动全面侵华战争。同年12月13日，侵华日军占领当时国民政府首都南京，制造惨绝人寰、时间长达6周的“南京大屠杀”，约30万中国军民惨死在侵略者的屠刀之下，酿成了人类历史上最黑暗的惨剧。昭和十六年(1941)，日军偷袭珍珠港，挑起了太平洋战争。这一系列侵略战争给中国及其他国家和地区的人民带来地狱般的灾难，同样日本人民也承受着战争所带来的苦难。而作为军国主义分子精神偶像的昭和天皇裕仁，对于这场战争的发动有着不可推卸的责任。昭和二十年(1945)八月十五日，日本宣布无条件投降。占领日本后，美军统帅麦克阿瑟改日本专制天皇制为君主立宪制，天皇作为日本国家的象征被保留下来，并没有受到应有的惩罚。1989年1月7日清晨，昭和天皇去世，终年87岁。前半段伴随着战争的阴影，后半段构建了经济繁荣基础的昭和时代降下帷幕。同日，皇太子明仁继位，改年号“平成”，这个年号一直沿用至今，现已使用了28年。

第九十六代天皇:后醍醐天皇

后醍醐(ごだいご)天皇为日本镰仓后期至南北朝初期的第九十六代天皇,也是南朝的第一代天皇。其生卒年月为:正应元年十一月二日(1288年11月26日)—(南朝)延元四年/(北朝)历应二年八月十六日(1339年9月19日),享年52岁。在位时间为:文保二年二月二十六日(1318年3月29日)—(南朝)延元四年/(北朝)历应二年八月十五日(1339年9月18日),在位时间达21年。

后醍醐天皇名尊治、吉野院、元德院、元应帝,为后宇多天皇的第二皇子,其母为藤原忠子(参议五辻忠继之女、内大臣花山院藤原师继养女)。其后妃、子女主要有:皇后(中宫)藤原(西园寺)禧子(西园寺实兼之女),生女欢子内亲王(光严天皇之妃),另有一女名不详;皇后(中宫)珣子内亲王(后伏见天皇之女),生女幸子内亲王;女御藤原荣子(二条道平女),无子女;宫人游义门院的一条局(藤原实俊之女),生子世良亲王、静尊法亲王,另有一皇女名不详;典侍藤原(五辻)亲子(五辻宗亲之女),生子满良亲王;典侍源氏(北畠师重之女),无子女;典侍藤原氏(持明院保藤之女),无子女;典侍某氏(帅典侍赞岐),父不详,无子女;掌侍藤原氏(藤原经尹之女),生一皇女,名不详;掌侍菅原氏(菅原在仲之女),生子圣助法亲王;宫人藤原(阿野)廉子(阿野公廉之女),生子恒良亲王(后醍醐天皇皇太子)、成良亲王(光明天皇皇太子)、义良亲王(即后来的后村上天皇),生女祥子内亲王、惟子内亲王;宫人源亲子(源师亲之女,一说是日野经光之女),生子护良亲王,另有一皇子名不详,生女姚子内亲王,另有一皇女,名不详,为近卫基嗣之室;宫人藤原为子(二条藤原为世之女),生子尊良亲王、宗良亲王,生女瑼子内亲王、欣子内亲王;宫人藤原实子(藤原实雄之女),生一皇女,名不详；后宫藤原守子（藤原实泰之女），生子玄圆法亲王、最惠法亲王；后宫憙子内亲王（龟山天皇之女），生子恒性、无文元选；后宫藤原氏（二条藤原为道之女），名不详，生子法仁法亲王、怀良亲王，另有一皇女，名不详；后宫藤原氏（四条隆资之女），生子尊真；后宫藤原氏（藤原宫敏之女；一说是藤原实明之女），生女瑜子内亲王；后宫藤原氏（藤原为忠之女），生女今林尼众；后宫藤原氏（藤原公泰之女），生女贞子内亲王；宫人藤原氏（藤原定房之女），无子女，宫人藤原氏（藤原清忠之女），生一女，名不详；宫人源氏（堀河基实之女），生一女，名不详；后宫源康子（源康持之女），无子女；后宫源氏（源康持之女、康子之妹），无子女；后宫源氏（堀口义贞之女），生一女，名不详，后为吉水院宗信之妻、尊寿丸之母；后宫某氏（昭训门院近卫局），父不详，生子知良王；生母不详的有皇子龙泉令淬，皇女用堂。另一皇女，名不详，后为六条有房之室。

后醍醐天皇在乾元元年（1302）被封为亲王。嘉元二年（1304）受封大宰帅，人称帅宫。德治三年（1308），持明院统的花园天皇即位时，尊治亲王被立为皇太子。文保二年（1318），因为花园天皇让位之故，尊治亲王以31岁的壮年登基，同年三月二十九日即位。在即位后的3年时间里，由父亲后宇多法皇开设院政。根据后宇多法皇的愿望，后醍醐天皇将哥哥后二条天皇的遗子邦良亲王立为皇太子；并将自己的儿子降为亲王，否定了其皇位继承权。这引起了后醍醐天皇的不满，同法皇发生了矛盾。这也引起了镰仓幕府的不满，最终元亨元年（1321）后宇多法皇的院政被废止，后醍醐天皇亲政。失去法皇这一保护伞的邦良亲王后来也没能即位。虽然镰仓幕府在1274年和1281年两次成功抗击元朝的入侵，但受货币经济影响，无法恩赏抗元官兵，导致了武士对幕府的不满。后醍醐天皇此时积极筹备倒幕计划。正中元年（1324），镰仓幕府发现了后醍醐天皇的倒幕企图，责令六波罗探题将天皇身边的日野资朝等人处死，史称“正中之变”。镰仓幕府不知该如何处置天皇，但天皇此后更加深了倒幕的愿景，同醍醐寺的文观、法胜寺的圆观等僧人亲近。元德二年(1329)，后醍醐天皇假借为中宫安产祈祷，暗地里为征讨关东祈愿，并拉拢兴福寺、延历寺等寺社势力。但大觉寺统的贵族大多支持邦良亲王，而持明院统的贵族则支持镰仓幕府，后醍醐天皇陷入孤立状态。邦良亲王病死后，镰仓幕府指定持明院统的量仁亲王为皇太子，后醍醐天皇的皇位岌岌可危。元弘元年(1331)，后醍醐天皇再次计划倒幕，但被身边的吉田定房告发；后醍醐天皇携带三神器逃出京都，以比睿山为据点举兵讨幕。最后被包围在了笠置山，幕府以优势兵力攻陷了该城并逮捕了天皇。这就是元弘之乱。

镰仓幕府将策划倒幕的后醍醐天皇废黜，拥立持明院统的量仁亲王即位，是为光严天皇。镰仓幕府则商议，以承久之乱中策划倒幕的后鸟羽上皇被流放隐岐岛之事为先例，将后醍醐天皇本人也流放到了隐岐岛。次年后醍醐到达隐岐岛。当时倒幕的势力，如护良亲王、河内国的楠木正成等人，活跃于日本各地，纷纷表示效忠后醍醐天皇。元弘三年/正庆二年(1333)，后醍醐天皇在明和长年等人的帮助下，逃离隐岐岛，逃至伯耆国船上山举兵讨幕。镰仓幕府的执权北条守时派遣足利高氏(即后来的足利尊氏)前往征讨，但足利高氏却倒向了后醍醐一方，攻陷了幕府的六波罗探题。此后新田义贞在东国举兵，攻陷镰仓，北条氏和镰仓幕府一起灭亡了。

回到京都的后醍醐天皇不承认光严天皇皇位的合法性，尊之为上皇，剥夺了他所有的权力。同时废除了幕府和摄关制度，建立了天皇独裁政权，由天皇自行任免官职。这就是历史上的“建武新政”。同时，后醍醐天皇废去了邦良亲王遗孤康仁亲王的皇位继承权，将自己的儿子恒良亲王立为皇太子。

建武新政表面上是复古，实际上建立了天皇专制政权。这种激进的改革和恩赏不公以及朝令夕改的法令政策并不是十分成熟，它对贵族、武士等较大集团权利的侵害非常严重，从而最终导致了这次新政的失败。公卿们也对新政持冷漠态度，征夷大将军护良亲王在倒幕中吊功勋卓著，但在足利尊氏的谗言下，被天皇放逐到了镰仓。

建武二年(1335)，足利尊氏借镇压中先代之乱的契机领兵前往东国，在成功镇压叛乱之后于镰仓自行封赏这次有功的将领，借以收买人心，与天皇对抗。后醍醐天皇闻讯十分震怒，命新田义贞前往征讨这些不守规矩的乱臣，但义贞却在箱根竹之下等战中一路败北，尊氏率军乘胜追击，很快迫近了京都。出人意料的是随后楠木正成、北畠显家在京都击破了尊氏的军队，尊氏被迫逃往九州岛。翌年足利尊氏在九州站稳了脚跟，得到光严上皇的院宣，再次迫近京都。楠木正成建议同足利尊氏谈判，同时迁都以疲敌军，但被后醍醐天皇拒绝了。新田义贞、楠木正成一起讨伐尊氏，在凑川之战中战败，楠木正成战死，新田义贞逃回京都。

足利军入京后，后醍醐天皇逃往比睿山抵抗。后足利尊氏与天皇达成和解，后醍醐天皇将三神器交出。足利尊氏让光严上皇开设院政，并由持明院统的光明天皇即位，制定《建武式目》[①]。后醍醐天皇从幽禁地花山院中逃出，声称交给足利尊氏的三神器是赝品，自己逃到大和国的吉野(在今奈良县吉野郡吉野町)，建立南朝，日本从此进入了南北朝时代。

后醍醐天皇让新田义贞奉尊良亲王和恒良亲王前往北陆；怀良亲王为征西将军，前往九州；宗良亲王前往东国；义良亲王前往陆奥。他向各地派出皇子镇守，与北朝和室町幕府对抗。

延元四年/历应二年(1339)八月十五日，后醍醐天皇因病

---

① 延元元年/建武三年(1336)足利尊式建立室町幕府时提出的政治纲要。共十七条，主要内容包括禁奢侈，镇暴行，选贤戒怠，兴办土仓等，被看作“武家道德规范”。

让位给了回到吉野的皇太子义良亲王(后村上天皇),翌日遗言“讨灭朝敌、夺回京都”,在吉野的金轮王寺驾崩,享年52岁(满50岁)。

据日本相关史书记载,后醍醐天皇喜好学问,尤通宋学,赞成名分大义,主张以君子之德治天下,有志于刷新朝政,重振皇威。即位之后,宣布停止院政干预朝廷,重新恢复行政办事机构“庄园记录所”,并亲自裁决诉讼纠纷。在两次发动反镰仓幕府行动中,失败被捕后流放岐岛。被营救返回后,实行一系列新政,史称“建武中兴”。镰仓幕府武将足利尊氏攻入京都后,后醍醐天皇被迫交出皇权,同年潜入大和国吉野山,建立南朝,与京都光明朝廷(北朝)开始长达57年的南北朝对立。他著有《建武年中行事》《日中行事》。

得到后醍醐天皇驾崩的消息,后村上天皇命令南朝下属的祝吉大社宫司津守氏在庄严净土寺为后醍醐天皇举行大法会。足利尊氏为了吊唁后醍醐天皇,在京都建立天龙寺。

后醍醐天皇的遗体安葬于塔尾陵,陵墓为圆丘形,中世纪之后陵墓有所荒废,后进行了大规模维修,陵前题咏樱花和南朝曲折命运的诗歌较多,该陵墓位于今奈良县吉野郡吉野町吉野山如意轮寺内。

后醍醐天皇的年号有八个,具体如下:

后醍醐天皇的第一个年号为“元应”。年号的撰定者为式部大辅菅原在辅。使用时间为:文保三年四月二十八日(1319年5月18日)—元应三年二月二十三日(1321年3月22日),共计3年。

“元应”年号典出自《旧唐书·上黑禾奏》:

盖陛下富教安人,务农敦本,光复社稷,康济黎**元**之**应**也。

在这部典籍中,“元应”为“百姓之求”之意。时后醍醐天皇初即位,故按惯例进行改元。在这个年号中,后醍醐天皇把个人的想法寄托在了年号中,想努力为百姓做一些事情。

后醍醐天皇的第二个年号为“元亨”。年号的撰定者为文章博士藤原资朝。使用时间为:元应三年二月二十三日(1321年3月22日)—元亨四年十二月九日(1324年12月25日),共计4年。

“元亨”年号典出自:

1.《易经·大有》:

其德刚健而文明,应乎天而时行,是以**元亨**。

王弼注:

应天则大,时行无违,是以**元亨**。

2.《文选·鲁灵光殿赋》:

荷天衢以**元亨**,廓宇宙而作京。

在这两部典籍中,“元亨”犹言“大通、大吉”。时因辛酉革命,故进行改元。因“元亨”出自《易经》,因而有求吉利于其中之意。

后醍醐天皇的第三个年号为“正中”。年号的撰定者为文章博士菅原有正。使用时间为:元亨四年十二月九日(1324年12月25日)—正中三年四月二十六日(1326年5月28日),共计3年。

“正中”年号典出自《易经·乾》:

见龙在田,利见大人,何谓也?子曰:龙德而**正中**者也。

在这部典籍中,“正中”为“所处的位置正当中”之意。时因甲子革令，且日本又遭受风灾、水灾，社会动荡，人心不稳，故后醍醐天皇改元，借以强调自己的正统。

后醍醐天皇的第四个年号为“嘉历”。年号的撰定者为式部大辅藤原藤范。使用时间为：正中三年四月二十六日（1326年5月28日）—嘉历四年八月二十九日（1329年9月22日），共计4年。

“嘉历”年号典出自《旧唐书·德宗纪》：

> 四序**嘉**辰，历代增置，宋韵曰：**历**数也。

在这部典籍中，“嘉历”为“美好的时辰”。时日本疾疫流行，前一年又发生地震，百姓灾难深重，苦不堪言。后醍醐天皇借此改元，希望能够早日摆脱国家和百姓头上的阴霾，以期能够时来运转。

后醍醐天皇的第五个年号为“元德”。年号的撰定者为文章博士藤原行氏。使用时间为：嘉历四年八月二十九日（1329年9月22日）—元德三年八月九日（1331年9月1日），共计3年。

“元德”年号典出自：

1.《周易正义》：

> 元者善之长，谓天之**元德**，始生万物。

2.《尚书·酒诰》：

> 兹亦惟天若**元德**，永不忘在王家。
>
> 孔传：亦惟天顺其大德而佑之。

3.《国语·楚语上》：

> 尧有丹朱，舜有商均……是五王者，皆有**元德**也，而有奸子。

在这三部中国典籍中,“元德”为“大德”之意。时疾疫依然流行,后醍醐天皇因此改元,以示自己有“大德”,能够胜任天皇的大位。

时持明院统的光严天皇在元德四年四月二十八日改元正庆,但元德的年号仍然继续使用。

后醍醐天皇的第六个年号为“元弘”。年号的撰定者为文章博士藤原行氏。使用时间为:元德三年八月九日(1331年9月1日)—元弘四年一月二十九日(1334年3月5日),共计4年。

“元弘”年号典出自《艺文类聚·天部上·星》:

> 晋傅玄贺老人星表曰:老人星见,体色光明,嘉占**元**吉,**弘**无量之祐,隆克昌之祚,普天同庆,率土合欢。

在后醍醐天皇改元元弘不久,发生了元弘之乱。元弘元年(1331)九月二十日,光严天皇即位。次年四月二十八日(1332年5月23日),光严天皇废元弘年号改元正庆。但后醍醐天皇继续使用元弘的年号,在流放隐岐时,仍然以此年号记事。元弘三年五月十七日,光严天皇被废,其所用的年号也废止了。

在这部典籍中,“元弘”为“弘扬、光大祖先基业”之意。时发生元弘之乱,国家处于飘摇之中。后醍醐天皇以此为年号,表明其光大祖业之心。

后醍醐天皇的第七个年号为“建武”。年号的撰定者为前式部大辅藤原藤范。使用时间为:元弘四年一月二十九日(1334年3月5日)—建武三年二月二十九日(1336年4月11日),共计3年。

“建武”年号典出自《后汉书·光武帝纪》:

> 于是建元为**建武**,大赦天下。

“建武”,原本是中国东汉开国皇帝汉光武帝刘秀的年号,后醍醐天皇以此作为自己的年号,是希望能够像刘秀那样开创一番帝业。

在北朝,这个年号一直使用到建武五年(延元三年)八月二十八日(1338年10月11日)才改元历应。

后醍醐天皇的第八个年号为“延元”。年号的撰定者不详。使用时间为:建武三年二月二十九日(1336年4月11日)—延元五年四月二十八日(1340年5月25日),共计5年。

“延元”年号典出自《梁书》:

> 圣德所被,上自苍苍,下**延元**元。

在这部中国典籍中,“延元”为“圣德波及百姓”之意。在此之前,足利尊氏在镰仓作乱,后进入京都。由于官军一度战败,有人认为“建武”年号不吉利,所以才改元延元。

第九十七代天皇:后村上天皇

后村上(ごむらかみ)天皇为日本南北朝时期的第九十七代天皇,也是南朝的第二代天皇。明治四十四年(1911),日本政府确认南朝朝廷这一系的天皇为正统,后村上天皇被当作日本历史上的第九十七代天皇。其生卒年月为:嘉历三年(1328年)—(南朝)正平二十三年/(北朝)应安元年三月十一日(1368年3月29日),享年41岁。在位时间为:(南朝)延元四年/(北朝)历应二年八月十五日(1339年9月18日)—(南朝)正平二十三年/(北朝)应安元年三月十一日(1368年3月29日),在位时间达28年。

后村上天皇初名义良,后改宪良,别名宪良吉野帝、贺名生殿、住吉殿。他是后醍醐天皇的第七皇子,其母为后醍醐天皇的宠妃阿野廉子(阿野公廉之女)。后村上天皇出生时,他的两位同母兄恒良3岁,成良2岁。其后妃、子女主要有:女御源氏(北畠亲房之女),名不详,无子女;女御藤原胜子(其父不详),生子宽成亲王(即后来的长庆天皇)、熙成亲王(即后来的后龟山天皇);生母不详皇子有:惟成亲王、泰成亲王、师成亲王、说成亲王(一说是怀成亲王)、良成亲王;生母不详的皇女有:宪子内亲王(一说是后醍醐天皇之女)、贞子内亲王。

后村上天皇被立为太子之前的事迹十分模糊,就连日本的史书也对此语焉不详。元弘三年(1333)十月,为了巩固日本东北的局势,北畠显家尊奉义良之命前往陆奥。建武二年(1335)十二月和延元二年(1337)八月,义良和显家两度自陆奥出发上京,企图对抗北朝,收拾京都混乱的局势。延元三年九月义良第三次返回陆奥时遭遇海上狂风,漂往“筱岛”(现爱知县知多郡),第二年三月在伊势上岸后到达吉野。在这种动荡的岁月中,义良尝尽了艰辛,同时也增长了见识。

在此之前,后醍醐天皇曾于建武元年正月和延元元年十一月分别立恒良亲王和成良亲王为太子,但两位太子却先后失陷于战乱,不知所踪。延元三年八月起后醍醐天皇便一直为疾病所苦,所以义良到达吉野后便立即被立为太子,时年12岁。

延元四年八月十六日,后醍醐天皇驾崩,东宫义良于前一日即位为后村上天皇。

后村上天皇在位期间,足利直义命各国建安国寺、利生塔,幕府确立了五山、十刹,并建成天龙寺。正平七年(1352),是南北朝军队相互攻伐最为激烈的时期,足利尊氏拥立北朝后光严天皇即位。正平十四年(1359),发生了筑后川之战,两年后南朝军队攻入京都。在后村上天皇末期,倭寇开始骚扰中国山东、浙江一带。

正平二十三年三月十一日(1368年3月29日),后村上天皇在住吉的御所驾崩,葬于桧尾陵,陵墓为圆丘形,周围杉木、桧木环绕，位于今大阪府河内长野市寺元观心寺内。

后村上天皇的年号有两个，具体如下：

后村上天皇的第一个年号为“兴国”。年号的撰定者为五条赖元。使用时间为：延元五年四月二十八日（1340年5月25日）—兴国七年十二月八日（1347年1月20日），共计7年。

“兴国”年号典出自：

1.《左传·昭公四年》：

冀之北土，马之所生，无**兴国**焉，恃险与马，不可以为固也。

2.《新五代史·伶官传序》：

忧劳可以**兴国**，逸豫可以亡身，自然之理也。

在这两部中国典籍中，“兴国”为“使国家兴盛”之意。时后村上天皇初即位，按惯例进行改元。时南北朝战事不断，国家局势一时难以稳定，后村上天皇以“兴国”为年号，意在激励自己使国家走向复兴。

后村上天皇的第二个年号为“正平”。年号的撰定者为五条赖元。使用时间为：兴国七年十二月八日（1347年1月20日）—正平二十五年七月二十四日（1370年8月16日），共计25年。

“正平”年号典出自：

1.《管子·心术下》：

凡民之生也，必以**正平**；所以失之者，必以喜哀怒乐。

2.《庄子·达生》：

夫欲免为形者，莫如弃世。弃世则无累，无累则**正平**，**正平**则与彼更生，更生则几矣。

在这两部典籍中,"正平"为"公正持平"之意,谓心情平静、遇事沉着。后村上天皇以此为年号,意在告诫自己在治理国家时要"正平",这样才能把复杂的问题处理好。

第九十八代天皇:长庆天皇

长庆(ちょうけい)天皇为日本南北朝时期的第九十八代天皇,也是南朝的第三代天皇。其生卒年月为:(南朝)兴国四年/(北朝)康永二年(1343年)—应永元年八月一日(1394年8月27日),享年52岁。在位时间为:(南朝)正平二十三年/(北朝)应安元年(1368年)三月十一日—(南朝)弘和三年/(北朝)永德三年(1383)十月,在位时间达15年。

长庆天皇即位前后的事情有不少记载不明之处,由于战乱,南朝的势力进一步衰退,有许多非常模糊的地方。关于长庆天皇的言行事迹,记载也不多,其中有少数可疑的片断为后人所知。由于南朝的历史资料较少,长庆天皇是否曾正式在位过也令人生疑,近代以来,日本的历史学家们一直对此存有疑问。因涉及皇室声誉,许多材料并没有公开。大正九年(1920),东京大学历史学者八代国治撰写的《长庆天皇御即位之研究》提出了确凿的证据。大正十五年(1926)十月二十一日,日本朝廷发布诏书对外宣布,将长庆天皇追加为第九十八代皇统,长庆天皇的在位之事得到了公认。

长庆天皇名宽成,为后村上天皇第一皇子,其母为藤原氏(嘉喜门院)。其后妃、子女主要有:中宫藤原氏(西园寺公重之女),生子行悟;女御某氏教子(其父不详),生子世泰亲王;生母不详的皇子有:海门承朝、行悟、玉川宫。

由于日本史书对长庆天皇事迹记载不详,关于长庆天皇的即位时间缺乏一个准确的结论。由于其父后村上天皇驾崩于正平二十三年(1368)三月十一日,或可认为长庆天皇于同一时期(或同一天)即位。长庆天皇发布的纶旨流传至今的不多,现为人所知的仅约有60余件,从这些纶旨中大概可以推算出其让位的时间是弘和三年(1383)年底左右,在位大致十五至十六年。

在后村上天皇在位末期,南朝臣僚中与北朝和平合体的势力正处于上升的趋势,但正平二十二年(1367)因权力之争,南北朝之间最终还是决裂。在这种情况下,第二年南朝的文书中才出现了长庆天皇主政的事迹记载。从以上迹象或许可以推断出,长庆天皇乃是由南朝中反对与北朝和解的武断派拥立即位的。即位十五六年之后长庆天皇的让位之事,也可能同样是出于和议派重新主政的原因。

明德三年(1392)闰十月,南北朝合体统一,日本进入了一个新的时代,而长庆院入洛后,其事迹却一直不明,鲜有相关的文献记载。

长庆天皇的一生,始终与战乱相伴。即位不久,居住在大和吉野,后又移住在河内天野山金刚寺。约在天授五年(北朝康历元年,1379)时,居住在大和的荣山寺。大约在弘和三年(北朝永德三年,1383)的十月末、十一月初之际,长庆天皇应该还是在位的。翌年元中元年(北朝至德元年,1384)闰九月前后,长庆天皇让位于后龟山天皇。让位不久,长庆天皇实行院政。晚年出家后,法名觉理,详细情况记载不明,其住所也不清楚,推测在和泉的长庆院禅院中居住。应永元年八月一日(1394年8月27日)长庆天皇驾崩,葬于嵯峨东陵,陵墓为圆丘形。由于长庆天皇晚年生活情况缺乏记载,因此关于陵墓的情况也少资料,某些材料根据其皇子、近亲的口述而确定,该陵墓在今京都市右京区嵯峨天龙寺角仓。

长庆天皇虽然生长在战乱之中,但却喜爱文学,并且长于和歌。著有《仙源抄》,现存有《五百番和歌》《千首和歌》《新叶和歌集》,收其御制和歌53首。

长庆天皇的年号有四个,具体如下:

长庆天皇的第一个年号为“建德”。年号的撰定者为五条赖元。使用时间为:正平二十五年(1370)—建德三年(1372)四月,共计3年。由于史料欠缺,长庆天皇即位的时间只有年份,而没有月日。如《大德寺文书》《古和文书》等虽有记载,但并不确切。

“建德”年号典出自《文选·吴都赋》:

> 子独未闻大吴之巨丽乎?且有吴之开国也,造自太伯,宣于延陵。盖端委之所彰,高节之所兴。**建**至**德**以创洪业,世无得而显称。

在这部典籍中,“建德”为“建立德业”之意。时长庆天皇初即位,按惯例进行改元。因时局动荡,长庆天皇以“建德”为年号,希望建立德业,统一国家。

长庆天皇的第二个年号为“文中”。年号的撰定者不详。使用时间为:建德三年(1372)四月—文中四年五月二十七日(1375年6月26日),共计4年。由于史料欠缺,改元只有年份没有月日。《国史备要》《国史年表》《金刚寺文书》等的记载有误。

“文中”年号典出自《易经·坤》:

> 黄裳元吉,**文**在**中**也。

在这部典籍中,“文中”为“文在其中”之意。长庆天皇以此为年号,希望尽量弥合武力冲突给国家带来的灾难,以文治的方法来治理国家。

长庆天皇的第三个年号为“天授”。年号的撰定者为权大纳言右近大将军藤原长亲。使用时间为:文中四年五月二十七日(1375年6月26日)—天授七年二月十日(1381年3月26日),

共计7年。

“天授”年号典出自《史记·淮阴侯列传》:

> 信曰:“陛下不能将兵,而善将将,此乃言之所以为陛下禽也。且陛下所谓**天授**,非人力也。”

在这部典籍中,“天授”为“上天所授,引申指与生俱有的秉赋”之意。时发生山崩等一系列地质灾难,有人认为这是对长庆天皇的警告,针对这种情况,长庆天皇改元天授,借此强调自己即位的合法性。

长庆天皇的第四个年号为“弘和”。年号的撰定者不详。使用时间为:天授七年二月十日(1381年3月26日)—弘和四年四月二十八日(1384年5月18日),共计4年。由于史料欠缺,这个年号的前后时间并不完全准确,今从《金刚寺文书》《河合寺文书》中推测而出。

“弘和”年号典出自《尚书·君牙》:

> 今命尔予翼,作股肱心膂,缵乃旧服。无忝祖考,**弘**敷五典,式**和**民则。

在这部典籍中,“弘和”为“宽宏和善”之意。长庆天皇以此为年号,意在说明自己是一位“弘和”的天皇,以此来凝聚力量,增加与北朝抗衡的资本。

第九十九代天皇:后龟山天皇

后龟山(ごかめやま)天皇为日本南北朝时期的第九十九代天皇,他是南朝的第四代、也是最后一位天皇。其生卒年月为:(南朝)正平五年/(北朝)贞和六年(1350)? —应永三十一年四月十二日(1424年5月10日),享年75岁。在位时间为:(南朝)弘和三年/(北朝)永德三年(1383)十月—(南朝)元中九年/(北朝)明德三年闰十月五日(1392年11月19日),在位时间9年。

后亀山天皇名熙成,为后村上天皇第二皇子,母亲是阿野实为的女儿。但这个说法有些与世系图的记载不符,他或与长庆天皇为同母,只是缺乏确切的证据。后亀山天皇的后妃记载不详。史料中能够确认的子女,只有下面一位生母不详的皇子:小仓宫恒敦。在近世的南朝系图中,虽然列举了以下的后妃、子女,但因有些人是与长庆天皇的后妃、子女混同在了一起,故不足信。

另据其他相关资料记载,后亀山天皇的后妃、子女主要有:中宫源(北畠)信子(北畠显信之女),生子良泰亲王、行悟法亲王(实为长庆天皇皇子),生女泰子内亲王(二条冬实之室);女御藤原(二条)教子(二条教基之女),生子世泰亲王(实为长庆天皇)皇子;典侍藤原(日野)邦子(日野邦光之女),生子师泰亲王、真阿;生母不详的皇子有琮顼。

弘和三年(1383),由于长庆天皇让位,后亀山登上了南朝天皇的宝座。在位9年之后,他于明德三年(1392)闰十月以立其子小仓宫实仁亲王为下一任储君为条件,带着象征天皇权利的三神器,离开了吉野行宫。自此结束了日本持续57年的“一天两帝南北京”分裂局面。

长庆天皇的让位与后亀山天皇的即位是南朝武断派势力削减、和平推进势力抬头的结果。从现存大约20余件后亀山天皇的天皇文书以及发布的纶旨中,可以大致了解到后亀山时期南朝势力仅仅局限于河内、大和的山地之间,支持南朝的也只剩下少数僧侣与武士了。南朝的势力急剧弱化,灭亡只在旦夕之间。

南朝由于势力的衰退,夺取京都、对抗室町幕府支持的北朝已经是一个不可能完成的任务了，主张与北朝和平合体的合议派势力逐渐主宰了南朝政治的主流，南北朝的合体已经成了历史的必然。南北朝合体的实质是朝权贵族向室町幕府的武家政权屈服，被武家把持的北朝所并吞的结果。

应永元年(1394)二月六日，后龟山天皇在天龙寺接见足利义满，同月二十六日被赠进太上天皇尊号。4年之后，他辞去了尊号和兵杖，随后出家，法号金刚心，开始过起了隐居的生活。在此后的20多年间，后龟山上皇一直过着困顿的生活。应永三十一年四月十二日(1424年5月10日)，后龟山上皇驾崩，葬于嵯峨小仓陵，陵墓为总高2.3米石造五轮塔形，其墓东侧有旧福田寺遗迹。虽然缺乏该陵墓的相关文献，但近世的地质文献却对此有记载。幕府末年确定了该陵墓的位置，称为福田寺陵，明治十二年(1879)改为现在的陵墓名称，位于今京都市右京区嵯峨鸟居本小坂町。

后龟山天皇的年号只有一个“元中”。年号的撰定者不详。使用时间为：弘和四年四月二十八日(1384年5月18日)—元中九年十月五日(1392年10月21日)，共计9年。

“元中”年号典出《易经·坤》：

黄裳**元**吉，文在**中**也。

由于史料欠缺，元中年号准确的使用时间还存在着一些疑问。南北朝统一后，元中年号废除，统一使用北朝的“明德”年号。但在南朝部分将士中，仍有数年继续使用元中年号的情况。据《古和文书》记载，元中年号使用到元中九年十一月一日；据《阿苏文书》记载，文中年号使用到元中十年二月九日；据《五条文书》记载，文中年号使用到元中十一年十二月十九日。

在这部典籍中，“元中”为“元和中正”之意。时后龟山天皇即位，南北朝之间不时出现一些矛盾纷争，为了强调自己的正朔,故改元以证明自己的正统性。

补说(六)

北朝的年号

日本从1336年起,一直到1392年,同时出现了南、北两个朝廷、两个天皇,这一段时期称为日本的"南北朝时期"。由于有了南北两个朝廷,于是便出现了两个天皇,也就有了两个天皇年号。在这两个朝廷中,关于谁是正统的问题,数百年来一直存在着争论。直到明治维新之后,明治天皇才最后作出结论:以南朝天皇为日本的正统,北朝天皇保留名号,但不列入正统。

因为以南朝天皇为日本正统,所以南朝的天皇记录在日本的正史中,而北朝的天皇只保留年号。在叙述了南朝天皇的年号之后,现将北朝天皇的年号与中国古典文献的关系补充附录如下:

光严天皇

光严(こうごん)天皇是日本南北朝时期北朝第一代天皇。其生卒年月为:正和二年七月九日(1313年8月1日)—(南朝)正平十九年/(北朝)贞治三年七月七日(1364年8月5日),享年52岁。在位时间为:元弘元年九月二十日(1331年10月22日)—元弘三年五月二十五日(1333年7月7日),在位时间3年。

光严天皇名量仁,为持明院统出身的后伏见天皇第三皇子,其母为广义门院西园寺宁子(左大臣西园寺公衡之女)。他被叔父花园天皇收为养子并抚养长大。主要后妃、子女有:妃欢子内亲王(后醍醐天皇之女、宣政门院),生女光子内亲王,另有一女名不详;妃寿子内亲王(花园天皇之女,徽安门院),无子女;典侍藤原(三条)秀子(正亲町三条公秀之女),生子兴仁亲王(即后来的崇光天皇)、弥仁亲王(即后来的后光严天皇),另生有两皇女,名不详;后宫(今御方)藤原氏(西园寺实衡之女),无子女;后宫藤原氏(西园寺实明之女),生子尊朝入道亲王,另生有一皇女,名不详;后宫藤原氏(正亲町藤原公荫之女),生子义仁亲王;后宫藤原氏(大炊御门冬氏之女),生一皇女,名不详;此外,还有生母不详的皇女华林惠严。

按照当时日本的皇位继承规则,皇室分为持明院统和大觉寺统两派,他们在皇位继承的问题上发生了非常激烈的斗争。正中三年(1326)阴历三月,邦良亲王被后醍醐天皇立为皇太子后不久病逝。量仁此时已经14岁,根据两统迭立的原则,同年(当时已改元嘉历)阴历七月二十四日,量仁成为皇位的最强继承人,被后醍醐天皇立为皇太子,并且还得到了镰仓幕府的支持。但后醍醐天皇之前试图将自己的儿子立为太子,因此这引起了天皇的不满。

元德三年(1331),后醍醐天皇的倒幕计划被镰仓幕府发觉,迫不得已在阴历八月逃往笠置山(今京都府相乐郡)笠置町内。九月二十日,镰仓幕府拥立量仁亲王即位,是为光严天皇。由后伏见上皇开设院政,立邦良亲王的嫡子康仁亲王为太子。翌年后醍醐天皇被捕,流放隐岐。但后醍醐天皇拒绝退位,与光严天皇并立为天皇,广义上的南北朝时代由此开始了。

元弘三年/正庆二年(1333),足利尊氏率军袭击了镰仓幕府设置的六波罗探题[①],光严天皇同探题北条仲时、北条时益以及花园上皇逃往东国,但在近江的番场宿(今滋贺县米原市)被捕。由于元弘之乱,在这一年的五月二十五日光严天皇被废黜。然而光严天皇拒绝退位,后醍醐天皇以光严是自己的废太子为由,特例尊之为上皇。这是遵循了平安时代后一条天皇尊废太子敦明亲王(小一条院)为上皇的先例。

---

① 六波罗探题是镰仓幕府继京都守护之后,在京都的六波罗地方所设的行政机关首领,主要的任务是监视朝廷、统辖西国的御家人。

回到京都的后醍醐天皇在建武新政中失败，招致武士阶层的不满。建武二年(1335)，足利尊氏在镰仓反叛后醍醐天皇。翌年足利尊氏战败，逃亡到九州；不久足利尊氏恢复了势力并占领了京都，八月十五日立光严上皇的弟弟丰仁亲王即位，是为光明天皇。光严上皇在京都开设院政，足利尊氏则在京都开设室町幕府。大觉寺统的后醍醐天皇逃往吉野，重新开设朝廷，与光明天皇的北朝并立，日本历史正式进入南北朝时代。北朝贞和四年(1348)，光明天皇将皇位让给了光严上皇的儿子崇光天皇，光严上皇依旧以治天之君的身份开设院政。

北朝关应元年(1350)，室町幕府足利将军家发生内乱，足利尊氏不得不向足利直义妥协，逼迫高师直出家并向直义所支持的南朝投降。次年，足利尊氏废黜了崇光天皇和皇太子直仁亲王，停止了光严上皇的院政，并将北朝一系的皇族囚禁，将三神器送交南朝朝廷，史称正平一统。

北朝文和元年(1352)阴历闰二月，南朝的后村上天皇趁足利尊氏讨伐关东的足利直义之机，派楠木正仪攻陷了京都。光严上皇、光明上皇、崇光上皇以及皇太子直仁亲王等人被南朝军队俘虏。三月足利尊氏开始反扑，光严上皇落入与其敌对的大觉寺统南朝手里，过着囚禁的生活，从此彻底断绝了执政的愿望。后在梦窗疏石的劝说下皈依佛门，法名胜光智(后改光智)。光严上皇被南朝软禁了5年，于北朝延文二年(1357)回到京都，进入深草金刚寿院，此后在嵯峨小仓一带隐居，并皈依了禅门。

北朝贞治元年(1362)阴历九月，光严法皇参拜了法隆寺。此后法皇云游大和、纪伊。但据《太平记》和《大乘院日记目录》的说法，法皇曾前往吉野会见后村上天皇，与这位昔日的敌人握手言和，但这没有史实根据。晚年，光严法皇在丹波山国庄的常照皇寺(位于今京都府军队市右京区京北井户町)潜修佛法。北朝贞治三年(1364)七月七日，光严法皇于该地病逝，葬于山国陵，陵墓为圆丘形，前有石塔，周围植有枫树、柏树、椿树，该陵墓位于今京都市右京区京北井戸町丸山。

光严天皇酷爱诗歌，长于创作和歌，是后期京极派重要的一员。他曾亲自参与了由花园上皇指导的《风雅和歌集》的编纂。有《光严院御集》传世。

光严天皇的年号只有一个"正庆"。年号的撰定者为式部大辅菅原长员。使用时间为：元弘二年四月二十八日(1332年5月23日)—正庆三年一月二十九日(1334年3月5日)，共计3年。

"正庆"年号典出自《周易注》：

以中**正**有**庆**之德，有攸往也，何适而不利哉！

在这部中国典籍中，"正庆"为"中正庆祝"之意。时光严天皇初即位，按惯例进行改元。有说法是"正庆"年号在正庆二年五月十七日废止，恢复了元弘的年号。

光明天皇

光明(こうみょう)天皇是日本南北朝时期北朝第二代天皇。其生卒年月为：元亨元年十二月二十三日(1322年1月11日)—(南朝)天授六年/(北朝)康历二年六月二十四日(1380年7月26日)，享年60岁。在位时间为：(南朝)延元元年/(北朝)建武三年八月十五日(1336年9月20日)—(南朝)正平三年/(北朝)贞和四年十月二十七日(1348年11月18日)，在位时间达12年。

光明天皇名丰仁，为后伏见天皇第二皇子，其母是广义门院西园寺宁子。他是比光严天皇小八岁的同母胞弟。光明天皇的后妃、子女主要有：后宫藤原氏(正亲町三条藤原实躬之女)，生一皇长女(长照院殿)，名不详，又有皇次女，其名亦不详；宫人某氏(一说是三河守某女、入道大纳言某养女)，生子周尊(后为禅僧)。

在日本南北朝的动乱之际,很多史料或缺乏记载,或荡然无存。光明天皇虽然身为贵胄,并且又是光严天皇的弟弟,其年幼在镰仓末期的事迹已经多不可考。

建武二年(1335),足利尊氏在镰仓反叛后醍醐天皇。第二年,足利尊氏在凑川之战中打败天皇的军队,占领了京都。后醍醐天皇无奈之下只好携三神器逃往比睿山的延历寺,他以此为据点对抗足利尊氏,但一直处于不利的境地。八月十五日,足利尊氏根据光严上皇的院宣,宣布废黜后醍醐天皇并遥尊其为上皇,拥立丰仁亲王即位,是为光明天皇,建立北朝朝廷。后醍醐天皇则于十二月二十一日逃往吉野,建立南朝朝廷。日本历史进入了"一天二帝南北京"的南北朝时代。

由于光明天皇登基时并没有持有三神器,仅仅只是根据光严上皇的院宣而即位。北朝朝廷根据平安时代末期后鸟羽天皇的先例,认为后鸟羽天皇也是在没有三神器的情况下依据后白河法皇院宣而登基的,故而作出了如此决定。光明天皇即位后,由于年幼,只好由兄长光严上皇开设院政。与此同时,足利尊氏在京都设立了室町幕府,室町时代开始了。

北朝贞和四年(1348)阴历十月二十七日,在足利尊氏的压力下,光明天皇让位给了光严上皇的第一皇子,是为崇光天皇。光明天皇被尊之为上皇。

北朝观应二年(1351),室町幕府发生观应扰乱,后足利尊氏与足利直义达成和解,史称正平一统[①]。此次事件后,足利直义决定复辟北朝朝廷,并以光明上皇的母亲西园寺宁子(广义门院)的名义发布院宣,决定立光严天皇第三皇子弥仁亲王即位,是为后光严天皇。由于拥戴后光严天皇即位有功,西园寺宁子被尊为治天之君,负责管理朝政。

---

① 正平,南朝后村上天皇年号。

北朝正平十年(1355),光明上皇回到京都,此后落发出家,法号真常惠。出家之后,光明上皇有时也去外地研修佛法,提高自己的佛学造诣。北朝康历二年(1380)阴历六月二十四日,光明上皇驾崩,葬于大光明寺陵,陵墓为圆丘形,位于今京都市伏见区桃山町。

光明天皇的年号有三个,具体如下:

光明天皇的第一个年号为“历应”。年号的撰定者为菅原公时。使用时间为:建武五年八月二十八日(1338年10月11日)—历应五年四月二十七日(1342年6月1日),共计5年。

“历应”年号典出自《帝王世纪》:

> 尧时有草夹阶而生,每月朔,日生一荚,至月半则生十五荚,至十六日后,日落一荚,月晦而尽,若月小余一荚。王者以是占**历**,惟盛德之君**应**和气而生,以为尧瑞,名曰蓂荚,一名历荚,一名瑞草。

在这部中国典籍中,“历应”为“符合时历应向”之意。时光明天皇初即位,按惯例进行改元,故以此为年号,表明自己的即位符合天时,以强调个人的正统性。

光明天皇的第二个年号为“康永”。年号的撰定者为文章博士纪行亲。使用时间为:历应五年四月二十七日(1342年6月1日)—康永四年十月二十一日(1345年11月15日),共计4年。

“康永”年号典出自《汉书·宣帝纪》:

> 海内**康**平,**永**保国家。

在这部中国典籍中,“康永”为“顺康长久”之意。光明天皇在位的这几年,时局一直处于动荡之中,他自己也多次处于危难的险境。改元康永,即是他内心的一种渴望。

光明天皇的第三个年号为“贞和”。年号的撰定者为菅原在成。使用时间为:康永四年十月二十一日(1345年11月15日)—贞和六年二月二十七日(1350年4月4日),共计6年。

“贞和”年号典出自《艺文类聚·汉二祖优劣论》:

> 世祖体乾灵之休德、禀**贞和**之纯精,通黄中之妙理,韬亚圣之懿才。

在这部中国典籍中,“贞和”为“贞定和气”之意。时日本风灾、水患严重,且疾疫流行,在内忧外患的情况下,光明天皇改元贞和,表达了对时局的态度。

崇光天皇

崇光(すこう)天皇是日本南北朝时期北朝第三代天皇。其生卒年月为:建武元年四月二十二日(1334年5月25日)—应永五年一月十三日(1398年1月31日),享年65岁。在位时间为:(南朝)正平三年/(北朝)贞和四年十月二十七日(1348年11月18日)—正平六年十一月七日(1351年11月26日),在位时间3年。

崇光天皇名益仁,后改名兴仁,为光严天皇长皇子,其母为阳禄门院三条秀子(内大臣正亲町三条公秀之女),为北朝皇统的正嫡。其后妃、子女主要有:典侍庭田(源)资子(庭田重资之女),生子荣仁亲王、兴信法亲王;女御安福殿女御,无子女;宫人三条局,生子弘助法亲王,生女瑞宝女王。

历应元年(1338)八月,5岁的兴仁被立为皇太子,成为北朝皇位的第一顺位继承人。(南朝)正平三年/(北朝)贞和四年(1348)十月二十七日,叔父光明天皇在28岁正当盛年之时突然让位,原因不明。时年15岁的崇光天皇当日即位。在当时政局混乱的情况下,如此匆忙行事,颇为耐人寻味。天皇更替之后,权力格局并没有改变，北朝政治依然延续光严院院政的体制。

崇光天皇即位的贞和四年(1348)，南北朝之间发生了数起重大事件。一月五日南朝勇将楠木正行、正时于河内国四条畷战役中不敌室町幕府的高师直、师泰的追剿军队，互刺而死。同月末幕府军攻入南朝政府所在地吉野，南朝君臣仓皇逃窜。室町幕府内部的激烈纷争不可避免地要对北朝皇位的更替产生影响。

由于观应之扰乱的影响，北朝内部分崩离析，冲突不断。观应二年(1351)十月，在纷争中失势的足利直义的党羽投降南朝。南朝在与北朝和睦半年之后兴兵北上，成功占领了北朝政府所在的京都，俘获光严、光明、崇光三位北朝皇统，宣布废止北朝，是为“正平一统”。重建北朝成为令足利氏苦恼的难题。崇光天皇被废黜之后，经河内国东条，移居在大和国贺名。最后在文和三年(1354)又由贺名迁往河内的金刚寺，幽居3年后于延文二年(1357)获得自由，迁往京都伏见殿定居。明德三年(1392)皈依佛门，称为胜圆心。应永五年一月十三日(1398年1月31日)，崇光天皇驾崩，葬于大光明寺陵，陵墓为圆形，位于今京都市伏见区桃山町。

崇光天皇的年号只有一个“观应”。年号的撰定者为式部大辅菅原长员。使用时间为：贞和六年二月二十七日(1350年4月4日)—观应三年九月二十七日(1352年11月4日)，共计3年。

“观应”年号典出自《庄子·天地》：

> 玄古之君，天下无为也。疏曰：以虚通之理，**观应**物之数，而无为。

在这部中国典籍中，“观应”为“观看自然之物”之意。时崇光天皇初即位，改元观应，意在观察外部时局变化，相机而动。使用这个年号，崇光天皇告诫自己在复杂的局势下要有耐心，以静制动，沉着冷静应对南北朝之间的各种矛盾。

后光严天皇

后光严（ごこうごん）天皇是日本南北朝时期北朝第四代天皇。其生卒年月为：（南朝）延元三年/（北朝）历应元年三月二日（1338年3月23日）—（南朝）文中三年/（北朝）应安七年一月二十九日（1374年3月12日），享年37岁。在位时间为：（南朝）正平七年/（北朝）文和元年八月十七日（1352年9月25日）—（南朝）建德二年/（北朝）应安四年三月二十三日（1371年4月9日），在位时间达19年。

后光严天皇名弥仁，是光严天皇第二皇子，是比崇光天皇小四岁的同母胞弟；其母为阳禄门院三条秀子，是正亲町三条公秀之女。其后妃、子女主要有：典侍藤原（广桥）仲子（善法寺通清之女、广桥兼纲养女），生子绪仁亲王（即后来的后圆融天皇）、永助法亲王（熙永亲王）、尧仁法亲王、尧性法亲王；宫人藤原氏（右卫门佐局），其父不详，生子亮仁法亲王（尊贞亲王）、行助法亲王（熙平亲王）、觉增法亲王，另有一皇子，名不详；宫人藤原氏（法印长快子女、正亲町三条实继养女），生子觉睿法亲王（新仁亲王?）、道圆法亲王（久尊亲王）、圣助法亲王，生女治子内亲王；宫人橘繁子（少纳言内侍，橘以繁之女），生子明承法亲王；生母不详的皇子有宽守法亲王、宽教法亲王（道信亲王）、某皇子（龙头菴主），生母不详的皇女有见子内亲王、秀仁女王。

后光严天皇幼少之时由其祖母抚养长大，他的继位可谓是乱世中的一场闹剧。正平六年（1351），拥护北朝的足利尊氏归顺了南朝，局势朝着统一的方向发展。但因为政治、军事方面存在着弱势，正平一统中占据京都的南朝军裹胁北朝皇统光严上皇（父）、光明上皇（叔父）、崇光上皇（兄）及皇太子直人亲王退回吉野，在这种情况下足利尊氏面临重建北朝的难题。首先就是皇位继承人的选定问题。在征询各方面的意见之后，光严天皇第三皇子弥仁亲王获得了广泛的认同,得到了大家的推选。于是足利尊氏、佐佐木道誉在劝修寺经显等人的陪同下,劝服了弥仁的祖母广义门院西园寺宁子(后伏见院妃)。弥仁于观应三年(1352)八月十七日践祚皇位。在践祚礼仪中,没有展示被南朝方带走的、象征天皇地位的三件神器,于是只好参照继体天皇的先例,但这却成为古今罕有的异例。后光严天皇虽然即位,但其正统性却有些欠缺。室町幕府重建北朝,再次拥有了存立的大义名分。南朝则称后光严天皇为"伪主"、"伪朝",仕于后光严天皇者要受到处罚。

后光严天皇时年15岁,身为持明院统的庶流,他能继承皇位实属幸运,这也是后来他对拥立他的室町幕府几乎一味依赖的原因。在日本历史上,天皇事无大小俱由幕府决断,在后光严天皇时期达到了无以复加的地步。北朝延文二年(1357),被南朝幽闭的崇光院重返京都,后光严天皇与崇光院之间关于天皇之位的争夺悄悄展开,后光严天皇与幕府的关系因此越发紧密了。关于天皇皇位的继承问题,虽然在建德元年(1370)八月幕府咨询后光严天皇让位于第一皇子绪仁亲王的意见,但也有人主张让崇光院统的荣仁亲王继承皇位。幕府第三代将军足利义满尊重后光严天皇的意见,为了保证自己的子嗣能够继承皇位,北朝应安三年(1371)三月二十三日,后光严天皇让位于绪仁亲王(后圆融天皇)。一度传闻他要施行院政,但三年后却患上了疱疮,并于匆忙之中落发,法名光融。(南朝)文中三年/(北朝)应安七年一月二十九日(1374年3月12日),后光严天皇病逝。

后光严天皇驾崩后,葬于深草北陵,陵墓为方形堂状,位于今京都市伏见区深草坊町。

后光严天皇的年号有五个,具体如下:

后光严天皇的第一个年号为"文和"。年号的撰定者为式部大辅菅原在淳。使用时间为:观应三年九月二十七日(1352

年11月4日)—文和五年三月二十八日(1356年4月29日),共计5年。

“文和”年号典出自:

1.《旧唐书·顺宗纪》:

皇太子纯睿哲温**文**,宽**和**仁惠,孝友之德,爱敬之诚,通乎神明,格于上下。

2.《三国志·吴志·吴主传》:

是用锡君鈇钺各一,君**文和**于内,武信于外,是用锡君彤弓一、彤矢百、玈弓十、玈矢千。

在这两部中国典籍中,“文和”为“文静和气”之意。时后光严天皇初即位,按惯例进行改元,以“文和”为年号反映出这位天皇即位时的心态,意在以平静之气来处理国家事务。

后光严天皇的第二个年号为“延文”。年号的撰定者为文章博士藤原忠光。使用时间为:文和五年三月二十八日(1356年4月29日)—延文六年三月二十九日(1361年5月4日),共计6年。

“延文”年号典出自《汉书·儒林传》:

及窦太后崩,武安君田蚡为丞相,黜黄老、刑名百家之言,**延文**学儒者以百数。

而公孙弘以治《春秋》为丞相,封侯,天下学士靡然乡风矣。

在这部中国典籍中,“延文”为“文治延续”之意。时南北朝军队不断发生战争,天下兵戈未定,烽烟不息。后光严天皇改元延文,希望国内战乱平息,百姓生活在一种安定的环境中。

后光严天皇的第三个年号为“康安”。年号的撰定者为刑部卿菅原长纲。使用时间为:延文六年三月二十九日(1361年5月4日)—康安二年九月二十三日(1362年10月11日),共计2年。

“康安”年号典出自:

1.《史记正义》:

天下众事咸得**康安**,以致天下太平。

2.《唐会要》:

奏化**康**凯**安**之舞,周礼旋宫之义。

在这两部中国典籍中,“康安”为“太平”之意。时疾疫流行,百姓深受其苦,故后光严天皇改元康安,表达了心中一种真诚的企盼。

后光严天皇的第四个年号为“贞治”。年号的撰定者为参议藤原忠光。使用时间为:康安二年九月二十三日(1362年10月11日)—贞治七年二月十八日(1368年3月7日),共计7年。

“贞治”年号典出自《易经·巽》:

利武人之**贞**,志**治**也。

在这部中国典籍中,“贞治”为“坚定不移地治理国家”之意。时天变、地震、兵革之事接踵而至,社会动荡不安。在这种复杂的环境下,后光严天皇改年号为“贞治”,表明他努力克服困难治理国家的决心。

后光严天皇的第五个年号为“应安”。年号的撰定者为治部卿菅原时亲。使用时间为:贞治七年二月十八日(1368年3月7日)—应安八年二月二十七日(1375年3月29日),共计8年。

“应安”年号典出自《毛诗正义·大雅·江汉》:

今四方既已平服，王国之内，幸应安定。

在这部中国典籍中，“应安”为“需要安定”之意。时后光严天皇身患疾病，且天变、地震灾难时有发生。在这种情况下，改年号为应安是一种内心的渴求。

后圆融天皇

后圆融（ごえんゆう）天皇是日本南北朝时期北朝第五代天皇。其生卒年月为：（南朝）正平十三年/（北朝）延文三年十二月十二日（1359年1月11日）—明德四年四月二十六日（1393年6月6日），享年36岁。在位时间为：（南朝）建德二年/（北朝）应安四年三月二十三日（1371年4月9日）—（南朝）弘和二年/（北朝）永德二年四月十一日（1382年5月24日），在位时间达11年。

后圆融天皇名绪仁，为后光严天皇第二皇子，其母为广桥仲子（岩清水八幡宫社务法印纪通清之女、左大臣广桥兼纲养女）。其后妃、子女主要有：宫人藤原（三条）严子（三条公忠之女），生子干仁亲王（即后来的后小松天皇），生女珪子内亲王；典侍藤原（四条）今子（四条龙乡之女），生子道朝法亲王；后宫藤原氏（正亲町三条实音之女），无子女；后宫橘氏（橘知繁之女），无子女；还有生母不详的三位皇子皇女。

后圆融天皇为后光严天皇的正嫡，应安四年（1371）三月二十三日，14岁的绪仁亲王举行了成人典礼并被立为太子，同年十二月即天皇之位。其父后光严天皇有意让位于他，就是希望确保自己的子嗣可以早日顺利继承大统，保持天皇之位。

与镰仓时代后期持明院、大觉寺两统纷争相似，在应安三年（1370）下半年，前天皇崇光院与后光严天皇之间产生了矛盾。由于有了幕府的支持，后光严天皇在这场皇位争夺战中获得了决定性的胜利。在短短的九天之间，绪仁亲王即位等一系列礼仪顺利完成，完全没有给崇光院派以可乘之机。

后圆融天皇即位时，年仅14岁，还不能主持朝政，因此34岁的后光严院在应安七年(1374)开始主持院政，与此同时幕府对朝廷的支配也进一步强化了。而崇光院一派也在这场争权夺利中失败，被剥夺了在皇位继承问题上的发言权。

永和元年(1375)，南朝军队被幕府打败，此后双方处于胶着状态。康历元年(1379)，足利义满玩弄政治手腕，他罢免幕府管领细川赖之，引发让赖之从幕府失势的"康历政变"，自己逐渐介入朝廷的事务。次年小山义政杀害宇都宫基纲，足利义满发出义政追讨令，引发"小山义政之乱"。永德二年(1382)四月十一日，后圆融天皇让位给其子后小松天皇，自己担任上皇，开始了院政。永德三年(1383)二月十一日，因怀疑爱妾与足利义满关系暧昧，后圆融天皇出家，法名光净。明德三年(1392)闰十月，由于足利义满的斡旋，实现了统一，南北朝时代结束。明德四年(1393)四月二十六日，后圆融天皇驾崩，葬于深草北陵，陵墓为方形堂状，位于今京都市伏见区深草坊町。

后圆融天皇的年号有三个，具体如下：

后圆融天皇的第一个年号为"永和"。年号的撰定者为权中纳言藤原忠光。使用时间为：应安八年二月二十七日(1375年3月29日)—永和五年三月二十二日(1379年4月9日)，共计5年。

"永和"年号典出自：

1.《尚书·舜典》：

诗言志，歌永言，声依**永**，律**和**声，八音克谐，无相夺伦，神人以和。

2.《艺文类聚·顾野王虎丘山序》：

若乃九功六义之兴，依**永和**声之制，志由兴作，情以词宣。

在这两部中国典籍中，“永和”为“永远平和”之意。时后圆融天皇初即位，按惯例要进行改元。以“永和”为年号，反映出后圆融天皇的真实想法。

后圆融天皇的第二个年号为“康历”。年号的撰定者为式部大辅菅原长嗣。使用时间为：永和五年三月二十二日（1379年4月9日）—康历三年二月二十四日（1381年3月20日），共计3年。

“康历”年号典出自《旧唐书》：

> 承成**康**之**历**业。

在这部中国典籍中，“康历”为“依成康之遗则”之意。时疾疫、兵革之事不断，日本一直处在动荡之中，后圆融天皇以“康历”为年号，是想模仿中国周代的周成王、周康王，达到天下大治，进而度过政治危机。

后圆融天皇的第三个年号为“永德”。年号的撰定者为权中纳言广桥仲光。使用时间为：康历三年二月二十四日（1381年3月20日）—永德四年二月二十七日（1384年3月19日），共计4年。

“永德”年号典出自《群书治要·尚德缓刑书》：

> 帝**永**思至**德**，以承天心。

在这部中国典籍中，“永德”为“道德永久长存”之意。时因辛酉革命，故后圆融天皇进行改元，这种改元是一种例行公事，并没有太多的实际意义。

第一百代天皇:后小松天皇

后小松(ごこまつ)天皇为日本南北朝时期北朝第六代天皇,也是日本第一百代天皇。其生卒年月为:(南朝)天授三年/(北朝)永和三年六月二十七日(1377年8月1日)—永享五年十月二十日(1433年12月1日),享年57岁。在位时间为:(南朝)弘和二年/(北朝)永德二年四月十一日(1382年5月24日)—应永十九年八月二十九日(1412年10月5日),在位时间达30年。

后小松天皇名干仁,为后圆融天皇的长子,其母为通阳门院三条(藤原)严子(内大臣三条公忠之女)。后妃、子女主要有:皇后藤原(日野西)资子(日野西资国子女、资教养女),生子实仁亲王(即后来的称光天皇)、某(小川宫)皇子、生女理永女王,此外,还有犹子彦仁王(即后来的后花园天皇);典侍藤原(甘露寺)经子(大纳言典侍,甘露寺兼长之女),无子女;宫人藤原氏(日野西资国女),无子女;宫人源氏(土岐宫内少辅某女),生一皇女,名不详;宫人源氏(白川资忠之女),名不详,无子女;宫人藤原氏(南朝遗臣之女、相传是花山院家出身),名不详,无子女;另有皇子一宗休纯,据说是后小松天皇与南朝大臣伊予局女儿的私生子,但实际情况不明。

后小松天皇出生后,一直在日野资教的宅邸中抚养。其父后圆融天皇让位于他时年仅6岁,仍由后圆融天皇施行院政。在朝廷内颇有政治影响力的室町幕府第三代将军足利义满与上皇的关系交恶,二者处于对立的状态。明德四年(1393),后圆融天皇驾崩,足利义满在朝廷中的影响进一步加强,成为事实上的上皇,被称为“义满的院政”。在这种情况下,后小松天皇成了傀儡。北朝明德三年(1392)闰十月五日,因南朝的后龟山天皇接受了足利义满提出的条件,将三件神器交还北朝,从而结束了南北长期分裂的局面。但此后南朝仍时常有小规模的叛乱发生。

南北朝统一后，全国性的大规模战乱已经停止，大守护们的野心也得到适度的抑制，不敢公开对抗朝廷，应永元年(1394)，足利义满让位给9岁的足利义持，自己任太政大臣。他耗费巨资在京都修建巨大的豪华宅邸，其中著名的鹿苑和金碧辉煌的金阁寺便修建于此时。

应永十九年(1412)八月二十九日，后小松天皇让位于实仁亲王(称光天皇)，开始了院政。由于称光天皇体弱多病，并且没有生育皇子，于是由后小松天皇迎伏见宫家出身的彦仁亲王(之后的后花园天皇)为养子，之后将其立为皇太子。后花园天皇即位后，后小松天皇成为称光、后花园两代天皇的院政。永享三年(1431)，后小松上皇出家，法名素行智。永享五年十月二十日(1433年12月1日)，后小松上皇驾崩，葬于深草北陵，陵墓为方形堂状，位于今京都市伏见区深草坊町。

后小松天皇的年号有五个，具体如下：

后小松天皇的第一个年号为"至德"。年号的撰定者为权中纳言藤原资康。使用时间为：永德四年二月二十七日(1384年3月19日)—至德四年八月二十三日(1387年10月5日)，共计4年。

"至德"年号典出自《孝经》：

> 子曰："先王有**至德**要道，以训天下，民用和睦，上下无怨，汝知之乎？"

在这部中国典籍中，"至德"为"最高的道德、盛德"之意。时后小松天皇初即位，且因遇到甲子革令而改元，他以"至德"为年号，是想建立自己的"至德"之世。

后小松天皇的第二个年号为"嘉庆"。年号的撰定者为前右大弁菅原秀长。使用时间为：至德四年八月二十三日(1387

年10月5日)—嘉庆三年二月九日(1389年3月7日),共计3年。

“嘉庆”年号典出自《毛诗正义》:

> 将有**嘉庆**,祯祥先来见也。

在这部中国典籍中,“嘉庆”意为“吉祥喜庆;亦指喜庆的事”。时日本疾病流行,就连前关白近卫道嗣也死于这场瘟疫之中。后小松天皇改元“嘉庆”,意在扭转当时的悲哀之气,尽可能给社会带来一些喜庆之气。

后小松天皇的第三个年号为“康应”。年号的撰定者为前右大弁菅原秀长。使用时间为:嘉庆三年二月九日(1389年3月7日)—康应二年三月二十六日(1390年4月12日),共计2年。

“康应”年号典出自曹植《文选·七启》:

> 国静民**康**,神**应**休臻,屡获嘉祥。

在这部中国典籍中,“康应”为“百姓康泰是神灵感应”之意。时后小松天皇患病,身心备感痛苦,于是改元“康应”,以祈求病愈,并为百姓祈福。

后小松天皇的第四个年号为“明德”。年号的撰定者为前权大纳言藤原资康。使用时间为:康应二年三月二十六日(1390年4月12日)—明德五年七月五日(1394年8月2日),共计5年。

“明德”年号典出自《礼记·大学》:

> 大学之道,在明**明德**,在亲民,在止于至善。

在这部中国典籍中,“明德”为“光大圣人之德”之意。南北朝虽然初步统一,但天变、兵戈之事不断,百姓心中存在着疑虑,故后小松天皇因此改元,意在表明自己的意志。

后小松天皇的第五个年号为“应永”,是与称光天皇共用的年号。年号的撰定者为参议藤原重光。使用时间为:明德五年七月五日(1394年8月2日)—应永三十五年四月二十七日(1428年6月10日),共计35年。

“应永”年号典出《唐会要》卷六十七:

> 陛下今若以普思有奇术,可致长生久视之道,则爽鸠氏久应得之,永有天下。

在这部中国典籍中,“应永”为“应该享用永久”之意。时疱疮流行,瘟疫蔓延,百姓深受其苦。后小松天皇遂改元“应永”,希望百姓能够战胜瘟疫,享受生命之永久。

在日本天皇的年号中,“应永”使用的时间是仅次于“明治”、“昭和”,排在第三位的年号。

第五章　第四系天皇

第一百零一代天皇:称光天皇

称光(しょうこう)天皇为日本第一百零一代天皇。其生卒年月为:应永八年三月二十九日(1401年5月12日)—正长元年七月二十日(1428年8月30日),享年28岁。在位时间为:应永十九年八月二十九日(1412年10月5日)—正长元年七月二十日(1428年8月30日),在位时间达16年。

称光天皇名躬仁,又名实仁。为后小松天皇的皇长子,其母为光范门院日野资子(日野资国之女、权大纳言日野资教养女)。后妃、子女主要有:典侍藤原(日野)光子(日野胜光之女),无子女;内侍源(五辻)朝子(五辻朝仲之女),生一皇女,但不被天皇承认;内侍藤原氏(高仓永藤之女),无子女;宫人藤原氏(持明院藤原基亲之女),生一皇女,名不详;宫人鸭氏(鸭祐有之女),名不详,无子女。

应永十九年(1412),称光天皇受后小松天皇的禅让而登基。当时因足利义满与日野氏为外戚的关系,于是义满娶了日野资国的妹妹日野业子为正室。称光天皇即位以后,由后小松天皇施行院政。由于称光天皇体弱多病,即位之后没有生育男嗣,于是由后小松天皇迎伏见宫家出身的彦仁亲王(即后来的后花园天皇)为养子,之后将其立为皇太子。正长元年七月二十日(1428年8月30日),称光天皇过世,年仅28岁。

称光天皇即位时年仅14岁,他的即位是朝廷与幕府之间微妙复杂的情势作用的结果。明德三年(1392),南北实现了统一。当时南北朝统一的条件之一,即是由原先南北朝的大觉寺统和持明院统交替继承皇位,以实现双方势力的均衡发展。在南北统一前的一段时间里,后小松大皇没有指定将来即位的皇太子,在这种情况下,皇位继承人的问题就成为反幕府的旧南朝势力与幕府力量角逐的目标了。

应永十五年(1408)五月,在南北方有一定影响、参与南北统一交涉的室町幕府将军足利义满去世,其子足利义持继承了将军之位。由于缺乏相互信任,幕府与旧南朝势力之间的隔阂越来越严重。为了控制朝廷大权,幕府打算单方面撕毁协议,自行安排皇位继承人,种种谣言不断传到正在翘首期盼的南朝后龟山院耳中。为了避免朝政混乱,应永十七年(1410)三月,后龟山院就皇位问题亲访室町殿(足利义持),与他进行谈判,但却没有任何结果。同年十一月,后龟山院从京都出走,在原南朝据点吉野滞留了大约六年,以此来表达他对室町幕府的强烈愤怒。应永十九年(1412),作为回应,室町幕府安排了持明院统躬仁的践祚。后龟山院出走之后,伊势国司北畠满雅等旧南朝势力趁机反抗,南北朝之间的争乱似乎重新开启。而南北统一之后称光天皇的践祚,充分显示了室町幕府进一步控制朝廷的决心。称光天皇谥号"称光院",便是取自第四十八代称德天皇与第四十九代光仁天皇两个谥号中的各一字。

称光天皇驾崩后,葬于深草北陵,陵墓为方形堂状,位于今京都市伏见区深草坊町。

称光天皇虽然在位16年,但从即位的应永十九年(1412)起,一直使用后小松天皇的"应永"年号,一直到应永三十五年(1428)才改元拥有自己的年号。

称光天皇的年号只有一个"正长"。年号的撰定者为式部大辅菅原在直。使用时间为:应永三十五年四月二十七日(1428

年6月10日)—正长二年九月五日(1429年10月3日),共计2年。

“正长”年号典出自《礼记正义》:

在位之君子,威仪不差忒,可以**正长**是四方之国。

在这部中国典籍中,“正长”为“君主或各级行政长官”之意。由于称光天皇即位后一直使用后小松天皇的年号,在使用十几年之后,遂决定改元使用自己的年号,故以“正长”为年号,以突出个人的实际统治地位。

第一百零二代天皇:后花园天皇

后花园(ごはなぞの)天皇为日本第一百零二代天皇。其生卒年月为:应永二十六年六月十八日(1419年7月10日)—文明二年十二月二十七日(1471年1月18日),享年52岁。在位时间为:正长元年七月二十八日(1428年9月7日)—宽正五年七月十九日(1464年8月21日),在位时间达36年。

后花园天皇名彦仁,为伏见宫贞成亲王(崇光天皇之孙)长子,其母为敷政门院庭田幸子(庭田经有之女)。其后妃、子女主要有:女院藤原(大炊御门)信子(藤原孝长之女,大炊御门藤原信宗养女),生子成仁亲王(即后来的后土御门天皇),生女观心女王;典侍藤原(日野)乡子(日野秀光之女),生女真乘寺;后宫藤原(三条)冬子(三条实量之女);此外,还有一生母不详的皇女照严女王。

后花园天皇以称光天皇皇胤和后小松院犹子的身份践祚皇位,他的被拥立是称光朝皇位争夺闹剧的延续。在幕府与后南朝势力争夺天皇之位的过程中,前天皇崇光院的子嗣伏见宫的地位相当微妙。应永二十五年(1418)七月,称光天皇病情加重,幕府向京都五山的丛林进献以祈祷皇体康复。应永三十二年(1425),称光天皇病情危急,幕府与后小松院商议以后,决定让伏见宫贞成亲王出家,皇子彦仁过继给后小松院上皇,以犹子的身份践祚皇位。

应永三十五年(1428)一月,幕府室町殿足利义持死去。由于义持的继承人义量已经先于义持死亡,幕府重臣评议以后决定由义持的弟弟足利义教继承将军职位。同时,为了保证公武支配体系的顺利进行,幕府决定拥立新的天皇。

正长元年(1428)七月,新天皇拥立,当月十三日称光天皇病体加重,十七日彦仁正式参拜后小松院,确立犹子身份。二十日称光上皇过世,二十八日彦仁践祚皇位,即称后花园天皇。由于后花园天皇是在仓促之下即位的,立亲王、立皇太子等仪式甚至都来不及进行,这在日本历史上是比较少见的。

而此时后南朝势力活动频繁,南朝皇胤小仓宫出奔伊势,投奔伊势国司北畠满雅,企图在皇位继承上有所作为。但后花园天皇的快速即位,阻止了小仓宫继承皇位的可能,使他与天皇梦已彻底无缘。

后花园天皇即位之初的几年,由后小松上皇施行院政。上皇驾崩后,后花园天皇执政36年,于宽正五年七月十九日(1464年8月21日)让位于皇子后土御门天皇,在东洞院的仙洞御所为左大臣足利义政担任行政顾问。应仁元年(1467)后花园天皇出家,法名圆满智。文明二年十二月二十七日(1471年1月18日)因中风在御所驾崩,葬于后山国陵,与光严天皇和后土御门天皇的陵墓处于同一区域,陵墓为石造宝箧印塔形,位于京都市右京区京北井戸町丸山。

后花园天皇长于诗歌管弦,《新续古今集》收其诗12首。同时,他也喜好学问,宽正二年(1461)春,对在长禄、宽正饥馑中仍然过着奢靡生活的将军足利义政,后花园天皇曾写汉诗进行讥讽。

后花园天皇的年号有八个,具体如下:

后花园天皇的第一个年号为“永享”。年号的撰定者为文章博士菅原在丰。使用时间为:正长二年九月五日(1429年10月3日)—永享十三年二月十七日(1441年3月10日),共计13年。

“永享”年号典出自《后汉书·王莽传》:

帝王受命,必有德祥之符瑞,协成五命,申以福应,然后能立巍巍之功,传于子孙,**永享**无穷之祚。

在这部中国典籍中,“永享”为“永远享有”之意。时因后花园天皇即位而改元。永享四年,幕府将军足利义教恢复日明贸易(勘合贸易);永享十年(1438)八月十六日发生了永享之乱;永享十一年(1439)六月二十七日,飞鸟井雅世撰写《新续古今和歌集》,并上呈给天皇。

后花园天皇的第二个年号为“嘉吉”。年号的撰定者为文章博士菅原益长。使用时间为:永享十三年二月十七日(1441年3月10日)—嘉吉四年二月五日(1444年2月23日),共计4年。

“嘉吉”年号典出自《易经·随卦》:

孚于**嘉**,**吉**,位正中也。

在这部中国典籍中,“嘉吉”为“美善吉祥”之意。时因遇到辛酉革命而改元。在嘉吉年间,曾经发生过“嘉吉之乱”,社会一度动荡不安。

后花园天皇的第三个年号为“文安”。年号的撰定者为权中纳言藤原兼乡。使用时间为:嘉吉四年二月五日(1444年2月23日)—文安六年七月二十八日(1449年8月16日),共计6年。

“文安”年号典出自:

1.《晋书·周札传》:

尊**文安**汉社稷。

2.《尚书·尧典》:

钦明**文**思**安**安,允恭克让,光被四表,格于上下。

在这两部中国典籍中,"文安"为"以文治安定天下"之意。因遇到甲子革令而改元,包含的政治意义不大。

后花园天皇的第四个年号为"宝德"。年号的撰定者为文章博士藤原为贤。使用时间为:文安六年七月二十八日(1449年8月16日)—宝德四年七月二十五日(1452年8月10日),共计4年。

"宝德"年号典出自《旧唐书·礼乐志三》:

朕惟**宝**行三**德**,曰慈、俭、谦。慈者,覆无疆之言;俭者,崇将来之训;自满者人损,自谦者天益。

在这部中国典籍中,"宝德"为"以德为宝"之意。时洪水、地震、疾疫等灾害流行,为避三合之厄而改元,后花园天皇遂改元"宝德",以年号为自己的执政宗旨,借以安抚民心。

后花园天皇的第五个年号为"享德"。年号的撰定者为文章博士藤原为贤。使用时间为:宝德四年七月二十五日(1452年8月10日)—享德四年七月二十五日(1455年9月6日),共计4年。

"享德"年号典出自《尚书·微子之命》:

世世**享德**,万邦作式,俾我有周无斁。

在这部中国典籍中,"享德"为"享有崇高之德"之意。时疾疫继续流行，大有蔓延之势，享德三年(1455)又发生“享德之乱”，后花园天皇改元以求度过危难，并向百姓预示自己及天皇家族“享有崇高之德”，借以安定民心。

后花园天皇的第六个年号为“康正”。年号的撰定者为文章博士藤原在治。使用时间为：享德四年七月二十五日(1455年9月6日)—康正三年九月二十八日(1457年10月16日)，共计3年。

“康正”年号典出自《尚书·洪范》：

> 三德，一曰正直，二曰刚克，三曰柔克。平**康正**直，强弗友刚克，燮友柔克；沈潜刚克，高明柔克。

在这部中国典籍中，“康正”为“康健正直”之意。“享德之乱”后，兵革不断，百姓深受其苦，后花园天皇为此改元，以求得一种心理上的安慰。

后花园天皇的第七个年号为“长禄”。年号的撰定者为文章博士藤原继长。使用时间为：康正三年九月二十八日(1457年10月16日)—长禄四年十二月二十一日(1460年2月1日)，共计4年。

“长禄”年号典出自《韩非子·解老》：

> 夫道以与世周旋者，其建生也**长**，持**禄**也久。

在这部中国典籍中，“长禄”为“既长寿又有俸禄”之意，是人生的一种美好企盼。时因疾疫、旱灾持续，百姓的生命受到极大减损，故后花园天皇改元“长禄”，借以表达内心的一种愿望。

后花园天皇的第八个年号为“宽正”。年号的撰定者为权大纳言藤原(日野)胜光。使用时间为：长禄四年十二月二十一日(1460年2月1日)—宽正七年二月二十八日(1466年3月14日),共计7年。

“宽正”年号典出自《孔子家语·弟子行》:

外宽而内正,自极于隐括之中,直己而不直人,汲汲于仁,以善自终,盖蘧伯玉之行也。

在这部中国典籍中,“宽正”为“宽弘刚正”之意。时天下饥馑持续,后花园天皇因为饥荒而改元。

补说(七)

贞成亲王

贞成亲王,又称为“伏见宫贞成亲王(ふしみのみや さだふさ しんのう)”,为持明院统的嫡流、北朝第三代崇光天皇的系统,为崇光天皇之孙。也是室町时代的皇族,世袭亲王家之一的伏见宫第三代当主。其生卒年月为:应安五年三月五日(1372年4月9日)—康正二年八月二十九日(1456年9月28日)。出家后的法名为道钦入道亲王,成为太上法皇后院号为后崇光院。他是现在皇室与十一位旧皇族共通的男系祖先。

贞成亲王的父亲是伏见宫荣仁亲王,其母是三条实治之女藤原治子。伏见宫第二代当主治仁王是贞成亲王的兄长。其后妃、子女主要有:(敷政门院)妻源(庭田)幸子(右近卫少将庭田经有之女),生子彦仁王(后花园天皇)、贞常亲王(第4代伏见宫),生女性惠女王、王女(幼名めここ)、理延女王、王女(幼名ちよちよ)、云岳圣朝;此外,还有一生母不详的皇女。

贞成亲王从小由今出川家养育,他对左大臣今出川公直及其子公行父子的养育之恩终身难忘(今出川氏即菊亭氏,是九清华家之一,出自藤原北家闲院流,是西园寺家的庶流)。贞成亲王对音乐和和歌的喜爱,与他幼时的环境不无关系。应永十八年(1411)四月四日,40岁的贞成亲王前往伏见御所行元服之礼,改名为“贞成”,被接回到父亲荣仁亲王身边。此后,他常住在伏见御所。

应永二十三年(1416)十一月二十日,荣仁亲王去世。应永二十四年(1417)二月十一日,荣仁亲王的继承人治仁王也突然死去,贞成便以荣仁亲王嫡子的身份继承了伏见宫之位。尽管贞成亲王被怀疑有毒杀兄长嫌疑,但后小松上皇和四代将军足利义持却对贞成亲王很放心。因为伏见宫是北朝的正统,所以经常被天皇家猜忌。应永二十五年(1418),贞成亲王被怀疑私通称光天皇的已怀孕的仕女,由于将军足利义持的调解,贞成亲王在同年七月十七日提交了起誓书,逃过一劫。

称光天皇曾经有一度短暂处于病笃状态,由于没有儿子,贞成亲王成为天皇候补。应永三十二年(1425)四月十六日,称光天皇病危,后小松上皇一度试图将伏见宫立为储君。病愈后的称光天皇得知这些消息后极为震怒,在上皇和足利义持的保护下,伏见宫才幸免于难。在3个月后的七月五日,伏见宫被迫剃发出家于伏见指月庵,以求避祸,法号道钦。正长元年(1428)七月,称光天皇再度病危。在幕府六代将军足利义教的支持、庇护下,上皇将伏见宫的长子彦仁王指定为自己的犹子。不久以后,称光天皇驾崩,彦仁王继位,是为后花园天皇。永享七年(1435),贞成亲王移居京都新建的伏见御所。文安四年(1447)十一月二十七日,贞成亲王被后花园天皇赠以太上天皇的尊号,被称之为后崇光院太上天皇。次年(1448)二月二十二日,贞成亲王却把尊号辞退了。

贞成亲王有《看闻御记》《椿叶记》等著作传世,其陵墓在伏见松林院陵,为方丘形陵墓,位于京都市伏见区丹后町。

第一百零三代天皇:后土御门天皇

后土御门(ごっちみかど)天皇为日本第一百零三代天皇。其生卒年月为:嘉吉二年五月二十五日(1442年7月3日)—明应九年九月二十八日(1500年10月21日),享年59岁。在位时间为:宽正五年七月十九日(1464年8月21日)—明应九年九月二十八日(1500年10月21日),在位时间达36年。

后土御门天皇名成仁,为后花园天皇长子,其母为藤原信子(从四位下右马助藤原孝长的女儿)。藤原孝长是内大臣藤原高藤家族的后裔,当时身为下级公卿,担任木工寮修理的职位。后土御门的母亲作为下级官吏之女而入宫,得到天皇宠幸而生下后土御门。其后妃、子女主要有:典侍庭田朝子(庭田重贤之女),生子胜仁亲王(即后来的后柏原天皇)、尊敦亲王(尊传入道亲王)、另有一皇子出生后即夭亡;典侍劝修寺房子(劝修寺教秀之女),生第一皇女(大慈光院宫·冈殿)、智圆女王、理琇女王、另有一皇女出生后即夭亡;宫人花山院兼子(花山院持忠之女),生子仁尊法亲王、法莲院宫皇子,生女保安寺宫、应善女王;此外,还有一生母不详的皇女慈胜女王。

长禄元年(1457)十二月十九日,作为皇长子的后土御门被封为亲王。宽正五年(1464)七月十九日,后土御门受禅进而践祚皇位。因后土御门天皇母家身份低微,他一度没有得到应有的重视。文正元年(1466),因幕府将军的继嗣问题引起纷争,诸大名的军队云集京畿,一时剑拔弩张,应仁、文明年间的大乱就此爆发。在这场战乱中,由于京都一带皇室与公卿贵族的领土被掠夺,他们失去了赖以生存的基础,结果不但使幕府的地位一落千丈,而且皇室也发生了财政拮据的状况,日本皇室逐渐走向衰微。不但原本朝廷的仪式活动被迫暂停,就连天皇也逃难到当时将军足利义政的室町府邸居住,而且一住就是十年，直等到土御门殿修好才回宫去。

这场战乱过后，朝政一度荒废，皇权衰落，皇室的领地也遭到各地大名的侵吞，朝廷收入大幅锐减，没有经济实力支撑，天皇如同傀儡一般。面对这种情况，后土御门天皇数度表达退位的意愿，他从文明六年（1474年）到十一年七月间曾经四度提出退位，但在朝臣一条兼良和皇太子胜仁的劝说下作罢。但实际上，幕府担心的是营建上皇宫邸和举行皇位继承仪式会给乱世的财政带来困窘，他们根本不是为后土御门天皇的利益着想。明应三年（1494），幕府管领细川政元实权在握，他无视天皇的旨意，随意废立幕府将军。在这种主弱臣强的情况下，后土御门天皇自尊心受到严重打击，他心灰意冷，第五次提出退位，但却在周围侧近痛哭挽留下再度作罢。从此之后，天皇与幕府之间产生了严重的隔阂。明应九年九月二十八日（1500年10月21日），后土御门天皇驾崩。由于幕府迟迟不肯支付大葬费，天皇遗骸在宫中放置了整整43天都无力下葬，最后葬于深草北陵，而在般舟院陵也安置了他的部分骨灰。后土御门天皇的陵墓为方形堂状，位于今京都市伏见区深草坊町。

后土御门天皇喜爱学问，长于歌道，著有《红尘灰集》《后土御门院御百首》等诗歌集。

后土御门天皇的年号有六个，具体如下：

后土御门天皇的第一个年号为“文正”。年号的撰定者为权中纳言藤原纲光。使用时间为：宽正七年二月二十八日（1466年3月14日）—文正二年三月五日（1467年4月9日），共计2年。

“文正”年号典出自《荀子·王制篇》：

> 虽庶人之子孙也，积**文**学，**正**身行，能属于礼义，则归之卿相士大夫。

在这部中国典籍中,“文正”为“文行端正”之意。时因后土御门天皇开始执政而改元,也意在激励自己,希望能够端正态度,认真治理好国家。

后土御门天皇的第二个年号为“应仁”。年号的撰定者为权中纳言菅原继长。使用时间为:文正二年三月五日(1467年4月9日)—应仁三年四月二十八日(1469年6月8日),共计3年。

“应仁”年号典出自《维城典训》:

> 仁之感物,物之**应仁**,若影随形,犹声致响。

在这部中国典籍中,“应仁”为“与仁德相应”之意。时日本开始出现动乱征兆,改元“应仁”有约束自己、施行与仁德相应之政的意思。

后土御门天皇的第三个年号为“文明”。年号的撰定者为参议菅原长清。使用时间为:应仁三年四月二十八日(1469年6月8日)—文明十九年七月二十日(1487年8月9日),共计19年。

“文明”年号典出自《易经·同人》:

> **文明**以健,中正而应,君子正也。唯君子为能通天下之志。

在这部中国典籍中,“文明”有“光明、有文采”之意。时因发生“应仁之乱”,且有天象之变,故而进行改元。

后土御门天皇的第四个年号为“长享”。年号的撰定者为少纳言兼侍从大内记式部少辅(大辅)文章博士菅原在数。使用时间为:文明十九年七月二十日(1487年8月9日)—长享三年八月二十一日(1489年9月16日),共计3年。

“长享”年号典出自:

1.《易经·乾·文言》:

元,善之**长**也;**享**,嘉之会也;利,义之和也;贞,事之干也。

2.《文选·为曹公作书与孙权》:

喜得全功,**长享**其福。

3.《后汉书·袁绍刘表列传》:

今之胜计,莫若举荆州以附曹操,操必重德将军,**长享**福祚,垂之后嗣,此万全之策也。

在这三部中国典籍中,“长享”为“长久(永远)地享用”之意。时因战乱和瘟疫而改元,后土御门天皇以“长享”为年号,是说国家虽有危难,但只要克服困难,仍然可以长久地享用福禄,以安抚民心。

后土御门天皇的第五个年号为“延德”。年号的撰定者为参议菅原长直。使用时间为:长享三年八月二十一日(1489年9月16日)—延德四年七月十九日(1492年8月12日),共计4年。

“延德”年号典出自《孟子题辞》:

汉兴,除秦虐禁,开**延**道**德**,孝文皇帝欲广游学之路,《论语》《孝经》《孟子》《尔雅》皆置博士,后罢传记博士,独立五经而已。讫今诸经通义得引《孟子》以明事,谓之博文。

在这部中国典籍中,“延德”为“延续圣人之德”之意。后土御门天皇认为,自己能够继承天皇之位,是因为“延续圣人之德”,故而改元。

后土御门天皇的第六个年号为“明应”。年号的撰定者为文章博士菅原在数。使用时间为:延德四年七月十九日(1492

年8月12日)—明应十年二月二十九日(1501年3月18日),共计10年。

"明应"年号典出自《易经·大有》:

其德刚健而文明,应乎天而时行,是以元亨。

在这部中国典籍中,"明应"为"向明而应"之意。时因疫病等而改元。但是室町幕府在七月二十八日才举行改元仪式,从该日起采用新年号。

第一百零四代天皇:后柏原天皇

后柏原(ごかしわばら)天皇为日本第一百零四代天皇。其生卒年月为:宽正五年十月二十日(1464年11月19日)—大永六年四月七日(1526年5月18日),享年63岁。在位时间为:明应九年十月二十五日(1500年11月16日)—大永六年四月七日(1526年5月18日),在位时间达26年。但在即位21年后后柏原天皇才举行即位仪式。

后柏原天皇名胜仁,为后土御门天皇长子,其母为权大纳言庭田长贤之女庭田朝子(苍玉门院)。其后妃、子女主要有:(丰乐门院)典侍劝修寺藤子(劝修寺教秀之女),生子知仁亲王(即后来的后奈良天皇)、清彦亲王(尊镇法亲王)、另有一皇子出生后不久夭折,生女觉镇女王;典侍庭田源子(庭田雅行之女),生子觉道法亲王、宽恒亲王(彦胤法亲王),生女觉音女王;掌侍高仓继子(高仓永继之女),生子道喜。

文明十二年(1480)十二月十三日,后柏原天皇被封为亲王,同月二十日举行元服仪式。明应九年十月二十五日(1500年11月16日),因后土御门天皇驾崩,于是后柏原天皇才登基即位,并在小御所践祚。当时因应仁之乱给社会造成了较大的危害，留下了许多后遗症，经济上困难重重就是其中之一。在这种情况下，不但后柏原天皇的登基仪式无力举行，就连后土御门天皇去世43天后都不能举行一个像样的葬礼。

按照幕府最初的想法，是想从可控制的领地内征收一些特别税款，然后用这笔税款来作为典礼所需费用，但就在此时，在若狭[①]发生了守护[②]武田元信、武田元度父子被国人土豪攻杀事件，幕府课税的计划因此搁浅。文龟二年（1502）九月，管领细川政元曾疯狂放言，表达了对皇室的藐视，但5年后他被养子细川澄之暗杀。畿内政局混乱达到了令人吃惊的地步，就连天皇的即位大典也无人问津。

永正五年（1508），足利义稙就任幕府将军，大内义兴、细川高国的联合政权成立。后柏原天皇期待新政权能够像过去的政权一样，向朝廷奉献即位典礼所需的费用。几经周则在大永元年（1521）三月，后柏原天皇即位典礼终于得以举行。此时后柏原天皇已经58岁，在登基的第22年终于举办了即位典礼，此情此景不禁令人唏嘘。

按照以前天皇即位典礼的程序，还要举办一场规模宏大的大尝会[③]典礼，此时因经济上入不敷出，财政捉襟见肘。在日本历史上，除了南北朝时期被南朝俘虏的北朝崇光天皇之外，后柏原天皇是第一个在位时没有举行大尝会的天皇。大永六年四月七日（1526年5月18日），后柏原天皇驾崩，幕府送来六百

① 若狭，指若狭国。为日本古代的令制国之一，属北陆道，又称若州，其领域大约为现在福井县的岭南。

② 守护，是镰仓时代、室町时代由武士出身的军事行政官。

③ 大尝会，也作“大尝祭”，是日本天皇即位式的重要组成部分，新天皇亲自供奉新米，与诸神一起享用，一方面感谢五谷丰登，另一方面祈愿国泰民安，只有这样才能获得“神格”，真正成为天皇。一代天皇只有一次，所以特别隆重。

贯葬送费(内含新帝践祚仪式的费用),这一点钱简直是杯水车薪。时值盛夏,天皇的遗体在泉涌寺搁至腐烂后,方才入土归安,其状惨不忍睹。后柏原天皇葬于深草北陵,陵墓为方形堂状,在今京都市伏见区深草坊町。

后柏原天皇皈依佛教,并擅长书法,在疱疮流行之时,曾经分赠《般若心经》于各个寺庙,也曾在伊势神宫祈福过。

后柏原天皇的年号有三个,具体如下:

后柏原天皇的第一个年号为"文亀"。年号的撰定者为文章博士菅原和长。使用时间为:明应十年二月二十九日(1501年3月18日)—文亀四年二月三十日(1504年3月16日),共计4年。

"文亀"年号典出自《尔雅·释鱼》:

> 一曰神龟,二曰灵龟,三曰摄龟,四曰宝龟,五曰**文龟**,六曰筮龟,七曰山龟,八曰泽龟,九曰水龟,十曰火龟。

在这部中国典籍中,"文龟"为"一种神灵之物"。时因后柏原天皇即位,又遇到辛酉革命而改元。

后柏原天皇的第二个年号为"永正"。年号的撰定者为式部大辅菅原长直。使用时间为:文亀四年二月三十日(1504年3月16日)—永正十八年八月二十三日(1521年9月23日),共计18年。

"永正"年号典出自《周易·纬》:

> **永正**其道,咸受吉化。

在这部中国典籍中,"永正"为"永远沿着正确道路行进"之意。时因遇到甲子革令,故而改元。

后柏原天皇的第三个年号为"大永"。年号的撰定者为参议菅原为学。使用时间为:永正十八年八月二十三日(1521年9

月23日)—大永八年八月二十日(1528年9月3日),共计8年。

“大永”年号典出自《杜氏通典》:

> 庶务至微至密,其**大**则以**永**业。

在这部中国典籍中,“大永”为“功业伟大业绩永续”之意。时因战乱、天变等灾异,后柏原天皇故而改元。

第一百零五代天皇:后奈良天皇

后奈良(ごなら)天皇为日本第一百零五代天皇。其生卒年月为:明应五年十二月二十三日(1497年1月26日)—弘治三年九月五日(1557年9月27日),享年62岁。在位时间为:大永六年四月二十九日(1526年6月9日)—弘治三年九月五日(1557年9月27日),在位时间达31年。

后奈良天皇名知仁,为后柏原天皇第二皇子,其母为劝修寺教秀之女劝修寺藤子。主要后妃、子女有:女院藤原(万里小路)荣子(万里小路贤房之女),生子方仁亲王(正亲町天皇),另一皇子名不详,生女永寿女王,另有一女名不详;典侍藤原(高仓)量子(橘以绪之女、高仓永家养女),生女普光女王;典侍藤原(广桥)国子(广桥兼秀之女),生女圣秀女王;掌侍藤原(日野)具子(水无濑秀兼之女、日野守光养女),无子女;宫人(伊予局)小槻氏(壬生雅久之女。还有壬生晴富之女、和气亲就之女之说),生子觉恕;宫人藤原氏(持明院基春之女),生二子,早夭。生女二人,名不详;宫人王氏(恒直亲王之女),无子女。

后奈良天皇出生在权中纳言劝修寺政显的宅邸中,永正九年(1512)四月被封为亲王。大永六年(1526)四月,因其父后柏原天皇驾崩而即位。由于即位时幕府为后柏原天皇葬送的钱拏只有可怜的六百贯,而皇室财政又极度匮乏,先帝死后22日才草草举行了即位典礼。在这种匆忙的情况下，就连象征着天皇权威的宝剑、玉玺等三件神器让渡仪式都被省略了。同年，秋丹波土豪柳本贤治造反，并且一度势大，天皇的即位典礼被迫延期。次年二月，在桂川战役中细川高国政权土崩瓦解，将军逃亡到了近江，幕府成为流亡政权。天文二年(1533)夏天，天皇派遣朝廷敕使前往关东，乞求今川、北条等各大名献金，帮助朝廷度过难关。但结果却出人意料，只有周防的大内义隆单独进献了二千二百贯的巨额献金。在迫不得已之下，皇室甚至穷到靠贩卖天皇亲笔字来赚钱维持生计。直到十年后的天文五年(1536)二月，经过战国大名后北条氏、今川氏等集资，后奈良天皇才举办了即位的位典仪式。因感念大内氏的功德，朝廷将其升任为大宰大式。在此之后，幕府的势力日益削弱，各地大名成为主宰各地的诸侯，他们控制着地方实权，朝廷只能凭借出卖官位获取献金得以在乱世中苟延残喘。据传，后奈良天皇也是有慈悲心的统治者，在发生瘟疫、洪水与饥荒时，他一直都在祈祷能让人民平安。此外，后奈良天皇也非常好学，他曾从菅原宣贤、五条为学等人学习汉籍，并向吉田兼右、三条西实隆学习日本古典文学，有《后奈良院御集》《后奈良院御百首》等流传后世。

弘治三年九月五日(1557年9月27日)，后奈良天皇驾崩，因为缺乏葬礼的费用，天皇的遗体在黑户御所足足放置了两个半月，其遭遇令人唏嘘。后奈良天皇过世后，葬于深草北陵，陵墓为方形堂状，位于今京都市伏见区深草坊町。

后奈良天皇的年号有三个，具体如下：

后奈良天皇的第一个年号为“享禄”。年号的撰定者为文章博士菅原长淳。使用时间为：大永八年八月二十日(1528年9月3日)—享禄五年七月二十九日(1532年8月29日)，共计5年。

“享禄”年号典出自《周易·大畜卦》：

大畜之人，所宜施其所畜，以济天下，故不食于家则吉，谓居天位**享天禄**也。

在这部中国典籍中，“享禄”为“享受上天福禄”之意。时因后奈良天皇初即位，因而改元。使用这个年号，还有后奈良天皇对享有上天福禄的祝愿企盼，所包含的思想亦在其中了。

后奈良天皇的第二个年号为“天文”。年号的撰定者为文章博士菅原长雅。使用时间为：享禄五年七月二十九日（1532年8月29日）—天文二十四年十月二十三日（1555年11月7日），共计24年。

“天文”年号典出自：

1. 《易经·系辞》：

易与天地准，故能弥纶天地之道。仰以观于**天文**，俯以察于地理，是故知幽明之故。

2. 孔安国《尚书注》：

舜察**天文**齐七政，以审己当天心与否。

在这两部中国典籍中，“天文”为“天文阴阳历算”之意。时因战乱以及灾异等持续不断，故后奈良天皇改元天文。

后奈良天皇的第三个年号为“弘治”。年号的撰定者为权中纳言菅原长雅。使用时间为：天文二十四年十月二十三日（1555年11月7日）—弘治四年二月二十八日（1558年3月18日），共计4年。

“弘治”年号典出自《北齐书》：

祇承宝命，志**弘治**体。

在这部中国典籍中，“弘治”为“大治”之意。时因战乱频仍，皇室财力紧张，在这种危机四伏的情况下，改年号为“弘治”确实是非常有必要了。

第一百零六代天皇：正亲町天皇

正亲町（おおぎまち）天皇为日本第一百零六代天皇。其生卒年月为：永正十四年五月二十九日（1517年6月18日）—文禄二年一月五日（1593年2月6日），享年77岁。在位时间为：弘治三年十月二十七日（1557年11月17日）—天正十四年十一月七日（1586年12月17日），在位时间达29年。

正亲町天皇名方仁，为后奈良天皇第二皇子，其母为吉德门院万里小路荣子（参议万里小路贤房之女）。后妃、子女主要有：典侍清光院藤原（万里小路）房子（万里小路秀房之女），生子诚仁亲王（让位前去世），生女永高女王、另有一皇女，名不详；典侍目目典侍（飞鸟井雅纲之女），生女春龄女王、永尊女王；典侍大典侍（万里小路贤房之女），生一女名不详；养子和仁亲王（即后来的后阳成天皇，诚仁亲王第一王子）。

天文二年（1533），正亲町天皇被封为亲王。弘治三年（1557），因为后奈良天皇过世，正亲町天皇即位。因皇室财政窘迫，财力极端匮乏，连正常的生活也难以维持，正亲町天皇的日子过得穷困潦倒。直到毛利元就等人捐出献金后，天皇才在永禄三年（1560）勉强举行即位仪式。织田信长上京以后，带来了大笔财富，皇室的财政窘况才有改善。当时的情况是，信长需要藉由天皇的权威，挟天子以令诸侯，进而发出给敌对势力的和谈敕命，以扩大自己的声势。这些内容包括元龟元年（1570）时对朝仓义景、浅井长政，天正元年（1573）对足利义昭，天正八年（1580）对石山本愿寺等数次战争，都是织田信长以正亲町天皇的名义发出的和谈敕命。由于这个原因，织田信长极为尊重天皇。但在信长死后，国家政权逐渐移转至丰臣秀吉手上，他也向织田信长学习，利用天皇，以扩大个人的影响力，从而使天皇权威得到进一步提高。丰臣秀吉还恢复了一些朝廷仪式启动对皇宫的修理。正亲町天皇与织田信长、丰臣秀吉之间，形成一种依赖与利用的关系。

天正十四年(1586)十一月七日，由于皇权式微，正亲町天皇让位给皇孙和仁亲王。文禄二年一月五日(1593年2月6日)，正亲町天皇驾崩，葬于深草北陵，陵墓为方形堂状，位于今京都市伏见区深草坊町。

正亲町天皇的年号有三个，具体如下：

正亲町天皇的第一个年号为“永禄”。年号的撰定者为权中纳言菅原长雅。使用时间为：弘治四年二月二十八日(1558年3月18日)—永禄十三年四月二十三日(1570年5月27日)，共计13年。

“永禄”年号典出自《群书治要》：

览往事之成败，察将来之吉凶，未有干名要利，欲而不厌，而能保世持家，**永**全福**禄**者也。

在这部中国典籍中，“永禄”为“永享厚禄”之意。时因正亲町天皇即位，故而改元。

正亲町天皇的第二个年号为“元龟”。年号的撰定者为式部大辅菅原长雅。使用时间为：永禄十三年四月二十三日(1570年5月27日)—元龟四年七月二十八日(1573年8月25日)，共计4年。

“元龟”年号典出自：

1. 《毛诗·鲁颂·泮水》：

憬彼淮夷，来献其琛，**元龟**象齿大赂南金。

2.《文选·蜀都赋》:

鳖蛦山栖,鼋(元)龟水处。潜龙蟠于沮泽,应鸣鼓而兴雨。

在这两部中国典籍中,"元龟"为"大龟"之意。时因战乱等灾异,正亲町天皇因而改元。

正亲町天皇的第三个年号为"天正"。年号的撰定者为式部大辅菅原长雅。使用时间为:元龟四年七月二十八日(1573年8月25日)—天正二十年十二月八日(1592年12月31日),共计20年。

"天正"年号典出自:

1.《道德经》:

燥胜寒,静胜热。清静为天下正。

2. 潘安《文选·籍田赋》:

君以下为基,民以食为天,正其末者端其本,善其后者慎其先。

在这两部中国典籍中,"天正"为"上天之正"之意。时因兵革战乱等原因,正亲町天皇故而改元。

第一百零七代天皇:后阳成天皇

后阳成(ごようぜい)天皇为日本第一百零七代天皇。其生卒年月为:元龟二年十二月十五日(1571年12月31日)—元和三年八月二十六日(1617年9月25日),享年47岁。在位时间为:天正十四年十一月七日(1586年12月17日)—庆长十六年三月二十七日(1611年5月9日),在位时间达25年。

后阳成天皇初名和仁，于庆长三年（1598）十二月改名周仁，为正亲町天皇之子诚仁亲王（阳光院太上天皇）第一皇子，其母为（新上东门院）劝修寺晴子（劝修寺晴右之女）。后妃、子女主要有：女御（中和门院）藤原（近卫）前子（近卫前久之女、丰臣秀吉养女），生子政仁亲王（即后来的后水尾天皇）、近卫信寻（近卫信尹养子）、高松宫好仁亲王（初代高松宫）、一条昭良（一条内基养子）、尊觉法亲王（庶爱亲王），生女圣兴女王、龙登院宫、清子内亲王（鹰司信尚之室）、文高女王、尊英女王、贞子内亲王、尊莲女王；典侍（大典侍局）藤原（中山）亲子（中山亲纲之女），生子觉深入道法亲王、承快法亲王；典侍（权典侍局）藤原（日野）辉子（日野辉资之女），生子尊性法亲王（每敦亲王）；典侍（宰相典侍·大纳言典侍）藤原（持明院）基子（持明院基孝之女），生子尧然法亲王（常嘉亲王）；典侍（权典侍局）源（庭田）具子（庭田重具之女），生子良纯法亲王（直辅亲王）；典侍（一对局）藤原（叶室）宣子（叶室赖宣之女，劝修寺光丰养女），生女尊清女王（光照院）；掌侍（新内侍）平（西洞院）时子（西洞院时庆之女），生女永崇女王、高云院宫；妃（三位局）清原（古市）胤子（古市胤荣之女），生子道晃法亲王，生女冷云院宫、空花院宫；妃（土佐局）大中臣氏（中东时广之女），生子道周法亲王、慈胤法亲王（幸胜亲王）。

天正十四年（1586），由于诚仁亲王病逝，天皇之位空缺，于是正亲町天皇力排众议，立孙子周仁亲王为皇太子，并在同年让位于他，是为后阳成天皇。

后阳成天皇在位期间，正是权臣丰臣秀吉政权与江户幕府的初期，各种关系比较复杂，而这两个政权由于利益取向不同，价值观也存在着差异，所以在对待天皇的态度上有很大的不同。秀吉虽然有一些实权，但因出身寒微，他需要通过天皇之力建立个人的权威，并想拥有太阁与关白的地位，故对后阳成天皇极为尊敬礼遇。为了恢复朝廷的威信，他甚至以盛大的遵古礼仪，举办了一次传统的聚乐第行幸，丰臣秀吉、德川家康等大名在京都聚乐第觐见天皇，当时参加的就有上千人。丰臣秀吉还奉送黄金与金银珠宝，以表示对天皇的忠心。

进入江户幕府之后，这样的格局发生了重大变化，强势人物德川家康被任命为征夷大将军，幕府对朝廷的态度开始转为强势，政务无论大小均由幕府掌控，连官位的任命也要由幕府决定。唯一得到改善的是，朝廷的财政状况有所好转，不再像战国时代一样穷困潦倒。

长庆十六年(1611)，后阳成天皇以幕府干涉朝廷处分女官(官女)与公卿私通为由，将皇位让给第三皇子政仁亲王。后阳成天皇原来是想让位给自己的弟弟八条宫智仁亲王，但由于八条宫曾为丰臣秀吉的养子，后阳成天皇对此心存芥蒂，对他有些不放心，而此时丰臣氏的残余势力未被消灭，故让位之事未成。在这一系列争权夺利的斗争中，父子二人长期的不和睦由此开始了。

元和三年八月二十六日(1617年9月25日)，后阳成天皇驾崩，葬于深草北陵，陵墓为方形堂状，位于今京都市伏见区深草坊町。

后阳成的谥号取自平安时代阳成天皇的谥号，当时藤原氏处于强势之位，阳成天皇迫不得已被迫退位，而且还是让位给自己父亲的叔叔光孝天皇。其时光孝天皇已经55岁了，后阳成取这样的谥号，是故意以此讽刺德川氏为藤原氏的。

后阳成天皇的年号有两个，具体如下：

后阳成天皇的第一个年号为“文禄”。年号的撰定者为权中纳言菅原盛长。使用时间为：天正二十年十二月八日(1592年12月31日)—文禄五年十月二十七日(1596年12月16日)，共计5年。

“文禄”年号典出自《通典·职官十七》：

凡京文武官，每岁给禄。

在这部中国典籍中,"文禄"为"文武官员俸禄"之意。时后阳成天皇初即位,故而改元。

后阳成天皇的第二个年号为"庆长"。年号的撰定者为文章博士菅原为经。使用时间为:文禄五年十月二十七日(1596年12月16日)—庆长二十年七月十三日(1615年9月5日),共计20年。

"庆长"年号典出自《毛诗注疏》:

> 文王功德深厚,故福**庆**延**长**也。

在这部中国典籍中,"庆长"为"福庆绵长"之意。时因灾难、异象频生,人心浮动,后阳成天皇故此改元。

补说(八)

诚仁亲王

诚仁亲王(さねひとしんのう)出生于天文二十一年四月二十三日(1552年5月16日),逝世于天正十四年七月二十四日(1586年9月7日),享年35岁。诚仁亲王是安土桃山时代的皇族,为正亲町天皇第五皇子,其母为万里小路房子(内大臣万里小路秀房之女)。皇妃、子女主要有:皇妃(新上东门院)藤原(劝修寺)晴子(劝修寺晴右之女),生子和仁亲王(即后来的后阳成天皇)、空性法亲王(定辅亲王)、良恕法亲王(胜辅亲王)、兴意法亲王(五宫邦庆亲王)、六宫智仁亲王(第一代八条宫)、另有一皇子名不详,生女永邵女王、另有六位皇女,名不详;女房典侍局(冷泉为益之女,后嫁兴正寺显尊),生女心月女王、另有一女,名不详。

由于织田信长的强势,他与正亲町天皇产生了矛盾,于是他要求正亲町天皇退位,造成两方之间的不愉快;而信长却与诚仁亲王间一直保持友好关系,甚至曾经向亲王献上自己的官邸。他理想的人选就是由诚仁亲王继位。诚仁亲王也正有此意，但本能寺之变后，诚仁亲王还没等到继位就因病早逝了。后来他的长子和仁亲王被正亲町天皇当做养子，接受让位，称为后阳成天皇。后阳成天皇即位以后，追赠生父诚仁亲王为“阳光院太上天皇”的尊号。

第一百零八代天皇：后水尾天皇

后水尾（ごみずのお）天皇为日本第一百零八代天皇。其生卒年月为：文禄五年六月四日（1596年6月29日）—延宝八年八月十九日（1680年9月11日），享年85岁。在位时间为：庆长十六年三月二十七日（1611年5月9日）—宽永六年十一月八日（1629年12月22日），在位时间达18年。

后水尾天皇名政仁，为后阳成天皇第三皇子，其母为女御（中和门院）近卫前子（关白太政大臣丰臣秀吉犹子）。后妃、子女主要有：中宫（东福门院）德川和子，生子高仁亲王、若宫，生女兴子内亲王（即后来的明正天皇）、女二宫（秋月院妙澄大师）、女三宫（昭子内亲王）、女五宫（贺子内亲王）、菊宫；典侍四辻与津子，生子贺茂宫，生女文智女王；典侍园光子（壬生院），生子绍仁亲王（即后来的后光明天皇）、守澄法亲王，生女元昌女王、宗澄女王、桂宫；典侍櫛笥隆子（逢春門院），生子良仁亲王（后西天皇）、性真法亲王、稳仁亲王、道宽法亲王、另有一皇子名不详，生女理昌亲王、光子内亲王、摩佐宫、理忠女王；典侍园国子（新广义门院），生子尧恕法亲王、真敬法亲王、尊澄法亲王、识仁亲王（灵元天皇），生女常子内亲王、永享女王；典侍四辻继子（四辻季继之女），生子尊光法亲王、盛胤法亲王，生女文察女王；宫人水无濑氏子（水无濑氏成之女），生子性承法亲王，生女新宫。

长庆十六年（1611），后阳成天皇让位后，后水尾天皇即位。后阳成天皇原本并不是让位给后水尾天皇，他想将皇位让给他自己的弟弟智仁亲王,因此父子之间产生了矛盾,相处也并不和睦。由于幕府初建,实力并不强大,因此很需要朝廷的权威作为后盾,德川家康有意让后阳成天皇让位。而朝廷因财政拮据,也需要幕府的金钱援助,在不得已的情况下,只好屈从幕府的压力。元和五年(1619),后水尾天皇与他宠爱的女官已生下一子一女,此事传到幕府将军德川秀忠那里,他感到自己没有受到天皇的重视,遂引起了他的强烈不满。次年(1620),出于对德川家族金援的需要,天皇不得不迎娶秀忠之女德川和子入宫。

宽永四年(1627),为了广开财源,朝廷事先没有征求幕府的意见,允许大德寺和妙心寺僧侣数十人穿紫衣。这件事被称为“紫衣事件”。幕府对此深感不满,于是宣布僧侣之诸出世法度、京都大德寺及妙心寺之紫衣敕许无效,朝廷因为这件事感到很没有面子。尤其过分的是,将军德川家光在宽永六年(1629)竟然派他的乳母春日局前往皇宫面见天皇。春日局无官无位,按理是不能觐见天皇的,天皇认为这是奇耻大辱,觉得幕府藐视了自己的权威。但春日局却感觉自己面子大,因其父是明智光秀的部下斋藤利三,义兄是朝廷公卿三条西实条,前夫是大名稻叶正成,所以才敢于面见天皇。出于对德川家光行为的怨恨,在愤怒之余,天皇在没有预告的情况下,让位给年纪不到7岁的皇女兴子内亲王,是为明正天皇。他的这番举动是想断绝幕府想以自己的外孙继承皇位的野心。

后水尾天皇虽然退位,但仍以太上天皇的身份摄政,在由侍臣讲授《源氏物语》的同时,也致力于和歌与佛道的研究。著有《后水尾院御集》《鸥巢集》。

延宝八年八月十九日(1680年9月11日),后水尾天皇驾崩,葬于月轮陵,陵墓为石造九重塔形状,位于今京都市东山区今熊野泉山町泉涌寺内。

后水尾的谥号源自于平安时代的清和天皇,清和天皇别号水尾帝。因后水尾天皇是由藤原氏强迫即位的,并不是出于本心,而且他还是日本史上第一位幼帝,即位时还不到7岁,所以以这个谥号来讥讽德川氏为藤原氏。后水尾天皇退位后自号后水尾院,也是希望压倒自己的父亲后阳成天皇。

后水尾天皇的年号有两个,具体如下:

后水尾天皇的第一个年号为“元和”。年号的撰定者为权中纳言菅原为经。使用时间为:庆长二十年七月十三日(1615年9月5日)—元和十年二月三十日(1624年4月17日),共计10年。

“元和”年号是采用中国唐朝唐宪宗的年号。

时大阪之役已经结束,依照德川家康的命令,采用唐宪宗的年号元和。意思是结束长时间的战国时代的战争,希望国家能够和平,故改元元和。

后水尾天皇的第二个年号为“宽永”。年号的撰定者为文章博士菅原长维。使用时间为:元和十年二月三十日(1624年4月17日)—宽永二十一年十二月十六日(1645年1月13日),共计21年。

“宽永”年号典出自《诗集传》:

> 彼宽广永长之江汉,岂可以一方之筏侥幸敷衍之!

在这部中国典籍中,“宽永”为“宽广永长”之意。时基于谶纬之说的甲子改令,后水尾天皇故而改元。

第一百零九代天皇:明正天皇

明正(めいしょう)天皇为日本第一百零九代天皇。其生卒年月为:元和九年十一月十九日(1624年1月9日)—元禄九年十一月十日(1696年12月4日),享年73岁。在位时间为:宽永六年十一月八日(1629年12月22日)—宽永二十年十月三日

(1643年11月14日),在位时间达14年。

明正天皇名兴子,幼名女一宫,为后水尾天皇第二皇女,其母为东福门院中宫德川和子(太政大臣、征夷大将军德川秀忠之女)。明正天皇是日本历史上八位女天皇的第七位,生活在天皇制度没落的江户时代。由于外祖父是江户第二代将军德川秀忠,明正天皇7岁时便继位为天皇,20岁就把皇位让给弟弟,和奈良时代叱咤政坛的前辈女天皇相比,这时她的实际身份只相当于神宫的女祭司。

在后水尾天皇的元和时期,日本的战国时代已结束。兴子出生时,德川幕府经过一系列巩固政权的活动后,其统治已经十分稳固。元和元年(1615),幕府制定公布了《禁中并公家诸法度》,共有十七条。这个所谓的"法度",从表面上看是让天皇把学问的修行和和歌的精通放在第一位,但实际并非如此,其目的在于限制天皇对政治的干预。该法度中唯一认可天皇的权力是第八条,即天皇有权按"本朝先规"决定年号。

兴子出生时,父亲后水尾天皇28岁,而母亲和子只有17岁。从通常的情况而言,兴子不太可能在短时间内即位。但后来发生的"紫衣事件",却让她的命运一下子发生了重大变化。当时颁布的《禁中并公家诸法度》明确规定,朝廷不能私自向僧人授予紫衣,而向僧人授予紫衣又是朝廷的一大经济来源。从经济方面来考虑,所以后水尾天皇一次向70多位僧人授予了紫衣。除了这个原因之外,后水尾天皇尝试着向幕府的权威提出挑战,以试探幕府对他的态度,而德川幕府也有相应的对策。宽永四年(1627),德川家光授意手下的人宣布:今后只要是违反《禁中并公家诸法度》中关于紫衣条文的人,一律免职受罚,以示惩戒。而朝廷则表示:"今后总之不会再做这种无效的事。"

"紫衣事件"虽然暂时告一段落,但继之的"春日局参拜天皇事件"完全改变了兴子的一生。由于春日局的身份较低,后水尾天皇迫于幕府的压力接见了她,但内心却感觉受到极大的侮辱,但他没有能力进行有效的反击,于是就只好宣布退位。在这样的背景下,与德川家族有血缘关系的、时年只有7岁的兴子内亲王得以即位,成为日本历史上第109代天皇。兴子虽然贵为天皇,但并无实权,一切政令均出自德川幕府手中,她只是一个傀儡而已。在位14年后,明止大皇于宽永二十年(1643)让位于11岁的异母弟素鹅宫亲王,是为后光明天皇。明正天皇成为太上天皇,并从幕府得到每年5000石贡米。

退位以后的明正天皇又活了50多年,先后经历了后光明、后西、灵元天皇数朝。因为她当过身份高贵的天皇,也没人能娶她,只能在宫中孤独终老,于1696年11月去世,葬于月轮陵,陵墓为石造九重塔形状,位于今京都市东山区今熊野泉山町泉涌寺内。

明正天皇的谥号“明正”二字,是由古代元明天皇与元正天皇两位女帝谥号各取一字而成。

明正天皇在位时没有自己的年号,她仍然使用其父后水尾天皇的年号“宽永”。

第一百一十代天皇:后光明天皇

后光明(ごこうみょう)天皇为日本第一百一十代天皇。其生卒年月为:宽永十年三月十二日(1633年4月20日)—承应三年九月二十日(1654年10月30日),享年22岁。在位时间为:宽永二十年十月三日(1643年11月14日)—承应三年九月二十日(1654年10月30日),在位时间达11年。

后光明天皇名绍仁,幼名素鹅宫。为后水尾天皇第四皇子,其母为(壬生院)园光子(左大臣园基任之女),养母为父亲中宫德川和子(东福门院),明正天皇是其异母姐。后光明天皇的典侍为源(庭田)秀子(庭田重秀之女),生女孝子内亲王。

宽永十九年(1642),绍仁被立为太子,第二年由于姐姐明正天皇让位，他遂成为了天皇。后光明天皇性格倔强，对于幕府大权独揽颇有抵抗之意。但另一方面，他也是个爱好学问的人，受到当时著名的大儒藤原惺窝的影响，积极从中国引进朱子学。此外，他对儒学极为倾倒，再次提出恢复神宫例币仪式，也有意要复兴大学寮。但遗憾的是，承应三年(1654)后光明天皇罹患当时流行的痘疮而死，他的这些想法未能如愿。后光明天皇驾崩后，葬于月轮陵，陵墓为石造九重塔形状，位于今京都市东山区今熊野泉山町泉涌寺内。

后光明天皇的年号有三个，具体如下：

后光明天皇的第一个年号为“正保”。年号的撰定者为文章博士菅原知长。使用时间为：宽永二十一年十二月十六日(公元1645年1月13日)—正保五年二月十五日(1648年4月7日)，共计5年。

“正保”年号典出自《尚书·说命》：

> 昔先**正保**衡作我先王，乃曰：“予弗克俾厥后惟尧舜，其心愧耻，若挞于市。”一夫不获，则曰时予之辜。佑我烈祖，格于皇天。

在这部中国典籍中，“正保”为“公正保卫”之意。时因后光明天皇即位，故而改元。

后光明天皇的第二个年号为“庆安”。年号的撰定者为从二位菅原为适。使用时间为：正保五年二月十五日(1648年4月7日)—庆安五年九月十八日(1652年10月20日)，共计5年。

“庆安”年号典出自《易经·坤》：

> 西南得朋，乃与类行，东北丧朋，乃终有**庆**，**安**贞之吉，应地无疆。

在这部中国典籍中,“庆安”为“庆祝安宁”之意。因“正保”(shouhou)的日语发音让人联想到“烧亡”(shoubou),会招致一些人的批判,因而后光明天皇决定改元。

后光明天皇的第三个年号为“承应”。年号的撰定者为文章博士菅原知长。使用时间为:庆安五年九月十八日(1652年10月20日)—承应四年四月十三日(1655年5月18日),共计4年。

“承应”年号典出自《晋书·律历志》:

夏商**承**运,周氏**应**期。

在这部中国典籍中,“承应”为“承天之应”之意。时幕府将军德川家光因病去世,德川家纲继任,为此后光明天皇决定改元。

第一百一十一代天皇:后西天皇

后西(ごさい)天皇为日本第一百一十一代天皇。其生卒年月为:宽永十四年十一月十六日(1638年1月1日)—贞享二年二月二十二日(1685年3月26日),享年48岁。在位时间为:承应四年十一月二十八日(1655年1月5日)—宽文三年一月二十六日(1663年3月5日),在位时间9年。

后西天皇名良仁,幼名秀宫,为后水尾天皇第八皇子,其母为(逢春门院)典侍藤原(栉笥)隆子(左中将栉笥隆致之女)。后妃、子女主要有:女御明子女王(高松宫好仁亲王之女),生子八条宫长仁亲王,生女诚子内亲王;典侍藤原(清闲寺)共子(清闲寺共纲之女),生子有栖宫幸仁亲王、义延法亲王、天真法亲王,生女正源院宫、宗荣女王、尊秀女王、圆光院宫、贺阳宫(桂德院宫)、益子内亲王、理丰女王、瑞光女王;妃源氏(岩仓具起之女),生子永悟法亲王;妃藤原氏(右京局,富小路赖直之女),

生女常宫;妃藤原(梅小路)定子(光源寺智秀之女,梅小路定矩养女),生子公弁法亲王、道祐入道亲王、八条宫尚仁亲王、良应法亲王,生女香久宫、圣安女王、满宫、尊杲女王、尊胜女王、凉月院妃菅原氏(高辻丰长之女),生子道尊法亲王;妃藤原(松木)条子(松木宗条之女),生子槿荣院宫。

按照皇室和幕府的原定计划,后西天皇是要迎娶高松宫好仁亲王之女明子女王为妃,然后准备继承高松宫的爵位,为光大家族势力做准备。但恰在此时其兄后光明天皇突然去世,于是各方面经过协商,决定在后光明天皇的养嗣子识仁亲王长大之前,暂时由良仁亲王继承皇位。承应三年(1654),良仁亲王即天皇之位。9年之后的宽文三年(1663),后西天皇让位给了识仁亲王。

后西天皇喜欢研究学问,并且在这方面有所成就,他对古典文学造诣深厚,有著作《水日集》传世。此外,他还长于和歌,有多首佳作传世。但不幸的是,他在位期间,相继发生了日本历史上较为严重的明历大火与伊势神宫、大坂城等火灾事件,一时人心惶惶。这一时期日本各地也多地震、水灾等。由于当时的科学知识并不普及,老百姓见识有限,他们盲目地认定是天皇没有德行才导致天灾人祸不断。在巨大压力下,后西天皇决心让位,以平息百姓心中的怨气。也正是因为发生了这些事件,后西天皇开始复制朝廷各种有关灾难的记录,以总结经验,防备今后灾害的发生,为后世留下了关于防火、防震的重要记录。

后西天皇承继其兄皇位后,又让位给兄长的嗣子,其中充满了玄机。后西天皇与淳和天皇的遭遇很相似,而淳和天皇又有“西院之帝”的称呼,因此后西天皇被追封为“后西院天皇”。明治时代之后,有关天皇的说法有了一些变化,废除了院号的使用。在这种情况下,“后西院天皇”的称呼也被改为了“后西天皇”。

贞享二年二月二十二日(1685年3月26日),后西天皇驾崩,葬于月轮陵,陵墓为石造九重塔形状,位于今京都市东山区今熊野泉山町泉涌寺内。

后西天皇的年号有三个,具体如下:

后西天皇的第一个年号为“明历”。年号的撰定者为大学头菅原为庸。使用时间为:承应四年四月十三日(1655年5月18日)—明历四年七月二十三日(1658年8月21日),共计4年。

“明历”年号典出自《汉书·律历志》:

大法九章,而五纪**明历**法。

在这两部中国典籍中,“明历”为“明确历法”之意。时后西天皇即位,故而改元。“明历”年号使用的第三年,江户发生火灾,有人认为是“明历”的“明”字有日月同光之嫌,所以才发生火灾,因此在第四年便改元了。

后西天皇的第二个年号为“万治”。年号的撰定者为文章博士头菅原丰长。使用时间为:明历四年七月二十三日(1658年8月21日)—万治四年四月二十五日(1661年5月23日),共计4年。

“万治”年号典出自:

1.《史记·夏本纪》:

众民乃定,**万**国为**治**。

2.《贞观政要》:

本固**万**事**治**。

在这两部中国典籍中,“万治”为“万国(万事)皆治”之意。时因发生江户大火(明历大火)等灾异,后西天皇因此改元。

后西天皇的第三个年号为“宽文”。年号的撰定者为式部大辅菅原为庸。使用时间为：万治四年四月二十五日（1661年5月23日）—宽文十三年九月二十一日（1673年10月30日），共计13年。

“宽文”年号典出自《荀子·致士》：

> 节奏陵而文，生民**宽**而安，上**文**下安，功名之极也，不可以加矣。

在这部中国典籍中，“宽文”为“文治宽弘”之意。时因火灾等灾异之事连续发生，后西天皇因而改元。

第一百一十二代天皇：灵元天皇

灵元（れいげん）天皇为日本第一百一十二代天皇。其生卒年月为：承应三年五月二十五日（1654年7月9日）—享保十七年八月六日（1732年9月24日），享年78岁。在位时间为：宽文三年一月二十六日（1663年3月5日）—贞享四年三月二十一日（1687年5月2日），在位时间达24年。

灵元天皇名识仁，幼名高贵宫，为后水尾天皇第十九皇子，其母为（新广义门院）园国子（内大臣园基音之女），养母为父亲的中宫（东福门院）德川和子。后妃、子女主要有：中宫藤原（鹰司）房子（鹰司教平之女），生女荣子内亲王；典侍藤原（坊城）房子（坊城俊广之女），生女宪子内亲王；典侍藤原氏（小仓实起之女），生子济深法亲王；典侍（敬法门院）藤原（松木）宗子（松木宗条之女），生子朝仁亲王（即后来的东山天皇）、京极宫文仁亲王（第六代）、清宫，生女福子内亲王、永秀女王、梅宫、胜子内亲王；掌侍（源内侍局）源（爱宕）福子（爱宕通福之女），生子宽隆法亲王，生女纲宫；掌侍（少将内侍）菅原（五条）庸子（五条为庸之女),生子三宫、尧延法亲王、台岭院宫;掌侍(源中将局)源(东久世)博子(东久世通廉之女),生子德宫、力宫;后宫(多奈井小路局)平氏(西洞院时良之女),生女知光院宫;后宫(菅中纳言局)菅原(五条)经子(五条为庸之女),生子常磐井宫(桂宫)、性应法亲王,生女文喜女王、元秀女王;后宫(藤式部局)藤原氏(今城定淳之女),生子一乘院宫尊赏法亲王,生女文应女王;后宫(兵卫局)藤原(入江)伊津子(入江相尚之女),生子嘉智宫,生女留宫;后宫(中将局)安倍氏(仓桥泰贞之女),生子峰宫;后宫(右卫门佐局)秦(松室)敦子(松室重敦之女),生子有栖川宫职仁亲王、尧恭法亲王,生女吉子内亲王;后宫(少将局)秦氏(南相忠之女),生女八重宫;后宫(少纳言局)秦(松室)仲子(松室重仲之女),生子尊胤法亲王。

灵元天皇出生不久后,便成为其兄后光明天皇的养嗣子。承应三年九月二十日(1654年10月30日),后光明天皇驾崩;在高贵宫皇子长大之前,国家大事暂由后西天皇继位以处理,以避免国家政局出现混乱。一直到宽文元年(1663)时,后西天皇才正式让位,于是高贵宫得以继承天皇之位,是为灵元天皇。日本历史上的天皇虽然有上百位,但灵元天皇属于个性坚定、意志刚强、作风泼辣的天皇。在位期间,他经常与幕府交涉有关天皇的权益,也很明确地表达自己的立场主张。对恢复大尝祭等古代礼仪,灵元天皇做出了自己的贡献。贞享元年(1684),他开始有让位给皇太子的想法,但因当时幕府将军德川纲吉慰留,一直到贞享四年(1687)他才正式让位,成为太上皇。退位之后,他以上皇的身份施行院政。对于灵元上皇刚硬独断的作风,幕府也有些无奈,只好加强对朝廷的干涉,迫使上皇不得不停止院政。

正德三年(1713),灵元上皇剃发出家,成为了法皇,法号“素净”。灵元上皇在退位后的近20年时间里,致力于和歌和书法的创作,取得了不俗的成果,著有《桃蕊集》《乙夜随笔》等。

他的谥号取自古代孝灵天皇和孝元天皇。享保十七年八月六日(1732年9月24日),灵元上皇驾崩,葬于月轮陵,陵墓为石造九重塔形状,位于今京都市东山区今熊野泉山町泉涌寺内。

灵元天皇的年号有三个,具体如下:

灵元天皇的第一个年号为“延宝”。年号的撰定者为权中纳言菅原为庸。使用时间为:宽文十三年九月二十一日(1673年10月30日)—延宝九年九月二十九日(1681年11月9日),共计9年。

“延宝”年号典出自《隋书·音乐志》:

> 分四序,缀三光,**延宝**祚,渺无疆。

在这部中国典籍中,“延宝”为“延续宝祚”之意。时因灵元天皇即位,并且因京都大火等灾异,灵元天皇因而改元。

灵元天皇的第二个年号为“天和”。年号的撰定者为式部少辅兼侍从文章博士菅原在庸。使用时间为:延宝九年九月二十九日(1681年11月9日)—天和四年二月二十一日(1684年4月5日),共计4年。

“天和”年号典出自:

1. 《尚书·洛诰》:

   奉答**天**命,**和**恒四方民居师。

2. 《庄子·天道》:

   与人和者谓之人乐,与**天和**者谓之天乐。

3. 《汉书·礼乐志·安世房中歌》:

   嘉承**天和**,伊乐厥福。

4.《后汉书·桓帝纪》:

天人协和,万国咸宁。

5.《后汉书·陈蕃传》:

天和于上,地洽于下。

在这几部中国典籍中,“天和”为“自然的和气”之意。时因遇到辛酉革命,灵元天皇故而改元。

灵元天皇的第三个年号为“贞享”。年号的撰定者为前权大纳言菅原恒长。使用时间为:天和四年二月二十一日(1684年4月5日)—贞享五年九月三十日(1688年10月23日),共计5年。

“贞享”年号典出自《易经·益》:

永贞吉,王用享于帝吉。

在这部中国典籍中,“贞享”为“易经中的卦辞”。时基于谶纬说,因遇到甲子革令,灵元天皇故而改元。

第一百一十三代天皇:东山天皇

东山(ひがしやま)天皇为日本第一百一十三代天皇。其生卒年月为:延宝三年九月三日(1675年10月21日)—宝永六年十二月十七日(1710年1月16日),享年35岁。在位时间为:贞享四年三月二十五日(1687年5月6日)—宝永六年六月二十一日(1709年7月27日),在位时间达22年。

东山天皇名朝仁,幼名五宫。为灵元天皇第四皇子,其母为(敬法门院)典侍宗子(内大臣松木宗条之女)。后妃、子女主要有:中宫幸子女王(承秋门院),生女秋子内亲王(伏见宫贞建亲王妃);典侍栉笥贺子(新崇贤门院),生子一宫、二宫、寿宫、庆仁亲王(即后来的中御门天皇)、(闲院宫)直仁亲王,生女福宫;典侍冷泉经子,生子公宽法亲王;掌侍高辻(菅原)长丰之女,生女光明定院宫、圣祝女王。

天和二年(1682),年幼的朝仁被确定为储君,同年十二月被封为亲王。贞享四年(1687),灵元天皇将皇位让给年仅8岁的太子,自己则以太上天皇的身份来辅政。但是,由于幕府处于强势地位,其对朝廷的干涉也极为频繁。在迫不得已的情况下,灵元上皇只好把实权转交给东山天皇。

东山天皇个性温和,与其父灵元上皇的刚强相比,他处事灵活,即位后改善了与幕府的关系。由于与幕府关系良好,东山天皇受到将军德川纲吉的尊重,得到了幕府的金钱支援。在修复皇家陵墓的同时,也恢复了包括皇太子册立、大尝祭等古代的仪式。但在朝廷以外,也发生了诸如将军德川纲吉发布《生类怜悯令》[①],以及赤穗四十七浪士事件[②],使得天皇与朝廷的存在感极为薄弱。

宝永六年六月二十一日(1709年7月27日),东山天皇让位给皇太子庆仁亲王,是为中御门天皇。让位半年后,东山天皇因疱疮不治身亡,葬于月轮陵,陵墓为石造九重塔形状,位于京都市东山区今熊野泉山町泉涌寺内。

东山天皇的子孙除皇族以外,皇子(闲院宫)直仁亲王的子

---

①　该法令于贞享四年(1687)由德川纲吉颁布,以杜绝战国时代滥杀狗的陋习。最初是很正规的法令,不过法令实行逐渐稳定后,纲吉不但下令建造养狗的房子、请人保护狗及请人替狗看病,到了最后甚至颁布法令,连杀死蚊子都要被判刑,招致百姓反感。德川纲吉也被称为“犬公方(狗将军)”。

②　赤穗四十七浪士,指的是元禄十五年十二月十四日(1703年1月30日),赤穗藩的47名浪人武士,为报答主君浅野长矩的恩情和仇讨恶人,经过一年多精心准备,在一个大雪纷飞之夜,攻入恶人吉良义央的宅邸,将吉良义央及其家人的首级斩下,再到浅野长矩的墓前祭拜,然后集体切腹自杀。

孙降为臣籍,但在六世孙中还有大正时期元老西园寺公望。东山天皇的追号是根据其山陵之名而取的。

东山天皇的年号有两个,具体如下:

东山天皇的第一个年号为“元禄”。年号的撰定者为文章博士菅原长量。使用时间为:贞享五年九月三十日(1688年10月23日)—元禄十七年三月十三日(1704年4月16日),共计17年。

“元禄”年号典出自《文选》:

> 建立**元**勋,以历显**禄**,福之上也。

在这部中国典籍中,“元禄”为“元勋带来的俸禄”之意。时东山天皇新皇登基,故而改元。

东山天皇的第二个年号为“宝永”。年号的撰定者为侍从菅原为范。使用时间为:元禄十七年三月十三日(1704年4月16日)—宝永八年四月二十五日(1711年6月11日),共计8年。

“宝永”年号典出自《旧唐书·音乐四》:

> 八音斯奏,三献毕陈。**宝**祚惟**永**,晖光日新。

在这部中国典籍中,“宝永”为“宝祚永固”之意。因前一年十一月二十二日发生了元禄大地震,东山天皇因而改元。通过改元,他希望能够江山永固。

第一百一十四代天皇:中御门天皇

中御门(なかみかど)天皇为日本第一百一十四代天皇。其生卒年月为:元禄十四年十二月十七日(1702年1月14日)—元文二年四月十一日(1737年5月10日),享年37岁。在位时间为:宝永六年六月二十一日(1709年7月27日)—享保二十年三月二十一日(1735年4月13日),在位时间达26年。

中御门天皇名庆仁,幼名长宫。为东山天皇第五皇子,其母为新崇贤门院栉笥贺子(内大臣栉笥隆贺之女)。后妃子女主要有:女御新中和门院近卫尚子(近卫家熙之女),生子昭仁亲王(即后来的樱町天皇);典侍藤原(清水谷)石子(清水谷实业之女),生子公遵法亲王,生女理秀女王、尊乘女王、周宫;典侍藤原(园)常子(园基胜之女),生子忠与法亲王(忠笃亲王),生女五宫;掌侍源(久世)夏子(久世通夏之女),生子信宫(妙光院),生女三宫、成子内亲王、永皎女王;掌侍藤原(五条)宽子(五条为范之女),生子遵仁法亲王(宽全亲王);妃丹波氏(小森赖季之女、锦小路赖庸养女),生子慈仁法亲王(良视亲王),生女圣珊女王。

宝永四年(1707)三月,中御门天皇被定为储君,四月封为亲王。宝永六年六月二十一日(1709年7月27日)接受其父的让位而践祚,次年十一月十一日举行了即位仪式。

中御门天皇在位期间,与德川幕府之间的关系有所缓和,幕府也实行了一些开明的政策,如解禁洋书的进口,为江户时代兰学的兴起和传播奠定了基础。虽然中御门天皇与幕府的关系有所缓和,但幕府对中御门天皇仍存戒心,一直持怀疑的态度。享保十九年(1734),幕府别有用心地向中御门天皇献上一张进口琴,以此暗讽他应该退位。中御门天皇对此心知肚明,于次年(1735)让位给长子昭仁亲王。两年(1737)后,中御门天皇驾崩,葬于月轮陵,陵墓为石造九重塔形状,位于今京都市东山区今熊野泉山町泉涌寺内。中御门天皇的追号“中御门”,是平安京大内里的一个门待贤门的别称,追号根据其皇居附近的宫门而决定。

中御门天皇的年号有两个,具体如下:

中御门天皇的第一个年号为“正德”。年号的撰定者为文章博士菅原总长。使用时间为:宝永八年四月二十五日(1711年

6月11日)—正德六年六月二十二日(1716年8月9日),共计6年。

“正德”年号典出自:

1.《尚书·大禹谟》:

禹曰:“於!帝念哉!德惟善政,政在养民。火、水、金、木、土、谷,惟修;**正德**、利用、厚生,惟和;九功惟叙,九叙惟歌。戒之用休,董之用威,劝之以九歌,俾勿坏。”

2.《尚书正义》:

正德者,自正其德。

在这两部中国典籍中,“正德”为“端正德行”之意。时因中御门天皇即位,故而改元。正德二年(1712),幕府将军德川家宣病逝,大学头林信笃认为年号“正德”的“正”字不吉利,建议改元。而学者新井白石对此反对,他引证中国和日本的历史,认为该年号不存在吉利与否的问题,改元之事遂终止。

中御门天皇的第二个年号为“享保”。年号的撰定者为式部大辅菅原长义。使用时间为:正德六年六月二十二日(1716年8月9日)—享保二十一年四月二十八日(1736年6月7日),共计21年。

“享保”年号典出自《周书·孝闵帝纪》:

公其**享**兹大命,**保**有万国,可不慎欤?

在这部中国典籍中,“享保”为“享有大命镇护国家”之意。时因有灾异,且德川幕府第七代将军德川家继死去,故而改元。

第一百一十五代天皇:樱町天皇

樱町(さくらまち)天皇为日本第一百一十五代天皇。其生卒年月为:享保五年一月一日(1720年2月8日)—宽延三年四月二十三日(1750年5月28日),享年31岁。在位时间为:享保二十年三月二十一日(1735年4月13日)—延享四年五月二日(1747年6月9日),在位时间达12年。

樱町天皇名昭仁,幼名若宫。为中御门天皇第一皇子,其母为新中和门院近卫尚子(关白太政大臣近卫家熙之女)。后妃、子女主要有:女御二条舍子(青绮门院),生女盛子内亲王、智子内亲王(后樱町天皇);典侍姉小路定子(开明门院),生子遐仁亲王(即后来的桃园天皇)。

樱町天皇在其出生二十天后,其母近卫尚子即因病去世。由于这个原因,在他出生十个月后即被定为储君。享保十三年(1728)六月被立为太子。享保二十年(1735),昭仁接受父皇的让位,即位为天皇,是为樱町天皇。樱町天皇在位时,由于得到当时的幕府将军德川吉宗的大力协助,朝廷许多古代仪式得到了恢复。包括曾在东山天皇时期复兴却又中断的大尝祭,以及新尝祭等其他祭祀礼仪等。在歌道方面,樱町天皇的造诣也很高,留下许多出色的诗歌。因为与圣德太子有许多共同之处,樱町天皇被人称为“圣德太子再世”,受到后世日本人的景仰。

延享四年五月二日(1747年6月9日),樱町天皇让位给太子遐仁亲王。三年后(1750)樱町天皇驾崩,葬于月轮陵,陵墓为石造九重塔形状,位于今京都市东山区今熊野泉山町泉涌寺内。

樱町天皇的追号“樱町”,出自于让位后的住所——仙洞御所中的一个宫殿“樱町殿”。

樱町天皇的年号有三个,具体如下:

樱町天皇的第一个年号为“元文”。年号的撰定者为文章博士菅原在秀。使用时间为:享保二十一年四月二十八日(1736年6月7日)—元文六年二月二十七日(1741年4月12日),共计6年。

“元文”年号典出自何晏《文选·景福殿赋》:

> 武创**元**基,**文**集大命,皆体天作制,顺时立政,至于帝皇,遂重熙而累盛。

在这部中国典籍中,“元文”为“文为立业基础”之意。时因樱町天皇即位,故而改元。

樱町天皇的第二个年号为“宽保”。年号的撰定者为文章博士菅原长香。使用时间为:元文六年二月二十七日(1741年4月12日)—宽保四年二月二十一日(1744年4月3日),共计4年。

“宽保”年号典出自《国语·周语》:

> **宽**所以**保**本也,肃所以济时也,宣所以教施也,惠所以和民也。

在这部中国典籍中,“宽保”为“宽和以保全国本”之意。基于谶纬之说,因遇到辛酉革命,樱町天皇因而决定改元。

樱町天皇的第三个年号为“延享”。年号的撰定者为文章博士菅原长香。使用时间为:宽保四年二月二十一日(1744年4月3日)—延享五年七月十二日(1748年8月5日),共计5年。

“延享”年号典出自《艺文类聚》:

> 晋傅玄贺老人星表曰:老人星见,挥景光明,圣主寿**延**,**享**祚元吉。自天之佑,莫不抃舞。

在这部中国典籍中,“延享”为“延续享用”之意。时基于谶纬之说，樱町天皇为甲子革令而改元。

第一百一十六代天皇：桃园天皇

桃园（ももぞの）天皇为日本第一百一十六代天皇。其生卒年月为：宽保元年二月二十九日（1741年4月14日）—宝历十二年七月十二日（1762年8月31日），享年22岁。在位时间为：延享四年五月二日（1747年6月9日）—宝历十二年七月十二日（1762年8月31日），在位时间达15年。

桃园天皇名遐仁，幼名八穗宫或茶地宫，为樱町天皇第一皇子，其母为（开明门院）典侍姊小路定子（权大纳言姊小路实武之女）。后妃、子女主要有：女御一条富子（恭礼门院），生子英仁亲王（即后来的后桃园天皇）、伏见宫第十七代贞行亲王。

桃园天皇5岁时由樱町天皇嫡妻，即女御二条舍子（青绮门院）收为嫡子。他自幼聪敏好学，崇尚古代经典，身边也集聚着一批倾心学问的青年公卿。延享四年（1747）五月受禅，时年7岁。宝历元年（1751）春二月，北陆天气异常，降下赤雪。夏四月，越后地大震，半夜达三十余回，庐舍尽坏，压死16000余人。宝历八年（1758），发生了“竹内式部事件”，这个事件给朝廷带来不小的麻烦。时竹内式部接受了一代名儒山崎暗斋创立的垂加神道学说，开馆授徒，主张神儒合一，极力鼓吹尊王思想。在公卿的鼓动下，16岁的桃园天皇对幕府的独断专行很是反感，对皇室的前途充满了忧虑。年轻的公卿更是义愤填膺，要为实现“建武中兴”而有所行动。幕府及时发现了皇室的这一动向，把竹内式部赶出京都，并处罚了一些公卿，制止了局势的进一步发展。此事件又称“宝历事件”。

延享四年（1747），桃园天皇接受父亲樱町天皇让位。三年后上皇过世。宝历十二年七月十二日（1762年8月31日），桃园天皇因脚气冲心而死，这是当时日本非常奇怪的一种疾病，患病者原本不应该有性命之虞，因此有人怀疑是幕府下的毒手。桃园天皇去世后，皇子英仁只有5岁。由于年幼，尚不能继承天皇之位，在幕府的主张下，将桃园天皇的姐姐智子立为天皇，即后樱町天皇。

桃园天皇驾崩后，葬于月轮陵，陵墓为石造九重塔形状，位于今京都市东山区今熊野泉山町泉涌寺内。

桃园天皇的年号有两个，具体如下：

桃园天皇的第一个年号为“宽延”。年号的撰定者为式部大辅菅原为范。使用时间为：延享五年七月十二日（1748年8月5日）—宽延四年十月二十七日（1751年12月14日），共计4年。

“宽延”年号典出自王褒《文选·圣主得贤臣颂》：

> 贤人君子，亦圣王之所以易海内也，是以呕喻受之，开**宽**裕之路，以**延**天下之英俊也。

在这部中国典籍中，“宽延”为“宽缓，延缓”之意。时因桃园天皇即位而改元，欲缓和国内矛盾，表现了天皇的执政理念。

桃园天皇的第二个年号为“宝历”。年号的撰定者为式部大辅菅原为范。使用时间为：宽延四年十月二十七日（1751年12月14日）—宝历十四年六月二日（1764年6月30日），共计14年。

“宝历”年号典出自《贞观政要》：

> 及恭承**宝历**，寅奉帝图，垂拱无为，氛埃靖息，于兹十有余年，斯盖股肱罄帷幄之谋，爪牙竭熊罴之力，协德同习，以致于此。

在这部中国典籍中，“宝历”为“国祚，皇位”之意。桃园天皇在位期间，天皇与幕府之间一度出现严重的分歧，为了突出桃园天皇的政治合法性，故改元“宝历”，以显示天皇的正统。

第一百一十七代天皇:后樱町天皇

后樱町(ごさくらまち)天皇为日本第一百一十七代天皇,也是日本历史上第八位、暨最后一位女天皇。其生卒年月为:元文五年八月三日(1740年9月23日)—文化十年闰十一月二日(1813年12月24日),享年74岁。在位时间为:宝历十二年七月二十七日(1762年9月15日)—明和七年四月二十八日(1770年5月23日),在位时间8年。

后樱町天皇名智子,幼名以茶宫,后来又改为绯宫。为樱町天皇第二皇女,其母为女御二条舍子(青绮门院)。后樱町天皇之父樱町天皇31岁便去世了,而且他的子女也不多,也只有二女一子,其中长女盛子内亲王还没长大便夭折了,皇子则是后来的桃园天皇。当时日本皇室门衰祚薄,男丁稀少,桃园天皇22岁便英年早逝了,而其独子英仁亲王只有5岁。为了皇室的大位和前途,23岁的智子内亲王于宝历十二年(1762)暂时接任天皇职务。八年后(1770),后樱町天皇将皇位让给英仁亲王,即后桃园天皇。但因为后桃园天皇年龄还小,只有十二岁,还不能担任天皇的重任,于是便由后樱町天皇以太上天皇的身份辅佐。由于后桃园天皇体弱多病,在位仅九年便于安永八年(1779)时去世了,时年22岁。后桃园天皇去世时,并无子嗣,只有一个刚出生没多久的女儿欣子内亲王。在这种情况下,只好迎立年仅9岁的师仁王(闲院宫典仁亲王六子)入宫为光格天皇,并内定等欣子内亲王成年后做他的中宫。由于光格天皇年幼,因此仍由后樱町上皇继续辅政。

在日本历史上,桃园天皇被认为是一位具有革新意识的天皇。被立为天皇时,由于年幼,他被看成是一位人偶式的人物。随着年龄的成长,他的独立性越来越强,与幕府之间的矛盾也越来越大。当绯宫(后樱町天皇)长到十几岁准备出嫁时,幕府派人前来阻止这件事，他们与皇太后进行了密谈，不久绯宫就被送到离宫去接受特别的教育。在22岁那年，因脚气病发作，桃园天皇暴亡。有人认为这是幕府制造的阴谋。桃园天皇去世时，东宫若宫才仅仅5岁。

如果按照幕府的安排，若宫的命运也会像他的父亲一样，在年幼时便可继承皇位。但幕府担心他未成年，甚至未有子嗣时便早早死去，于是皇位传给当时是22岁的成人内亲王智子，而没有传给唯一的皇子若宫。

后樱町天皇在位8年，政务均被幕府把持，所以她的日子过得非常无聊。后樱町天皇所作的一切事情，似乎都是等候着侄子若宫长大。后樱町天皇的存在，完全是为了保护日本的皇统。

后樱町天皇28岁时，若宫11岁，到了元服即位的年龄。于是在当年被立为太子，后樱町天皇在两年之后宣布退位，将皇位交给了后来被称为后桃园天皇的英仁亲王若宫，从此告别了宫廷，远离了政治。

后樱町天皇在位期间，由于喜欢和歌，成功地举办了好几次歌会，其优雅大方的姿态以及良好的形象，受到国民和幕府的赞扬。后樱町天皇虽是第二皇女，却承担了国家大任，成为日本历史上第八位也是至现时为止最后一位女天皇。

退位后的后樱町女皇在后樱町院过着安静的生活，在寂寞的日子里，她以祈祷、书道、和歌与抚琴度过余生。后樱町女皇一生没有结婚，也没有子女。在她39岁时，侄儿后桃园天皇也因病去世了，他也没有留下皇子，只有一位女儿欣子内亲王，皇室的近亲兼仁亲王被迎为养子，以后继承了皇位，而欣子内亲王则成了内定的中宫。

后樱町天皇让位之后，明和九年(1772)二月发生的明和大火(目黑行人坂大火灾)，被称为江户三大火之一。这一年灾害相继发生，因此有“明和九年为灾害年”的说法。

后樱町天皇是一位极有文采的天皇，她毕生勤于创作，留下上千首诗歌、41册日记，以及一本名为《禁中年中之事》的著作，受到后世的称赞。在日本历史上，后樱町女皇还留下光格天皇请教她关于帝德的著名问答，内容言简意赅。从某种意义上来说，光格天皇是在后樱町女皇的薰陶下成长为一位帝君的。正是由于她的努力与辅助，日本的皇统才得以保持，她的一生仿佛是为了三个天皇而存在的。其作为女性的风雅和情怀，却只能在其身后的和歌集中一窥踪迹了。

后樱町天皇以太上天皇的称号退居后，一直活到74岁，于文化十年(1813)过世，葬于月轮陵，陵墓为石造九重塔形状，位于今京都市东山区今熊野泉山町泉涌寺内。后樱町女天皇去世后，日本的女天皇历史画上了句号。

后樱町天皇的年号只有一个“明和”。年号的撰定者为右大弁菅原在家。使用时间为：保历十四年六月二日(1764年6月30日)—明和九年十一月十六日(1772年12月10日)，共计9年。

“明和”年号典出自《尚书·尧典》：

九族既睦，平章百姓，百姓昭明，协和万邦。

在这部中国典籍中，“明和”为“开明和睦”之意。时因后樱町天皇即位，故而改元。

第一百一十八代天皇：后桃园天皇

后桃园(ごももぞの)天皇为日本第一百一十八代天皇。其生卒年月为：宝历八年七月二日(1758年8月5日)—安永八年十月二十九日(1779年12月6日)，享年22岁。在位时间为：明和七年四月二十八日(1770年5月23日)—安永八年十一月九日(1779年12月16日)，在位时间9年。

后桃园天皇名英仁，为桃园天皇第一皇子，其母是女御(恭礼门院）一条富子（关白太政大臣一条兼香之女），伏见宫贞行亲王为其同母弟。后妃、子女主要有：女御近卫维子（盛化门院），生女欣子内亲王（光格天皇中宫）；此外，还有养子兼仁亲王（光格天皇、闲院宫典仁亲干第六工了）。

后桃园天皇自小师从姑母后樱町上皇，因为桃园天皇早逝，而他年纪尚小，故先由其姑母智子内亲王继位为后樱町天皇，后樱町女皇是日本历史上的最后一位女天皇。

明和七年（1770），后桃园天皇受禅。次年（1771）举行即位仪式，时年仅14岁。安永元年（1772）春二月，江户发生大火，延烧郭内，损失极为惨重，为明历以降之大灾。安永二年（1773），后桃园天皇患痘，病情一度严重，后转危为安。安永五年（1776），日本发生一次大的麻疹瘟疫，百姓深受其苦。安永八年（1779），大隅、萨摩发生大地震，损失惨重。这一年十一月，后桃园天皇病死，他的近支皇族绝嗣。在极为无奈的情况下，东山天皇曾孙、8岁的兼仁亲王入继大统，成为光格天皇。

安永八年十一月九日（1779年12月16日），后桃园天皇驾崩，后葬于月轮陵，陵墓为石造九重塔形状，位于今京都市东山区（今熊野泉山町）泉涌寺内。后桃园天皇有在位时撰写的《宸笔日记》五种，今存于《东山御文库》。

后桃园天皇所葬的月轮陵，风景优美，在这里安葬有日本历史上的十二位天皇，具体是：四条天皇、后水尾天皇、明正天皇、后光明天皇、后西天皇、灵元天皇、东山天皇、中御门天皇、樱町天皇、桃园天皇、后樱町天皇、后桃园天皇。除了这十二位天皇之外，月轮陵还葬有一些其他的皇族成员，主要有：阳光太上天皇（后阳成天皇御父）、后水尾天皇皇后源和子（本名德川和子）、灵元天皇皇后藤原房子、东山天皇皇后幸子女王、中御门天皇女御近卫尚子（赠皇太后）、樱町天皇女御藤原舍子（尊称皇太后）、桃园天皇女御藤原富子（尊称皇太后）、后桃园天皇女御藤原维子（尊称皇太后）。

后桃园天皇的年号只有一个“安永”。年号的撰定者为侍从菅原在熙。使用时间为：明和九年十一月十六日（1772年12月10日）—安永十年四月二日（1781年4月25日），共计10年。

“安永”年号典出自《文选·东京赋》：

其内则含德章台，天禄宣明，温饬迎春，寿**安永**宁。

在这部中国典籍中，“安永”为“身体康健永享安宁”之意。时后桃园天皇初即位，连续发生大火、风灾，百姓深受其苦，损失惨重，故改元以求心灵上的安慰。

第一百一十九代天皇：光格天皇

光格（こうかく）天皇为日本第一百一十九代天皇。其生卒年月为：明和八年八月十五日（1771年9月23日）—天保十一年十一月十八日（1840年12月11日），享年70岁。在位时间为：安永8年11月25日（1780年1月1日）—文化十四年三月二十二日（1817年5月7日），在位时间达38年。

光格天皇幼名祐宫，初名师仁。因“师仁”与“死人”的日语音通，故此有所顾忌，在践祚的同时改名兼仁。他是闲院宫典仁亲王第六皇子，其母为岩室磐代（鸟取藩仓吉出身的医师岩室宗贤之女）。后妃、子女主要有：中宫（新清和院）欣子内亲王（后桃园天皇之女），生子温仁亲王、悦仁亲王（高贵宫）；典侍（民部卿典侍）叶室赖子（叶室赖熙之女），生子礼仁亲王（哲宫）、俊宫，生女能布宫；典侍（东京极院）劝修寺靖子（劝修寺经逸之女），生子惠仁亲王（即后来的仁孝天皇），生女多祉宫、娍宫；典侍（督典侍）高野正子（高野保香之女、园基理养女），生子猗宫；典侍（新典侍）姊小路聪子（姊小路公聪之女），生子嘉糯宫，生女伦宫永润女王、媛宫圣清女王；掌侍（新内侍）东坊城和子(东坊城益长之女),生子桂宫盛仁亲王(第九代),生女灵妙心院宫;掌侍(右卫门掌侍)富小路明子(富小路贞直之女),生女治宫、蓁子内亲王、胜宫;掌侍(长桥局)某氏(其父不详),生女受乐院宫(有说法称为皇子);生母未详的皇女为开示院宫(有说法称为皇子)。

光格天皇年幼时便寄养在圣护院宫忠誉入道亲王家,他是东山天皇曾孙,原准备在长大以后成为圣护院住持。后因为后桃园天皇突然过世,并且他只生有尚在襁褓的欣子内亲王,于是便迎师仁亲王做后桃园天皇的养子,想等欣子内亲王成年后做其皇后。光格天皇9岁时继天皇之位,以关白尚实为摄政。

光格天皇即位后恢复了石清水神社与贺茂神社的临时祭,以及其他朝廷仪式。他个性敦厚,同时也热衷于学问,且多才多艺,著有御制集《光格天皇御制》。与其父闲院宫典仁亲王一样,光格天皇也是歌道达人。

由于天皇的生父典仁亲王并不是天皇,按规定不能加太上天皇的尊号,作为儿子的光格天皇希望能为父亲加上太上天皇的尊号,以示自己的孝顺之心。但幕府却不这样认为,他们担心会混乱名份,引起不必要的麻烦,因此予以反对。后经过协商,幕府同意以增加典仁亲王一千石的待遇作为妥协,但在光格天皇有生之年,始终无法给父亲以太上天皇的名份。直到1884年典仁亲王才被追赠为"庆光院太上天皇",从光格天皇与幕府的请求与争论来看,显示出朝廷和过去有些不一样了,光格天皇已表现出较为强势的一面。

文化十四年三月二十二日(1817年5月7日),光格天皇让位给惠仁亲王。天保十一年十一月十八日(1840年12月11日),光格天皇病逝,其谥号"光格"恢复了自光孝天皇以来近千年没有使用的汉风谥号。光格天皇死后葬于后月轮陵,陵墓为石造九重塔形状,位于今京都市东山区今熊野泉山町泉涌寺内。

光格天皇的年号有四个,具体如下:

光格天皇的第一个年号为"天明"。年号的撰定者为式部大辅菅原为俊。使用时间为:安永十年四月二日(1781年4月25日)—天明九年一月二十五日(1789年2月19日),共计9年。

"天明"年号典出自《尚书·太甲上》:

顾諟**天**之**明**命。

在这部中国典籍中,"天明"为"天命;天道"之意。时光格天皇初即位,故而改元。

光格天皇的第二个年号为"宽政"。年号的撰定者为菅原胤长。使用时间为:天明九年一月二十五日(1789年2月19日)—宽政十三年二月五日(1801年3月19日),共计13年。

"宽政"年号典出自《左传·昭公二十年》:

政宽则民慢,慢则纠之以猛。猛则民残,残则施之以宽,宽以济猛,猛以济**宽**,**政**是以和。

在这部中国典籍中,"宽政"为"为政以宽"之意。时因京都大火等灾异而改元。光格天皇认为发生灾异是上天对其进行警告,以"宽政"为年号,可以看出他的政治理念。

光格天皇的第三个年号为"享和"。年号的撰定者为前参议菅原在熙。使用时间为:宽政十三年二月五日(1801年3月19日)—享和四年二月十一日(1804年3月22日),共计4年。

"享和"年号典出自干宝《文选·晋纪·总论》:

顺乎天而**享**其运,应乎人而**和**其义,然后设礼文以治之,断刑罚以威之,谨好恶以示之,审祸福以喻之,求明察以官之,笃慈爱以固之。

在这部中国典籍中,“享和”为“安享其和”之意。时因辛酉革命,光格天皇遂决定改元。年号包含有“祥和喜气”的意味,寄予了光格天皇的理想。

光格天皇的第四个年号为“文化”。年号的撰定者为式部大辅菅原为德。使用时间为:享和四年二月十一日(1804年3月22日)—文化十五年四月二十二日(1818年5月26日),共计15年。

“文化”年号典出自:

1.《周易·贲卦·彖传》:

观于天文,以察时变,观乎人**文**,以**化**成天下。

2.《后汉书·荀淑传》:

宣**文**教以章其**化**,立武备以秉其威。

在这两部中国典籍中,“文化”为“以人文成化天下”之意。时因甲子革令,光格天皇改元。

补说(九)

闲院宫典仁亲王

闲院宫典仁亲王(かんいんのみや すけひとしんのう)为江户时代的皇族。其生卒年月为:享保十八年二月十七日(1733年4月1日)—宽正六年七月六日(1794年8月1日),享年62岁。

闲院宫典仁亲王幼名寿宫,光格天皇之父。其父为闲院宫直仁亲王,其母为赞岐,养母为关白近卫基熙之女近卫修子。家庭成员主要有:妃成子内亲王(中御门天皇第五女),无子女;女房大中臣祐智女,生子美仁亲王(第三代闲院宫);女房理帖(りて),生子俊宫(后封为守典亲王)、方宫(后封为保和亲王);女房紫云院,生子良宫(后封为保业亲王),生女弥数宫、孝宫

(宗恭女王);女房欧莎(おさ),生子时宫(后封为周翰亲王);女房大江磐代(莲上院),生子师仁亲王、即后来的兼仁亲王(光格天皇)、宽宫(圣护院宫盈仁法亲王)、健宫;女房加久,生子精宫;女房交野,生子铿宫。

安永八年(1779),后桃园天皇去世,由于没有男嗣,于是迎立典仁亲王第六子师仁亲王(后改名兼仁,即光格天皇)即位。光格天皇因为生父在宫中没有地位,欲赠予其父太上天皇的尊号,但被幕府老中松平定信反对,事情一直无法完成。明治十七年(1884),明治天皇追封闲院宫典仁亲王"庆光天皇"的谥号,再追尊他为"太上天皇"。因为明治以后废止"太上天皇"制度,因此必须经过这两道手续,以后便称他为"庆光院"。

闲院宫典仁亲王葬于庐山寺陵,位于今京都市上京区。他是日本和歌的名家,同时也是一位著名的书法家。

第一百二十代天皇:仁孝天皇

仁孝(にんこう)天皇为日本第一百二十代天皇。其生卒年月为:宽政十二年二月二十一日(1800年3月16日)—弘化三年一月二十六日(1846年2月21日),享年47岁。在位时间为:文化十四年九月二十一日(1817年10月31日)—弘化三年一月二十六日(1846年2月21日),在位时间达29年。

仁孝天皇名惠仁,幼称宽宫。他是光格天皇第六皇子,生母是大纳言劝修寺经逸之女劝修寺藤原婧子(东京极院),养母为后桃园天皇第一皇女、光格中宫欣子内亲王(新清和门院)。其后妃、子女主要有:正妃关白鹰司政熙之女藤原繁子(新皇嘉门院),生子安仁亲王,生女慈悲心院宫;鹰司繁子去世后,其妹藤原祺子(新朔平门院)为中宫,生女摩尼珠院宫;典侍(新待贤门院)正亲町雅子(正亲町实光之女),生子镕宫、三宫、统仁亲王(即后来的孝明天皇)、节仁亲王(第十代桂宫);典侍甘露寺妍子(甘露寺国长之女),生女成宫、淑子内亲王(第十一代桂宫)、三宫、总宫、经宫;典侍桥本经子(桥本实久之女),生子胤宫,生女亲子内亲王(皇女和宫);典侍中山绩子(中山爱亲之女),无子女;掌侍今城媋子(今城定成之女),生子常寂光院宫;此外,还有多位养子如下:贞教亲王(伏见宫)、炽仁亲王(有栖川宫)、朝彦亲王(久迩宫)、彰仁亲王(小松宫)、能久亲王(北白川宫)。

文化四年(1807)七月,仁孝天皇被皇后欣子内亲王立为储君,同年九月被封为亲王,文化六年十月被立为太子。文化十四年(1817)三月二十二日,仁孝天皇接受其父的禅让,于九月二十一日举行了即位典礼成为天皇。仁孝天皇在位近30年,他继承了光格天皇的遗志,努力恢复朝廷仪制,致力于恢复断绝了近千年的汉风谥号,对后世影响较大,谥给其父"光格"二字便是突出了这方面的特点。此外,仁孝天皇喜好学问,鼓励学术研究,主张自由讨论学术问题,并经常举办各种和汉历史及古典文学的研讨会。他所建立的学习所(即今日的学习院),是高层次的讲学场所,培养了一批学术人才。

在政治方面,仁孝天皇支持老中水野忠邦以幕府的名义于天保十二年(1841)实行的改革,史称"天保改革"。但仁孝天皇这种所谓的"新政",是在以政治力量压制商品经济发展的条件下进行的,其目的是挽救行将瓦解的领主经济,其结果并不理想,甚至事与愿违,日本社会矛盾更加尖锐了。与此同时,日本西南的一些藩国根据各自的实际情况,采取了比较适应社会发展的改革措施,经济、军事得到长足进步,一跃成为强藩。在这一时期,由于日本的社会风气逐渐开放,思想、学术界也变得相当活跃,他们展开各种争鸣,尤其是尊王学说的传播,影响深远,对后来的明治维新运动起到不可估量的作用。

弘化三年一月二十六日(1846年2月21日),仁孝天皇驾崩,葬于后月轮陵,陵墓为石造九重塔形状,位于今京都市东山区今熊野泉山町泉涌寺内。

仁孝天皇的年号有三个,具体如下:

仁孝天皇的第一个年号为“文政”。年号的撰定者为式部大辅菅原长亲。使用时间为:文化十五年四月二十二日(1818年5月26日)—文政十三年十二月十日(1831年1月23日),共计13年。

“文政”年号典出自《尚书·舜典》:

舜察天**文**,考齐七**政**而当天心,故行其事。

在这部中国典籍中,“文政”为“以文为政”之意。时因仁孝天皇即位,故而改元。这个年号也寄托了仁孝天皇的政治理想。

仁孝天皇的第二个年号为“天保”。年号的撰定者为式部大辅菅原为显。使用时间为:文政十三年十二月十日(1831年1月23日)—天保十五年十二月二日(1845年1月9日),共计15年。

“天保”年号典出自《尚书·仲虺之诰》:

钦崇**天**道,永**保**天命。

在这部中国典籍中,“天保”为“天命永保”之意。在天保之前,日本国内出现了一些新的矛盾,仁孝天皇进行了“天保改革”,更改年号含有为自己辩解之意。

仁孝天皇的第三个年号为“弘化”。年号的撰定者为菅原为定。使用时间为:天保十五年十二月二日(1845年1月9日)—弘化五年二月二十八日(1848年4月1日),共计5年。

“弘化”年号典出自《尚书·周官》:

贰公**弘化**,寅亮天地,弼予一人。

在这部中国典籍中,“弘化”为“弘扬德化”之意。时因江户城火灾等灾异连续发生,故而改元。

第一百二十一代天皇:孝明天皇

孝明(こうめい)天皇为日本第一百二十一代天皇,别号幕末天皇。其生卒年月为:天保二年六月十四日(1831年7月22日)—庆应二年十二月二十五日(1867年1月30日),享年36岁。在位时间为:弘化三年二月十三日(1846年3月10日)—庆应二年十二月二十五日(1867年1月30日),在位时间达20年。

孝明天皇名统仁,幼称熙宫,为光格天皇之孙,仁孝天皇第四皇子,明正天皇之父,其母(新待贤门院)为藤原雅子(左大臣藤原实光之女),养母为仁孝天皇女御(新朔平门院)藤原(鹰司)祺子(左大臣鹰司政熙之女)。后妃、子女主要有:正妃九条夙子(英照皇太后,九条尚忠之女),生女顺子内亲王、富贵宫,养子睦仁亲王(即后来的明治天皇);典侍坊城伸子,生子妙香华院;典侍中山庆子(三位局),生子睦仁亲王(即后来的明治天皇);典侍堀河纪子,生女寿万宫、理宫;典侍今城重子,无子女;典侍今城尚子,无子女;养子、犹子主要有:载仁亲王、贞爱亲王(伏见宫)、博经亲王、智成亲王。

孝明天皇9岁时被立为太子,弘化三年(1846)二月践祚,时年16岁。孝明天皇所处的时代,正是西方列强崛起并开始向外扩张之时,美国的佩里舰队便是在此时打开日本门户的。日本受到美国佩里舰队坚船利炮的冲击,签订了丧权辱国的《神奈川条约》,传统的锁国机制开始逐步瓦解。相比起以前安于现状的各个天皇,孝明天皇不满足于原本属于自己的权力旁落的状况,总是在寻找机会重夺皇权。孝明天皇有自己独有的一套国政见解,不惜一切代价都要保全日本的主权,包括与美国开战。与此同时,幕府的权威已经在走下坡路,日本社会想让天皇成为精神上的元首的呼声越来越高，孝明天皇在客观上和主观上都逐渐成为了日本的代表。

面对幕府的愚昧、病弱，以及对列强的一再妥协，孝明天皇再也不能坐视不动，他表面上开始主张“公武合体”，即朝廷和幕府相互合作抵御外敌入侵，暗地里却号召各个大名反对幕府。天皇亲自起草了“敕书”，呼吁尾张等十三个雄藩公开反对幕府的专断行为，以维护自身的合法权益。在这种情况下，幕府开始了大规模反扑，制造了“安政大狱”，倒幕派吉田松阴等人死于狱中。万延元年(1860)三月，幕府实际上的当权者井伊直弼在樱田门遭到水萨两藩18名志士的刺杀。这个史称“樱田门之变”的事件，使得安政大狱以幕府的反扑失败而告终。幕府从此只剩下一个空洞的躯壳，随时都有可能完全湮灭。但是，在全国倒幕浪潮一波接一波的时候，孝明天皇却坚决反对推翻幕府。孝明天皇这一系列的反常举动使得尊王攘夷派十分疑惑，于是尊王攘夷派采取各种方式，包括强迫幕府攘夷，借列强的枪炮来让幕府走向灭亡。孝明天皇十分惊骇，旋即与公武合体派的岛津久光合作，发动政变，悄悄地消灭各藩的尊王攘夷派人员。这些举动使得朝廷形成了一种天皇的“独裁制”，同时也意味着孝明天皇政治生命的结束。因为天皇从此和幕府紧密联合起来，天皇的权力却因此分散了。后来因为幕府第二次讨伐长州失败，致使倒幕势力抬头，这严重违背了天皇的主张。孝明天皇已经完全没有力量去和萨长联盟斗争，因为天皇的大部分权力已经再次旁落幕府。后来孝明天皇神秘死亡，倒幕运动在后继天皇，也就是明治天皇领导下完成。“孝明”时期也就在斗争下落下了帷幕。

孝明天皇所做的一切，都为后来的明治维新奠定了思想基础。后来的大政奉还政策，正是日本天皇争权的成功表现。日本开始由慎重的开国转变成自主的开国，不能不说是利用了孝明天皇创造的前提。

1867年1月30日，孝明天皇突然去世，他的死引起种种议论，真相至今未解。因其死时年仅36岁，属于年富力强之时。有人认为，孝明天皇是在天花治愈后被人下毒致死的。还有人认为，孝明天皇死于天花。另外，也有人从宿命论观点，认为明治维新之前历任日本天皇大多未能“善终”。

孝明天皇驾崩后，葬于后月轮东山陵，陵墓为圆丘形，位于今京都市东山区今熊野泉山町泉涌寺内。

孝明天皇死后，其年仅16岁的儿子睦仁亲王即位，是为明治天皇。大财阀岩仓具视、三条实美等人控制了京都朝廷的实权，维新派以新天皇为自己的旗帜，向腐朽的幕府发动最后攻击，取得了成功，日本开始成为一个近代资本主义国家。明治维新之后，日本走上了对外侵略扩张的道路。孝明天皇被追赠汉风谥号，也成为最后一个有谥号的天皇。

孝明天皇的年号有六个，具体如下：

孝明天皇的第一个年号为“嘉永”。年号的撰定者为式部大辅兼大学头菅原以长。使用时间为：弘化五年二月二十八日（1848年4月1日）—嘉永七年十一月二十七日（1855年1月15日），共计7年。

“嘉永”年号典出自《宋书·乐志》：

> 思皇享多祐，嘉乐永无央。

在这部中国典籍中，“嘉永”为“嘉庆无边”之意。时因新皇登基，故而改元。孝明天皇以“嘉永”为年号，希望自己的统治能够像年号一样，给自己一个美好的开始。

孝明天皇的第二个年号为“安政”。年号的撰定者为前权大纳言菅原聪长。使用时间为：嘉永七年十一月二十七日（1855年1月15日）—安政七年三月十八日（1860年4月8日），共计7年。

“安政”年号典出自《群书治要》：

> 庶民**安政**,然后君子安位矣。

在这部中国典籍中,“安政”为“安定政治”之意。时因皇居失火、黑船来日及地震等灾异发生,民间认为皆是不吉利之事,孝明天皇因此改元。

孝明天皇的第三个年号为“万延”。年号的撰定者为前权中纳言菅原为定。使用时间为:安政七年三月十八日(1860年4月8日)—万延二年二月十九日(1861年3月29日),共计2年。

“万延”年号典出自《后汉书·马融传》:

> 丰千亿之子孙,历**万**载而永**延**。

在这部中国典籍中,“万延”为“延续万年”之意。时因江户城火灾与樱田门之变等灾难,故而改元。

孝明天皇的第四个年号为“文久”。年号的撰定者为前权中纳言菅原为定。使用时间为:万延二年二月十九日(1861年3月29日)—文久四年二月二十日(1864年3月27日),共计4年。

“文久”年号典出自《后汉书·谢该传》:

> 光武中兴,吴、耿佐命,范升、卫宏修述旧业,故能**文**武并用,成长**久**之计。

在这部中国典籍中,“文久”为“文运长久”之意。基于谶纬学说,并且遇上辛酉革命之年,孝明天皇决定改元。

孝明天皇的第五个年号为“元治”。年号的撰定者为文章博士菅原为荣。使用时间为:文久四年二月二十日(1864年3月27日)—元治二年四月七日(1865年5月1日),共计2年。

“元治”年号典出自:

1.《易经·乾》:

乾元用九,天下治也。

2.《三国志·魏志·高柔传》:

天地以四时成功,元首以辅弼兴治。

在这两部中国典籍中,“元治”为“元首以辅弼治理国家”之意。时日本因内外矛盾危机加重,孝明天皇期待能够依靠得力的股肱之臣来辅佐他治理国家。

孝明天皇的第六个年号为“庆应”。年号的撰定者为式部大辅菅原在光。使用时间为:元治二年四月七日(1865年5月1日)—庆应四年九月八日(1868年10月23日),共计4年。

“庆应”年号典出自陆机《文选·汉高祖功臣赋》:

庆云应辉,皇阶授木。

在这部中国典籍中,“庆应”为“吉庆应辉”之意。在此之前,京都发生骚乱及火灾,禁门之变加上时局动荡,孝明天皇故而改元。

第一百二十二代天皇:明治天皇

明治(めいじ)天皇为日本第一百二十二代天皇。其生卒年月为:嘉永五年九月二十二日(1852年11月3日)—明治四十五年(1912)七月三十日,享年61岁。在位时间为:庆应三年一月九日(1867年2月13日)—明治四十五年(1912)七月三十日,在位时间达45年。

明治天皇名睦仁,号祐宫,后又称明治大帝、明治圣帝、睦仁大帝。为孝明天皇第二皇子,其生母为权大纳言中山忠能之女中山庆子，养母为英照皇太后。后妃、子女主要有：皇后一条美子（昭宪皇太后）无子女；权典侍叶室光子（叶室长顺之女），生子稚瑞照彦尊；典侍桥本夏子（桥本实利之女），生女稚高依姬尊；权典侍柳原爱子（柳原光爱之女），生子建宫敬仁亲王、明宫嘉仁亲王（即后来的大正天皇），生女梅宫薰子内亲王；权典侍千种任子（千种有任之女），生女滋宫韶子内亲王、增宫章子内亲王；典侍园祥子（园基祥之女），生子昭宫猷仁亲王、满宫辉仁亲王，生女久宫静子内亲王、常宫昌子内亲王（竹田宫恒久王妃）、周宫房子内亲王（北白川宫成久王妃）、富美宫允子内亲王（朝香宫鸠彦王妃）、泰宫聪子内亲王（东久迩宫稔彦王妃）、贞宫多喜子内亲王。在明治天皇的子女中，五个儿子只有大正天皇一人活到成年，十个女儿除了房子内亲王（北白川宫妃）和聪子内亲王（东久迩妃）之外，大都早夭或在四五十岁时便去世了。

万延元年（1860），8岁的明治天皇被其父定为储君，并赐名睦仁。庆应三年（1867）一月三十日，孝明天皇在倒幕运动期间突然死去，于是16岁的睦仁即位，是为明治天皇。二月十三日，睦仁举行践祚典礼，正式登上天皇之位。在国内一些激进分子的鼓动下，明治天皇于同年十二月九日实行带有资本主义性质的“王政复古”。

庆应四年（1868）一月，倒幕派发动武装政变，迫使德川幕府把政权交给明治天皇。三月，明治天皇发布《五条誓约》。与此同时，倒幕军队在京都附近打败幕府军队。不久，倒幕军队又进军并攻占江户。七月，明治天皇将江户改名为东京，并定东京为日本首都。九月八日，天皇改年号为明治。十月，明治天皇抵达东京开始执政。十二月返回京都，与一条美子举行大婚之礼。大正天皇即位后，一条美子被尊为昭宪皇太后。

明治四年（1871），明治政府实行废藩置县。明治五年（1872），政府制定学制，设立教部省，即后来的文部省。明治六年（1873）七月，政府发布地租改正条例，着手进行土地改革。

明治九年(1876)十月,日本发生秋月之乱、荻之乱。明治十年(1877)二月,西南战争爆发。

明治十四年(1881),明治天皇发布带有军国主义色彩的《军人敕语》,要求军人必须以"武士道"作为军人精神的根本,强调军人效忠天皇的建军思想。此外,明治天皇还派遣伊藤博文赴欧洲考察制宪,对德国的宪政予以极大的关注,从而制定了贯彻天皇主权、宪法钦定的立宪原则。明治二十二年(1889),明治政府制定并颁布《明治宪法》,又称为《大日本帝国宪法》。这部宪法是东亚首部现代成文宪法,后又颁布了《皇室典范》,这是日本一套规定皇位继承顺序及与皇室制度和结构相关的法律,和宪法同等级。明治二十三年(1890)十月,政府又发布《教育敕语》,成为二战前日本教育的主轴。这些法令的颁布,形成了近代日本天皇制国家的基本法律和意识形态的支柱。

明治二十五年(1892)七月,清朝北洋水师提督丁汝昌率领当时世界比较先进的"定远"号、"镇远"号两舰抵达日本。北洋水师的访问,在日本社会引起极大反响,使明治政府感到巨大威胁,军国主义势力乘机挑起中日之间民族对立情绪。明治二十六年(1893),为了扩充海军实力,称霸亚洲,明治天皇下达造舰诏书,带头捐出个人的30万日元以充军费,实行扩军备战。中日在1894—1895年发生的甲午战争,也是由明治天皇在幕后亲自指挥的。1904—1905年,明治天皇又发布宣战诏书,在中国东北挑起日俄战争,争夺日俄之间的霸权。在这场战争中,日本取得了胜利。随着甲午战争、日俄战争的胜利,日本的野心越来越大,明治天皇被抬上了神坛,确立了至高无上的地位。在执政期间,明治天皇颁布了一系列改革法令,实施了日本军国主义的扩张目标,达到了富国强兵的目的,取得了极好的效果,加速了日本现代化的步伐,史称"明治维新"。

明治四十五年(1912)七月三十日凌晨,明治天皇因尿毒症去世,享年61岁。明治天皇驾崩后,葬于伏见桃山陵,陵墓上圆下方，后高前开，与舒明天皇陵墓的形状相似，位于今京都市伏见区桃山町。大正三年(1914)，明治天皇皇后昭宪皇太后去世，日本政府在东京建立明治神宫，作为祭祀明治天皇场所，从而把明治天皇进一步神化。

在上千年的日本历史和日本天皇史上，明治天皇可以说是最为特殊的一位。在他之前，女天皇可以堂而皇之登上天皇之位，而明治天皇时期颁布的《皇室典范》规定，只有皇族男系的男子才能继承皇位。日本的年号院本是摹仿中国的制度而制定的，并且一直延续。与中国皇帝一样，只要有所谓的祥瑞征兆出现，天皇可以随意改元，更换多个年号，以标榜自己的个性。但从明治天皇以后，限定一个天皇只可有一个年号，实行所谓"一世一元"制。明治天皇之前的天皇，基本上没有什么实权，国家的权力不是落在地方豪族的手里，就是掌握在外戚贵族的手上，天皇只是国家名义上的元首，是一个傀儡。但到了明治天皇执政时期，天皇大权总揽，明治天皇成为日本历史上少有的、真正拥有实权的天皇。《皇室典范》是皇室制度的基本法律，但在明治宪法下，《皇室典范》与一般法律不同，与宪法同为最高法规。

明治天皇，可以说是日本近代国家诞生的同义词。

明治天皇的年号只有一个"明治"。使用时间为：庆应四年九月八日(1868年10月23日)—明治四十五年(1912)七月三十日，共计45年。

"明治"年号典出自《易经·说卦传》：

> 圣人南面而听天下，向**明**而**治**，盖取诸此也。

在这部中国典籍中，"明治"为"公平、公正治理国家"之意。时明治天皇初即位，而国家各方面的矛盾较为尖锐，改年号为"明治"，体现出明治天皇的政治抱负。

第一百二十三代天皇:大正天皇

大正(たいしょう)天皇为日本第一百二十三代天皇。其生卒年月为:明治十二年(1879)八月三十一日—大正十五年(1926)十二月二十五日,享年48岁。在位时间为:明治四十五年(1912)七月三十日—大正十五年(1926)十二月二十五日,在位时间达14年。

大正天皇名嘉仁,幼名明宫。为明仁天皇祖父、昭和天皇之父,其母为典侍柳原爱子。大正天皇是日本第一位采取一夫一妻制的天皇。皇后为贞明皇后,生子迪宫裕仁亲王(昭和天皇)、淳宫雍仁亲王(秩父宫)、光宫宣仁亲王(高松宫)、澄宫崇仁亲王(三笠宫)。

明治天皇虽然有五个皇子,但活到成年的只有大正天皇。明治天皇驾崩后,他以皇太子身份继位。他在培养日本皇族子弟的学习院学习一段时间后,中途便退学了。在位初期,日本经过明治年代的洗礼,普遍接受西方的文化与思想,国家的发展大致平稳,社会取得了长足进步。此时正值欧洲第一次世界大战爆发,不少外商甘愿冒险来到日本投资,造成日本的一片经济繁华景象,出现了日本自明治维新以后前所未有的盛世。这个所谓的“盛世”,被称为“大正民主”。“盛世”虽然给日本本国日后民主政治的发展提供了基础,但这种“民主”因被民粹主义所利用,也使军国主义者有了更多发言的机会,为日后日本走上军国主义道路埋下了隐患。

经过甲午战争和日俄战争,日本将朝鲜和中国的东北南部划为自己的势力范围,这使得日本的军备需求快速地膨胀起来,由此引起了西园寺公望内阁与军阀巨头桂太郎的矛盾。双方的争斗一度十分激烈,后由大正天皇出面干涉,民主运动战胜了保守势力,史称“大正政变”。正当大正天皇内外交困的时候，爆发了第一次世界大战。

在大正天皇后期，由于他未能发扬光大其父明治天皇的优点，加上关东大地震等天灾接续而来，他的统治有些力不从心，被世人称为“不幸的大正”。由于患有脑部疾病，40岁时又患脑血栓，大正天皇的身体和精神状态非常糟，经常做出一些匪夷所思的事情。为了不影响国家的声誉，不丢日本人所谓的面子，大正十年(1921)政界元老们决定由皇太子裕仁亲王摄政。晚年的时候，大正天皇已处于精神错乱的状态。大正十五年(1926)十二月二十五日上午1时25分，大正天皇因心脏麻痹死去，终年48岁。

大正天皇死后葬于多摩陵，陵墓为上圆下方形状，占地约2500平方米，昭和二年五月开始施工建设，同年十二月竣工，该陵墓位于今东京都八王子市长房町，为首位葬于东京的日本天皇。

大正天皇的年号只有一个“大正”。使用时间为：明治四十五年(1912)七月三十日—大正十五年(1926)十二月二十四日，共计15年。

“大正”年号典出自《易经·临卦》：

> 临，刚浸而长。说而顺，刚中而应，**大**亨以**正**，天之道也。

在这部中国典籍中，“大正”为“大道至正”之意。时大正天皇初即位，故而改元。大正这一年号过去曾四次被选为候补，于明治天皇去世后改元时被采用。大正天皇以此为年号，也意在说明个人的治国理念。

第一百二十四代天皇：昭和天皇

昭和(しょうわ)天皇为日本第一百二十四代天皇。其生

卒年月为:明治三十四年(1901)四月二十九日—昭和六十四年(1989)一月七日,享年87岁。在位时间为:大正十五年(1926)十二月二十五日—昭和六十四年(1989)一月七日,在位时间达64年。

昭和天皇名裕仁,幼时称号迪宫,是日本天皇历史上除了传说中的天皇之外,迄今在位最久和最长寿的天皇。昭和天皇为大正天皇的长子,其母为贞明皇后。昭和天皇的皇后是香淳皇后(久弥宫良子)。他与皇后先后生下五个女儿和两个儿子,具体是:长女东久迩成子(幼号照宫),嫁与东久迩盛厚为妻。次女久宫佑子内亲王,早夭。三女鹰司和子(幼号孝宫),嫁与鹰司平通为妻。四女池田厚子(幼号顺宫),嫁与池田隆政为妻。长子明仁天皇(幼号继宫),娶妻正田美智子。次子常陆宫正仁亲王(幼号义宫),娶妻尾张华子。五女岛津贵子(幼号清宫),嫁与岛津久永为妻。除此之外,昭和天皇还有二弟淳宫雍仁亲王(秩父宫)、三弟光宫宣仁亲王(高松宫)、四弟澄宫崇仁亲王(三笠宫)。

裕仁出生之后,明治天皇对这个长孙宠爱有加,亲自为其取名与号。与其父的身体情况相似,裕仁从小多病,身心发育不佳。明治四十一年(1908),6岁的裕仁在入学时,被检查出右手的手指活动不便。除了手指的问题外,裕仁也有着先天近视的毛病。大正三年(1914),裕仁从学习院初等科毕业后,在东宫学问所读书。大正五年(1916)十一月,裕仁被立为皇太子。大正十年(1921),由于父亲大正天皇患病,不能视事,裕仁出任摄政王,代替父亲管理朝政。大正十五年(1926),大正天皇病逝,裕仁继承天皇之位,改元昭和。

作为一个充斥日本军国主义思想国家的皇储,裕仁从小就被有意识地灌输和培养尚武的性格。军国主义分子、陆军大将乃木希典等一批人成为了他的老师。大正三年(1914),裕仁从培养皇室贵族的学习院初等科毕业后,随即被送往“东宫御学问所”继续学习了7年。大正七年(1918),裕仁与久弥宫良子定婚。大正十年(1921),刚满20岁的裕仁开始其欧洲之旅,他此行的目的,主要是访问英、法、比、荷、意五国,考察这些相关资本主义国家的君主立宪制度。在考察访问期间,裕仁不仅有意识地学习西方的政治结构,同时也对这些国家的军事能力及设施装备表现出了极大兴趣,访问了许多一战时期的历史遗迹,想从中总结出一些相关的历史经验。

欧洲之行结束回到日本两个月后,因大正天皇重病,裕仁开始了摄政,主持日本朝政大局。大正十二年(1923)的九月一日,日本发生了“关东大地震”,死亡14万人,损失极为惨重。大正十三年(1924)一月二十六日,裕仁与久弥宫良子正式举行婚礼。

大正十五年(1926),大正大皇驾崩,裕仁随之即位,成为日本第一百二十四代天皇,改元昭和。

昭和三年(1928)六月四日,由于认定东北王张作霖“不听话”,不能满足日本军国主义分子的利益,他遭到了日本关东军少壮派的暗杀。同月,裕仁天皇在出巡时,又遭遇国内激进分子的“预谋行刺未遂”。两起突发事件,引发了当时在野的日本政党势力的极大反弹,在这种情况下田中内阁被迫引咎辞职。经过十余年的历练,裕仁的政治能力有了很大的提高。在昭和十一年(1936)的二二六事件中,裕仁处事果断,表现出了对于军部的控制能力。

1931年(昭和六年)9月18日,日本军国主义分子发动九一八事变,侵华战争由此开始。有人认为裕仁为军部的傀儡,但从实际情况来看,裕仁才是这场侵华战争最大的幕后指挥者。日军在中国的各种侵略行径,都少不了裕仁的黑手。

1941年12月7日,太平洋战争以日本偷袭珍珠港为导,随即全面爆发,虽然战争开始时日本取得了一些胜利,但中途岛惨败的消息还是令裕仁感到震动。1945年8月6日和9日,为了逼迫日本投降,美国在广岛、长崎投下了两颗原子弹,30万日本民众为本国军国主义分子发动的侵略战争付出了生命。在这种逼不得已的情况下，裕仁决定承认战败，表示放下武器投降。他的《终战诏书》播出后，许多日本人都放声痛哭了起来。

二战结束之后，日本成为了二战的战败国。为了根除军国主义分子的余毒，铲除他们的神话偶像，包括苏联在内的许多战胜国要求废除天皇制，但是美国盟军司令麦克阿瑟为稳定战后东亚形势，从西方制阵营的着眼点出发，认为需要建立一个反共产主义的经济强国。从美国策略需要的角度考虑，麦克阿瑟和其他官员共同表示，裕仁对第二次世界大战并不负主要责任。他的这一观点得到了日本国内民众尤其是极右势力的赞同。

1946年元旦，裕仁天皇发表了《人间宣言》，公开主张放弃神权，认为天皇是人，不是所谓的"神"，进而否定了天皇的神圣地位，裕仁天皇承认自己是与平民百姓一样的人。美国军队占领日本后，美军司令麦克阿瑟是实际上掌控日本统治权的人。从美国和反共的立场出发，麦克阿瑟对日本的政治进行了干预。1947年通过的《日本国宪法》明确规定，日本最高的统治权归人民所有，天皇只是作为国家的象征，并不直接参与政治，日本要实行真正的立宪民主。但是实际上，由于历史的原因，天皇对日本政治的影响仍然是不可估量的。

昭和天皇在位期间，在他的默许、指挥和策划下，日本相继发动侵华战争和太平洋战争，导致数千万无辜人民的死亡，仅中国抗战直接伤亡人口合计即达4100万以上，财产损失及战争消耗达5600余亿美元，侵略战争波及中国、东南亚以及太平洋十几个国家。在长达14年的侵华战争中，日本侵略者严重侵犯、破坏了中国主权，中国国家的统一程度在侵华战争时期受到了严重的削弱。裕仁天皇的战犯身份是不容置疑的。

1976年11月10日，裕仁天皇庆祝登基50周年。1988年9月19日，日本宫内厅传出裕仁病重患癌消息。1989年1月7日，裕仁因患十二指肠癌病逝于东京，享年87岁，日本政府正式发布“天皇崩御”公告。1989年2月24日，在新宿御苑内举行了裕仁的葬礼。次日，皇太子明仁即天皇位，改年号“平成”，昭和时代落下帷幕。昭和天皇去世后葬于武藏野陵，陵墓为上圆下方形状，位于今东京都八王子市长房町。

由于帝统得到保留，战后裕仁的生活过得比较安逸。闲暇之余，裕仁天皇开始对生物学进行研究，并相继发表了《相模湾产后鳃类图谱》《水母的书》《相模湾产海鞘类图谱》以及《那须植物志》等著作。由于他的学术成就，英国皇家科学院授予他荣誉会员的称号。

昭和天皇的年号只有一个“昭和”。使用时间为：大正十五年（1926）十二月二十四日—昭和六十四年（1989）一月七日，共计64年。

“昭和”年号典出自《尚书·尧典》：

九族既睦，平章百姓，百姓**昭**明，协**和**万邦。

在这部中国典籍中，“昭和”为“众族的政事辨明了，又协调万邦诸侯”。时因昭和天皇即位，故而改元。年号“昭和”一共使用了64年，成为日本天皇中使用最长的年号。

第一百二十五代天皇：明仁天皇

明仁（あきひと）天皇为日本第一百二十五代天皇。其出生年月为：昭和八年（1933）十二月二十三日。在位时间为：昭和六十四年（1989）一月七日至今。他是第一位在关东地方即位的天皇。

明仁天皇名继宫，是现今在世的日本天皇，故没有谥号，因此不能称做“平成天皇”。平成是年号，不是谥号。

明仁天皇为昭和天皇的皇太子，其母为香淳皇后，是大正天皇之孙。明仁天皇的皇后为美智子,他们的子女有:德仁亲王(幼名浩宫,是明仁天皇与皇后美智子的长男,日本皇室第一顺位的继承人)、文仁亲王(幼名礼宫,是明仁天皇及皇后美智子的次男,皇太子德仁的弟弟。日本皇室第二顺位皇位继承人)、纪宫清子内亲王(是明仁天皇和美智子皇后三个孩子中最小的一个,也是天皇惟一的女儿)。

1936年3月29日,刚满两岁的明仁离开双亲,开始由赤坂离宫内的东宫仮御所东宫傅育官抚养。1944年之后,由于日本败局已定而又不甘心失败,二战战火进一步扩大。因担心太子的安全问题,明仁被疏散到栃木县日光市的田母泽御用邸,后来又转移到奥日光汤元的南间酒店,直至战争结束。

与祖父、父亲经历不同的是,明仁并没有军队的履历,因此他不太熟悉军队的情况。1946年10月至1950年12月,昭和天皇任用美国著名儿童文学家贵格派教徒伊丽莎白·维宁(Elizabeth Vining)为明仁的家庭教师,并通过她的介绍让明仁跟美国陆军参谋长麦克阿瑟见面,以加强与美国的联系。

1952年11月10日,明仁被册封为皇太子。

1953年3月,明仁代表天皇参加英国女王伊丽莎白二世的加冕典礼,并访问欧美一些国家,扩大了个人的影响。

1956年7月,明仁毕业于培养皇族子弟的日本学习院大学经济系。

1957年8月,明仁在轻井泽参加网球比赛时邂逅正田美智子。1959年4月10日,明仁与正田美智子举行隆重的结婚大典。

1989年1月7日,昭和天皇因病去世,皇太子明仁随后登基即位为天皇,成为日本历史上第125位天皇,即位后改年号为“平成”。

1992年(平成四年)10月23日,明仁天皇和皇后首次访问中国,这是中日两国交往史上日本天皇首次,也是迄今唯一一次访问中国。

1993年(平成五年)6月9日,长男皇太子浩宫德仁亲王与小和田雅子结婚;当年明仁天皇还参加了比利时国王博杜安一世的国葬。

1995年(平成七年)1月17日,阪神大地震后,明仁曾发表书面声明鼓励日本民众。

2011年(平成二十三年)3月16日,在东日本大震灾与福岛核危机发生5日后,明仁天皇罕有的发表全国电视演说,鼓励国民勇敢活下去,成为历史上天皇首次于大灾难后发表的电视演说。

在政治举措方面,明仁天皇与其父说话居高临下时的僵硬语调不同,他经常使用“郑重语”,希望藉此表现与其父的不同,让国民感到和蔼可亲。据日本宫内厅的统计,在年过七旬时,明仁天皇仍然日理万机,勤于政务,平均每天参加公务活动的次数,是其父同年龄时的2—3倍。同时,在处理国内外政务方面,明仁天皇一贯谨言慎行,凡是重要发言均按日本内阁的意见进行,从未因自己的言行给日本政府带来内政、外交上的麻烦,赢得了政界人士的一致赞誉。在国务方面,明仁天皇十分敬业。古稀之后即便身体不适,也会努力参加各种礼仪性活动,维护国家的形象,尽量满足社会需要。明仁天皇并不拥有实权,他不参与政治事务,只扮演“纯粹仪式上的角色”。

对于日本发动的侵略战争,明仁天皇曾这样表示:自昭和初年至昭和二十年(1945),因为战争,日本无几宁日……愿今后在更多的人的努力下,正确地继承有关过去事实的知识,以鉴将来。这是2005年明仁天皇在72岁生日时答记者问时的讲话,这也可以被认为是明仁天皇对战争最明显的批判。

在推动中日关系的进程中,明仁天皇一直坚持一个行事原则,即不参拜供奉有日本二战甲级战犯灵位的靖国神社,不伤害中国人民的感情。他的这种政治态度,赢得了中国人民的好感。

此外,政务之余明仁天皇还醉心于生物学研究,这个爱好是与他父亲相同的。从1967年开始,明仁天皇先后在学术刊物上发表32篇专业论文，由于勤于钻研，他成为了世界上虾虎鱼的研究权威。同时，他也把这一爱好传给了自己的女儿纪宫清子内亲王。

从明仁天皇即位后的经历来看，他是一位有胆量、开明、亲民的君主。明仁天皇的形象，为日本在世界赢得了良好的印象。

明仁天皇的年号只有一个"平成"。使用时间为：昭和六十四年(1989)一月七日至今。

"平成"年号典出自：

1.《史记·五帝本纪》：

举八元，使布五教于四方，父义，母慈，兄友，弟恭，子孝，内**平**外**成**。

2.《尚书·大禹谟》：

俞！地**平**天**成**，六府三事，允治，万世永赖，时乃功。

在这两部中国典籍中，"平成"为"内外、天地能够平和"之意。在昭和天皇末期，日本经济一度不景气，政界也出现了一些丑闻，在这种情况下，明仁天皇即位。定年号"平成"，明仁天皇是希望日本"内外、天地能够平和"，同时这也是明仁天皇的最高政治理念。

结束语

日本设立年号的制度源于中国,从日本发生宫廷政变的645年开始,以中大兄皇子为首的革新派在政变后拥立孝德天皇(日本第三十六代天皇)之后,便进行了"改新"。"改新"的重要内容之一,便是仿照中国的年号制度设立了日本自己的年号,称之为"大化"。这是日本历史上第一个年号。日本开始使用天皇年号时,还没有形成一种固定的制度,例如孝德天皇以后的第三十七代齐明、第三十八代天智、第三十九代弘文等天皇就没有年号。从文武天皇五年(701)改称大宝元年之后,历代天皇相继制定了自己的年号,并一直沿袭至今。从第一个年号"大化",到现在仍在使用的年号"平成",包括日本南北朝时代的两个天皇系统在内,一共使用了247个年号。

日本天皇开始制定年号时,主要根据一些吉祥的事件而决定年号的名称。如大化六年(650),因宍户国(今山口县一带)向天皇进献白色野鸡,故而把这一年改称白雉元年。元正天皇在位时(717),因美浓国(今岐阜县南部)发现了灵泉,故而把这一年改称养老元年。在隋唐时期,日本向中国派遣了大批遣唐使和留学生,他们孜孜不倦地学习、吸收唐朝的先进文化,之后从中国古籍中摘取富有意义的字句作为天皇的年号。如"明治"年号出自《易经·说卦传》中"圣人南面而听天下,响明而治";"大正"年号出自《易经》中"大亨以正,天之道也";"昭和"年号出自《书经·尧典》中"百姓昭明,协和万邦"。此外,日本有些天皇的年号还直接使用中国皇帝的年号,如第五十六代清和天皇的年号是"贞观",是唐太宗的年号;第九十六代后醍醐天皇在1334年改年号为“建武”，是东汉光武帝的年号；日本战国时期的“弘治”与明孝宗的“弘治”在时间上也很接近。第一百零八代后水尾天皇的年号“元和”，是唐宪宗的年号。时因大阪之役已经结束，依照德川幕府将军家康的命令，采用唐宪宗的年号元和。意思是日本战国时代长时间的战争已经结束，所以使用“元和”的年号。

天皇年号的变更叫作“改元”，这是因为年号也称元号的缘故。原来一般是在天皇即位才改变年号，但是后来改元的原因逐渐增多起来，大致情况有：一、遇到吉祥事件时，以示庆祝；二、遇到地震、瘟疫等天灾时，以求躲灾避难；三、受到中国古代阴阳五行说的影响，例如《易经》中的“辛酉为革命，甲子为革令”，因此在遇到甲子、辛酉岁次的时候就改元，用以冀求政治的革新。直到明治维新之后，明治政府才在《改元诏书》中做出规定：一代天皇只使用一个年号。现在裕仁天皇的年号“昭和”，已经沿用了将近64年，至1989年昭和天皇驾崩。“昭和”的年号，也是历任天皇中使用时间最长的一个年号了。

日本天皇年号是日本的纪年法，日本从大化改新时开始学习中国使用年号制度。不过，与中国不同的是，日本并不像中国在君主更替时换年号，日本有其特殊性，后来更换年号的权力甚至掌握在幕府手上，并不是由天皇说了算。在古代，日本年号都是采用旧历，一直到明治五年十二月三日(1873年1月1日)才改用西方通行的阳历，这一天是明治六年一月一日，从此就完全使用阳历纪年了。明治天皇登基时颁布命令，规定一个天皇只能使用一个年号，称之为“一元一世”。改变了以往遭逢天灾人祸或有人事异动时会更改年号的做法。此外，在日本南北朝时代，也曾经发生过两个政权各自有年号的情况，直到国家统一之后，年号才再次合为一个。

现在的日本天皇明仁于1989年即位，年号为平成，1989年也就是平成元年。

主要参考书目

中国文献：

《二十四史》 中华书局1975年版

《中外历史年表》 翦伯赞 主编 中华书局1962年版

《日本文化史》 家永三郎 著 筑摩书房1972年版

《完全整理日本史》 毛利和夫 著 日本旺文社1980年版

《日中文化交流史》 木宫泰彦 著 胡锡年 译 商务印书馆1980年版

《日本史论文集》 中国日本史研究会编 三联书店1982年版

《中日文化交流史论文集》 中日文化交流史研究会编 人民出版社1982年版

《日中两千年》 中村新太郎 著 张柏霞 译 吉林人民出版社1982年版

《中日文化交流史论》 梁容若 著 商务印书馆1985年版

《日本文化的历史踪迹》 王勇 王宝平 主编 杭州大学出版社1991年版

《日本中国学史稿》 严绍璗 著 学苑出版社2009年版

《日本文化史略》 于长敏 著
吉林教育出版社1991年版
《日本史辞典》 吴 杰 主编
复旦大学出版社1992年版
《日本汉文学大事典》 近藤春雄 著
日本明治书院1993年版
《日本史》 吴廷璆 主编
南开大学出版社1994年版
《日本国志》 黄遵宪 著
上海图书集成印书局1898年
《中国日本交通史》 王辑五 著
商务印书馆1998年版
《中日古代帝王年号及大事对照表》 李寅生 编
四川辞书出版社2004年版

日本文献：
《日本史年表》(增补第四版) 东京学艺大学日本史研究室 编
东京堂2007年版
《历代天皇年号事典》 米田雄介 编
吉川弘文馆东京堂2008年版
《日本史年表》(第四版) 历史学研究会 编
岩波书店2010年版
《中国史は日本史をどう記してきたのか》 宫崎正胜 监修
青春出版社2011年版
《倭国传——中国正史は描かれた日本》 藤堂明保等 编译
讲谈社学术文库2011年版
《天皇陵の謎》 矢泽高太郎 著
文艺春秋出版社2011年版

《皇族》 小田部雄次 著
中公新书2009年版

《皇室一五〇年史》 浅见雅男 岩井克己 著
筑摩书房2015年版

《历代皇后125代総览》 《历史读本》编辑部 编
新人物文库2014年版

(全现代语译)《日本书纪》(上下册) 宇治谷孟 编
讲谈社学术文库1988年版

后　记

关于日本天皇年号与中国古典文献关系的研究，是一个非常有趣，并且值得研究的课题，也是我多年来一直想进行研究的课题。几年前在日本早稻田大学访学时，与村山吉广教授、内山精也教授、高桥良行教授、兴膳宏教授、石川忠久教授、田中和夫教授等多位专家学者进行了广泛商谈，他们对我的研究给予了许多宝贵的建议，并帮助收集了许多珍贵资料。特别是村山吉广教授不顾八十高龄，亲自带我去东洋文库、日本国会图书馆、早稻田大学图书馆等地去查阅资料，其真诚之举令人感动。如果没有这些日本学者的大力支持，要想完成这项研究是非常困难的。

中日两国在文化方面的交往源远流长，世界上没有任何一个国家像中国与日本这样历史、文化的联系如此密切，日本天皇年号大多选取自中国古典文献即是这方面的一个例证。开始这项研究之前，我曾经和国内及日本一些学者进行过交流，他们都认为这个选题较为独特，涉及中国文献、日本文献、中国历史、日本历史、中国语言文化、日本语言文化等多方面，属于交叉学科领域。而且，在中国唐代之前，日本基本没有所谓的“正史”。“大化改新”之前的日本史料只有在中国史书中有零星记载。后来虽然有早期的日本史学家编纂过一些日本史，但缺乏真实依据，并不能看成“信史”。早期的天皇史料及出生年月、在位时间、主要史实等模糊不清，甚至自相矛盾之处也不少。个别天皇的年龄、在位时间在几十年、上百年的也不乏其人,这些史料显然难以令人信服。由于没有其他史料可以作为旁证,也只能姑妄信之,权且记录在本书中。在日本早期文献中,这样的情况还有不少,如同中国早期的历史传说一样,粗陋之处在所难免。在这种情况下,要梳理出日本天皇年号与中国古典文献的关系,确实存在着相当的难度。不仅要查阅中国历史文献,也要查阅日本历史文献,特别是日本古代文献。相关的研究资料查阅起来非常困难,其困难程度甚至超出了想象。在查阅日本早期史料过程中,其中有些内容难以确定,这主要是有的记事时间既有按原来日本历法的时间,也有后来按照公历纪元的时间;有按日本天皇年号的时间,也有按通行的时间。这些记事时间存在着前后不一致的情况,个别时间存在着一定的差异。即使是这样,我还是坚持把这个研究做了出来,力求给对这方面感兴趣的读者提供相关的研究资料。

非常感谢在本人研究过程中给予帮助的诸多中日学者,感谢凤凰出版社陈晓清女士的细心策划与编辑。如果没有他们的热心帮助,这个研究成果恐怕难以顺利出版。近年来,有关研究中日文化交流的书籍出版了很多,但有关日本天皇年号与中国古典文献关系的研究还没有看到,本人把这个研究成果出版出来,以弥补这方面的不足。书中如有错漏之处,还请诸位方家多多批评指正!

李寅生

二〇一八年元旦